闪亮的名字

“灿若星辰浙大人”之奋斗篇

“灿若星辰浙大人”丛书编委会　编

图书在版编目(CIP)数据

闪亮的名字:"灿若星辰浙大人"之奋斗篇 / "灿若星辰浙大人"丛书编委会编. —杭州:浙江大学出版社,2019.9

ISBN 978-7-308-19588-1

Ⅰ.①闪… Ⅱ.①灿… Ⅲ.①浙江大学—优秀教师—先进事迹 Ⅳ.①K825.46

中国版本图书馆 CIP 数据核字(2019)第 205369 号

闪亮的名字

——"灿若星辰浙大人"之奋斗篇

"灿若星辰浙大人"丛书编委会 编

责任编辑 田 华

责任校对 陈 翮

封面设计 周 灵

出版发行 浙江大学出版社

(杭州市天目山路 148 号 邮政编码 310007)

(网址:http://www.zjupress.com)

排　　版 浙江时代出版服务有限公司

印　　刷 杭州高腾印务有限公司

开　　本 710mm×1000mm 1/16

印　　张 17.5

字　　数 270 千

版 印 次 2019 年 9 月第 1 版 2019 年 9 月第 1 次印刷

书　　号 ISBN 978-7-308-19588-1

定　　价 50.00 元

浙江大学出版社市场运营中心联系方式 (0571)88925591;http://zjdxcbs.tmall.com

“灿若星辰浙大人”丛书编委会

前　言

创新最可贵，劳动最光荣。

习近平总书记在知识分子、劳动模范、青年代表座谈会上指出，全面建成小康社会，我国亿万劳动群众是主体力量。希望我国广大劳动群众以劳动模范为榜样，爱岗敬业、勤奋工作，锐意进取、勇于创造，不断谱写新时代的劳动者之歌。

而本书所记载的，正是这样一群浙大人：

他们是国家高精尖技术发展的引领者；他们是耄耋之年仍然坚持坐诊、亲自为患者做手术的老专家；他们是为美丽中国建设而终生奋斗的科学家；他们是一门心思上好课、深受学生喜爱的“大先生”；他们是扎根山区、用科技带农致富的“财神爷”……

这就是他们。或许你并不熟悉他们的名字，或许你不曾在各类热搜榜上见过他们的名字，但这并不妨碍他们的名字闪闪发光，并不妨碍他们拥有“闪亮的名字”。正因为有了“他们”，“我们”的生活才变得更加美好。

在全党开展“不忘初心、牢记使命”主题教育、全国上下喜迎中华人民共和国成立70周年之际，我们特意选择了以劳动模范和先进工作者为代表的部分省部级以上个人荣誉称号获得者，组织采访团队，记录和再现他们的奋斗故事，希望借此彰显一代又一代浙大人怀揣报国理想、用自己的双手和汗水，为中华民族的强盛和人民群众的幸福而努力拼搏的精神。

铸魂育人守初心，争锋一流担使命。

请记住这些“闪亮的名字”吧！让我们以他们为荣耀，为榜样，为前进的动力，在新时代，书写新的辉煌！

编　者

2019年9月

目　录

玉汝于成，核农之子

——访1978年“全国先进科技工作者”称号获得者陈子元

人物名片：

陈子元，男，1924年10月生，浙江宁波鄞县（今鄞州区）人。我国著名的核农学家、教育家。现任浙江大学农业与生物技术学院教授、中国原子能农学会和浙江省核学会荣誉理事长等职。1944年毕业于上海大夏大学化学系。先后在大夏大学、华东师范大学、苏南蚕丝专科学校任教。1953年调至浙江农学院，任副教授兼化学教研组主任。1960年起任农业物理系（所）副主任，1978年晋升教授。1979年至1989年，任浙江农业大学副校长、校长。1985年至1988年，任国际原子能机构（IAEA）总干事科学顾问委员会委员。1991年当选中国科学院生物学部委员（院士）。曾任国家自然科学基金委农业科学评议组组长、农业部科技委员会委员、国务院学位委员会学科评议组成员及分组召集人、浙江省科协副主席，以及中国原子能农学会理事长、中国农业生态环境保护协会副理事长、农业部核农学重点开放研究实验室主任等职。1978年获评全国先进科技工作者。

仲夏时节，浙江大学紫金港校区西区，偏东北位置上的一处独立建筑，砖红窗明，格外漂亮。“核农所”，楼前石上的三个红色大字标明了它的身份。浙江大学原子核农业科学研究所，创建于1958年的杭州华家池畔，其前身是浙江农学院同位素实验室。2018年年底，恰值芳华60载，在紫金港校区西区落成、启用了核农所新大楼。

“没关系，没关系，我过来。”对于记者的劳模人物专访之约，创所人、如今95岁高龄家住华家池校区的陈子元先生慨然应允，并把见面地点就记者的方便定在了核农所新址。新大楼一楼有一间陈先生新的办公室，木柜里存放着一批珍贵的资料。就着老照片，他讲起了自己的成长故事。

在中国核农学领域创造的多个第一，诠释了他作为一名“全国先进科技工作者”当之无愧的光荣：

组织创建我国农业院校第一个同位素实验室；

主持制定中国第一部农药安全使用标准；

国际原子能机构科学咨询委员会第一位中国科学家；

中国核农学第一位院士；

……

“今年我95岁了。从事核农学研究和高等农业教育至今，以身许农成了我一辈子的事。”陈先生深情地说，回顾自己的科学生涯，真正取得成绩是在新中国成立以后，特别是改革开放迎来“科学的春天”后。而任何成绩都是党和人民培养、时代造就、集体奋斗的结果，“新中国核农学的兴盛发展，映射出中华民族伟大复兴过程中我国科技事业蓬勃发展的壮丽图景。我为自己作为一名参与者而感到无比欣慰。”

“新中国成立时，我刚好升任讲师走上讲坛”

陈子元 1924 年 10 月出生于上海，祖籍宁波鄞县（今鄞州区），父亲是一位爱国实业家。1941 年，他考入上海大夏大学化学系，并提前一年毕业。毕业后进入上海“四维化学农场”担任化学技师，成为“我国第一位从事无土栽培的科技人员”。后来农场停业，他返回大夏大学任教。

“1949 年 9 月，新中国宣告成立前夕，我刚好升任化学系讲师，正式走上讲坛。”陈子元说。1951 年，大夏大学与光华大学等合并组建了新中国成立后的第一所师范大学——华东师范大学。一年后，他调离华东师大，任苏州苏南蚕丝专科学校化学教研组组长、副教授。

1953 年 8 月，苏南蚕丝专科学校并入浙江农学院。尽管也可以选择回上海工作，但师生情和事业心促使陈子元南下杭州，赴任浙江农学院化学教研组主任、副教授：“苏南蚕专大部分师生到了浙江农学院，师生们都希望我也去。浙江大学的地位也是要考虑的，浙江农学院刚从浙大分出来，它的蚕科实力全国第一，比一般大学要好。”

争当先进科学家，一次改变命运的学习

移师浙江农学院，陈子元认真地向老教师们请教，学习农业科学知识，把自己的化学专长与农业科学结合起来，紧紧围绕国家经济建设和农业发展，开展科学研究和人才培养工作。

凭借教材、教具创新成果，他荣获了 1955 年浙江省先进生产（工作）者称号。1956 年 2 月，党中央召开知识分子工作会议不久，他光荣地加入中国共产党，成为浙江农学院第一个入党的高级知识分子。从此，他的

人生志向更加明确:争当一名先进科学家。而1958年的一个特殊使命,给了他梦想成真的机会。

这年秋天,正在金华"下乡"的陈子元,被省委一纸调令紧急召回学校,派他带队去上海参加一次非同寻常的学习。

19世纪末,人类进入原子时代。随之降临的核能,既有毁灭性的威力,也可以"和平地"应用于核电、医学、农业等领域。1956年,在我国制定的第一个"12年科学发展规划"中,原子能和平利用被列为重点发展项目之一并位居首位。

当时,原子能和平利用,中国学习苏联。按照中苏协定,1958年11月,继在北京举办首展之后,苏联和平利用原子能科学技术展览会赴上海再展。同时,首次安排多名院士在内的16位苏联专家进行讲学,举办为期一个月的"苏联和平利用原子能专家讲习班"。中央非常重视这次高规格的"上海讲习班",从全国各地组织精兵强将投入学习。

浙江学员20多人,来自4所学校,被分配在10个专业组进行学习培训。陈子元参加"同位素在农业上应用组"并担任组长。通过学习和训练,他比较全面地了解了核素与核辐射技术在育种、栽培、植保、土壤、肥料、化学等方面的应用思路及方法。

为了"边学边干"迅速推动我国相关领域研究,广泛为生产实际服务,当年12月,他受命组建了浙江农学院同位素实验室。这是我国农业高等院校第一个放射性同位素实验室,院长金孟加兼任主任,陈子元担任副主任,主持工作。

"就这样,我从化学研究转向了原子能农业应用研究,与核农学结下了不解之缘。"回忆往昔,他颇为感慨。

艰苦创业,成为早期农药残留研究专家

核农学即原子核科学技术在农业上的应用,是一门新兴交叉学科,被视作"核工业中的轻工业"。它是农业现代化的重要标志之一。

对于自己的核农学研究之路,陈子元作了高度概括:"我的核农学研究是从探测化学农药在作物上的残留开始的,进而为制定农药安全使用

标准提供了科学依据。之后的研究又从化学农药对作物的影响扩展到整个农业生态环境，还首次引进示踪动力学理论，深化研究工作。随着生物技术的发展，我提出要把核农学技术与生物技术结合起来，从分子水平上探讨化学农药对环境污染的机理，进而用微生物基因工程和分子生物学方法来解决生态环境中的污染问题。”

1959 年 3 月，在同位素实验室“厂房”建成后，创业者们克服缺乏实验仪器、防护设施和放射源等困难，很快走上科研正轨。放射源从北京运来，陈子元亲自上阵，克服半衰期抓紧进行实验。通过举办校内“同位素农业应用培训班”，全校师生热情投入核技术农业应用研究，上报课题 20 多项。

浙江农学院的生物物理学（农）学科与同位素实验室同步创建。1960 年，学校改称浙江农业大学，并新建了核农学系——农业物理系，核农科技人才培养升至“系”的规模，领先于全国其他高校。但是，好景不长，中苏关系突然恶化，国内也遭遇三年困难时期。

浙农大的核农研究工作，虽然经过两年多有了一些结果，但在农业生产上实用意义不大。加之国际国内环境，有些人产生动摇，不再搞下去，纷纷退回原来的教学岗位。

陈子元作了冷静思考，为突破核农技术研究，他走出实验室，主动下乡寻找对促进农业生产有价值的研究课题,并锁定了目标。

20 世纪 60 年代初,农药的广泛应用减轻了病虫害造成的损失,使粮食增产,但大量使用农药也导致农作物产品的污染,人畜中毒事件时有发生。陈子元的收获是:聚焦农药残留研究!

获取农药残留信息,需要借助放射性同位素标记农药,对农药从作物生长、收获、储存到进入人体的全过程进行跟踪了解。而这种标记农药国内没有现成品,全部需要进口,价格昂贵且采购周期长。为了加快研究进度,陈子元决定自主合成。他和同事孙锦荷、张勤争、徐寅良等人先后用多种放射性核素合成有机磷、有机氯、有机氮、有机砷等 15 种同位素标记农药,填补了国内空白,为研究工作创造了物质条件。

依托自主合成的标记农药,他们大举进军农药残留研究领域。这是一条前无古人的新路,陈子元成为我国最早把同位素应用于农药残留研究的专家之一。1963 年到 1964 年,他研究、发表了中国最早期的一篇核素示踪研究农药残留的代表性学术论文《利用放射性同位素研究茶树上喷洒有机磷杀虫剂——"乐果"后的渗入、消失和残留情况》。

无独有偶。此时,在大洋彼岸,美国学者蕾切尔·卡逊(Rachel Carson)出版了《寂静的春天》一书,也开始关注环境污染问题。不同之处在于,卡逊只是提出问题,而陈子元已经通过科学研究尝试解决问题了。不得不说,这是一名中国先进科学家的先觉先行!

编制农药国家标准,"不搞孤家寡人"

1966 年 5 月,历时十年的"文化大革命"全面开始,中国核农学又经磨难,遭到了严重破坏和干扰。大部分单位、实验室关闭,仅有浙江农业大学等少数单位克服困难坚持了下来。

70 年代工农业污染造成的"公害",已经成为全球通病。我国许多地方施用"六六六""DDT"等高残留的有机氯农药,仅这两种农药污染粮食就达 250 亿公斤,被污染农田面积约 2 亿亩。农药污染导致大批鸡、蛋等农畜出口产品农药残留检测超标,出口创汇损失严重。在空前的安全与发展压力下,农林部和农药小组动议研制农药安全使用标准。谁来承担呢？机会给予了农药残留研究起步较早的浙江农业大学。

农林部“全国农药残留和农药安全使用标准”重点研究项目课题于1974年正式下达，由陈子元担任项目第一主持人。这是当时浙农大承担的唯一的国家课题，学校创造条件全力保障，除了陈子元，还安排植保系农药专家樊德方教授和化学教研组的教师一起参与。

陈子元牵头组织全国22个省区市、43所高校和科研机构的近200名科技人员，组成农药残留科研协作组，开展联合攻关。项目组历经6年的全国大协作，最终编制出29种农药与19种作物组合的69项《农药安全使用标准》。该标准1979年通过部级鉴定，由农业部颁布试行，1984年被城乡建设环境保护部批准为国家标准，沿用至今。

标准研制是一项系统工程，难度不言而喻。无数次的信件来往，往返各地的检查、研讨和总结，考验着陈子元的智力和毅力。时任学校科研生产办公室副主任朱真葵回忆：“他患有胃病，戴上胃托，坚持主持研究，对此事从不张扬。”

对于课题经费，陈子元首先考虑别人，尽可能地优先满足其他人的研究需要。“陈先生团队的凝聚力很大，这跟他的为人是分不开的。作为全国大协作项目，没有团队精神、没有凝聚力是很难完成任务的。”协作单位南京农业大学的陈祖义教授说。

1978年3月18日，第一次全国科学大会召开，陈子元荣获全国先进科技工作者称号。他所主持的“农药残留研究”协作项目和“放射性同位素标记农药的合成研究”，也分别获得全国科学大会优秀成果奖。

代表中国亮相国际舞台

在这一时期，陈子元的脚步也开始迈出国门：1976年，受农林部派遣带队援助阿尔巴尼亚半年多；1980年，作为农业部组织的中国农业环境保护考察团副团长出访联邦德国；1980年，受农业部派遣赴美国俄勒冈州立大学与该校放射中心主任汪志馨教授、中国学者徐步进等开展为期一年的合作研究。

1980年至1984年，他主持完成国务院环保办和农业部门“农药对农业生态环境污染及其防治”研究任务，以及“农药对农业生态环境影响的研究”重点课题。研究工作中，首次运用了示踪动力学的理论和方法。

1985 年至 1988 年，国际原子能机构聘任陈子元为该机构科学咨询委员会成员，任期三年。这届科学咨询委员会，由来自全球 16 个国家的 16 名科学顾问组成，陈子元是其中第一位也是唯一一位中国科学家。这是他的成功，也是中国核农学的骄傲。

任期届满时，科学咨询委员会变革建制，解散为多个专业委员会或小组。时任中国常驻国际原子能机构代表团参赞傅济熙，曾评价说：“陈教授在该委员会的最后一届任期中，出色地完成了任务，为我们国家赢得了荣誉，也成为他的一段可引为骄傲的人生经历。”

办一流大学，立核农大厦

1979 年 3 月，陈子元出任浙江农业大学副校长。1983 年 10 月，升任校长，此后长校六年。他秉持先进办学理念，致力于把浙江农业大学办成国内一流的农业大学。80 年代中后期，学校学科实力已稳居全国农业院校第三位。这对于一所普通的地方农业院校来说，实属不易。

80 年代，他所在的生物物理学科和核农学研究平台也取得了长足进步。1981 年，中国原子能农学会委托浙江农业大学举办首次“全国同位素示踪技术训练班”，陈传群教授等具体组织实施。1981 年和 1984 年，“生物物理学科”先后获批硕士学位授予点和全国高等农业院校该领域唯一的博士学位授予点，作为导师，陈子元指导培养了一大批优秀学生。

这一时期，为了夯实中国核农学学术基础，他抽出时间开展专著编写工作，撰写并发表了一大批专论文章，开拓、引领了学科走向。

1983 年 1 月，他与温贤芳、胡国辉共同主编《核技术及其在农业科学中的应用》。1984 年 3 月，他与谢学民等合编《简明核农学应用手册》，并首次公开使用“核农学”这一概念。

1991 年 11 月，陈子元当选为中国科学院生物学部委员（院士）。同时,我国学科门类上第一次正式出现了一个新学科——核农学。

长他 10 岁的好友、另一位中国核农学泰斗徐冠仁院士写来贺信。信中说:“尤其令人鼓舞的是,您的专长为核农学,这在所有学部委员的专业中是唯一的由我国兴起的学科,它将载入中国的科学发展史。”

“观礼团中,有我心里的偶像”

陈子元的科教贡献得到了国家认可。1994 年 10 月,他应邀参加新中国成立 45 周年全国百名劳模赴京观礼团。百人之中,来自高教领域的代表,仅有他和厦门大学原校长、中国科学院院士田昭武两人。

回想当时,让他记忆犹新的,除了国家的发展成就,还有身边那些先进人物:“观礼团中,有我心里的偶像。我的旁边,就是新中国首位女拖拉机手梁军。”

梁军是新中国成立后“大姑娘开铁牛”第一人,新中国第一代劳模。她的事迹 1949 年至 1953 年被收录进小学课本,后来她成为 1962 年发行的第三套人民币一元人民币正面女拖拉机手原型。这次,她再度被请到北京观礼。于是,陈子元与偶像相逢,留下了一张在天安门城楼上的合影。

梁军是新中国农业现代化的标志性人物,她身旁的陈子元则无愧中国核农之子、核农之帅。他毕生许农,玉汝于成,终成生态文明的捍卫者和农业现代化的奉献者。

如今,虽已九秩晋五,陈子元仍“童心未泯”,时刻关心着核农所的建设。“核农所这个集体,所长已经六七任了,真是不容易!”他希望新时代浙大核农人,不忘初心,砥砺前行。

“我国是农业古国,也是农业大国,但还不是农业强国,更不是农业富国。要建设一流的农业,必须要有一流的农业教育,一流的农业科技,一流的农业人才。”他说,“虽然我老了,却心向往之。我愿意为我国高等农业教育事业和农业科技的振兴继续辛勤耕耘,努力工作!”

参考资料

[1]李曙白，韩天高，徐步进. 让核技术接地气：陈子元传[M]. 北京：中国科学技术出版社，2014.

[2]朱真葵. 回忆改革开放前后浙农大科学研究点滴[M]//《浙大口述》采编小组. 浙大口述：回溯半个世纪前的科研往事. 杭州：浙江大学出版社，2017：355-369.

文/韩天高

图片由受访者、卢绍庆提供

心中少年依然在

——访 1979 年“全国劳动模范”称号获得者汪槱生

人物名片：

汪槱生，男，1928 年 8 月生，浙江杭州人。首批中国工程院院士，我国电力电子技术专业创立者。他是中国第一位电力电子技术专业博士生导师，曾作为主要参加者之一，在国际上首创了电机双水内冷技术，并且负责研制成功中国第一台 100 千瓦/1000 赫兹晶闸管中频感应加热电源，在中频电源的研究方面取得的显著成果，广泛应用于机电、冶金、航空、交通、能源等多个领域，带来了巨大的社会效益和经济效益。曾获全国科学大会奖、国家科技进步奖一等奖、中科院科技成果奖、全国劳动模范等多项荣誉。

近些年，人们总在向往一种集成了节能技术、信息化技术和文化艺术的现代化住宅：冰箱、电视机和 LED 灯等家用电器网络控制，屋内温度、湿度自动调节，安防系统、通风系统远程设置，电动汽车、电动自行车无线充电……

这些画面对很多年轻人来说可能还仅仅是想象，可它们却已经在 90 岁的汪槱生脑海中萦绕了十几年。

老人藏于心中的梦是一个美丽的未来

作为我国电力电子技术专业的创立者，首批中国工程院院士，汪槱生着眼的，远不只是智能家居。他所想象的是一个把电力电子技术完整融入输配电系统、从装置走向系统的全新未来。

2017 年 11 月，在浙江大学电气工程学院举办的电力电子学科发展规划研讨会上，89 岁高龄的汪槱生为师生做了 1 小时多的报告，将他脑海中存放了十几年的 12 个字分享给年轻人——“直流供电，高频变电，方波用电”。

“直流供电，高频变电，方波用电”意味着线路损耗小、传输效率高、电能质量高、可靠性高，同时环保成本低，便于分布式能源大规模接入；在直流供电的基础上将低频率电变换为高频率电，输电效率能进一步提高，同时利用方波驱动电机，成为直流变交流最方便、最简单、最高效的形式。

如果汪槱生的 12 字设想可以实现，电器设备的运行寿命将比现在大大延长，且运行效率更高、调节特性更好，诸如可再生能源发电、电力调峰储蓄等技术的效益更能充分发挥，人们所期待的嵌入式智能电器系统、电动汽车的无线充电，以及直流电与交流电之间的任意转化将不再是一个梦。这不仅会对家用电器生产行业带来深远的影响,更将推动全社会方方面面的技术变革。

然而今年,汪槱生 90 岁了。他开玩笑说:“这是书生的狂想,恐怕有生之年等不到这些技术的实现。”但他又说得很严肃:“实现技术的创新和变革有很长的路要走,我们必须加快步伐抢得主动,不能被其他国家抢了先。”

为了这快人一步的抢先,汪槱生一直在与时间赛跑。

治学至鲐背之年,老人从不曾懈怠

汪槱生说,他在浙大完成了最让自己满意的三件事。这三件事实则是他一辈子钻研电工技术的生动折射。

第一是 1958 年,汪槱生作为主要成员参加了双水内冷发电机研究,研制了国际上首创的双水内冷大型汽轮发电机,大大节省发电机的材料,提高了冷却的效果,解决了大容量发电的难题,推动了我国国民经济的发展。这一成果获国家发明一等奖和国家科技进步奖一等奖。

第二是 1970 年,汪槱生领导并负责研制成功中国第一台大功率晶闸管并联逆变式中频感应加热电源,填补了国内技术的空缺,促进了我国企业生产力的提升。此后几十年里,汪槱生带领学科团队先后研制成功改良型中频电源、1500 千瓦的大容量中频电源、简单并联逆变中频电源、模

块控制的中频电源等，催生了我国固态电源产业的发展，为国家带来超百亿元的经济效益。

第三是在研究的同时，汪槱生领导建立了我国第一个电力电子技术专业以及硕士点、博士点，建立了国内唯一的国家电力电子技术专业实验室和国内高校唯一的国家电力电子应用技术工程研究中心，培养了大批电力电子行业的技术人才。

如今，虽已 90 岁高龄，但汪槱生的科研仍未停止。早些年，他每天用电脑看资料，由于深度近视和白内障，家里的两台电脑配着 24 英寸(1 英寸≈2.5 厘米)的显示器。汪槱生的爱人王钟秀老师说，经常看到他眼睛几乎贴在显示器上看东西。

这些年，眼睛实在没法看电脑了，他就靠耳朵听。每周，都有学界的后辈上汪老家登门拜访。例如，对于浙江大学电力电子应用技术国家工程研究中心主任、能源互联网科技联盟首席专家赵荣祥来说，陪汪老聊天和定期走访企业已经成了他生活的一部分。赵荣祥说："汪先生十分关心和关注行业的发展，与产业界的交流从不肯间断。"

报国之志犹存最明亮的心间

走进浙江大学电气工程学院大楼，汪槱生写下的"治学济世，育才报国"几个字激励着年轻的学生不断奋进。这几个字其实写的正是汪槱生的赤子之心。

1946 年，浙江大学从贵州迁回杭州。汪槱生报考了浙江大学法学院。凭借深厚的文学底蕴，18 岁的汪槱生以一篇引经据典的《"徒法不足以治国、徒善不足以为政"论》获得高分，入学浙大。

入学半年后，汪槱生愈渐发现自己真正的兴趣不在法律，渴望实业报国的汪槱生做出了大多数人想都不敢想的决定。汪槱生毅然退学，重新报考浙大。这一次，他顺利考入浙大电机系，从此他的学术科研和国家急需之间就打上了解不开的结。

汪槱生说："国家社会的发展需要科技的创新，但是国家需要的不仅是科技人才聪明的头脑，而是那些真正面向国家急需的科学。"

汪槱生一直喜爱喝黄酒。面对登门拜访的年轻人，汪槱生很开心："他们常和我聊最近的新闻和学科发展动态，还会陪我喝点小酒。"他常说"酒后说话不算数"，其实是为了和年轻人平等交流，让后辈能畅所欲言。

时光简简，老人微醺畅意却从未沉醉，心中最明亮之处依旧站着一个意气风发的少年，他在 2017 年岁末写下这首诗：

奋搏九十秋，峥嵘岁月稠。
风华虽已凋，挥斥意方遒。

文/周伊晨　陈淑桦

图片由浙江大学电气工程学院提供

“小经验”发挥大作用

——访1979年“吉林省劳动模范”称号获得者高静之

人物名片：

高静之，女，1952年12月生，上海人。原浙江大学方圆科技产业有限公司电子电器分公司营销总监，全国新长征突击手，吉林省“三八”红旗手，浙江大学优秀党员。1969年作为上海知青下乡至吉林省梨树县。1972年进入吉林省辽源市第六塑料厂。1979年获吉林省劳动模范称号。1985年调动至浙江大学技术实业总公司。

"我就是一块砖,哪里需要哪里搬。"原浙江大学方圆科技产业有限公司营销总监、吉林省劳动模范高静之常把这句话挂在嘴边。她说,自己就是一个普普通通的人,做了一些普普通通的事。正是这样一个普通的人,在国家的大发展中,在平凡的岗位上,挥洒了青春。

奋进在国家大发展中

高静之的青年时代是与国家的大发展紧密联系在一起的。1978 年,正值国家百废待兴,政府鼓励青年学习先进技术,号召青年干一行爱一行,高静之在当时的吉林省辽源市第六塑料厂,于实践中熟能生巧,走出了一条仓库管理的新路子。

1972 年,高静之进入吉林省辽源市第六塑料厂,成为厂里的一名仓库保管员。那时,她管理了五金器材、水暖、汽车零配件等 1600 多种各类常用材料,共计 20 多万件物品。

仓库存储品种繁多,如何有效管理成为一个大问题。高静之所在的塑料厂主要生产化工原料,工厂内的生产机器 24 小时都在连轴运作,因此,对于每一种材料的库存,管理人员都必须做到心中有数,提前联系供销处进行采购补给。"我管着哪些东西?哪些材料快没了?每件物品的保质期到什么时候?"高静之每天围绕着这些问题转。

为了做到对每一种材料心中有数,高静之创新仓库管理办法,制作了一套仓库管理流程。由于仓库内材料品种繁杂,若堆放在一起,找起来会十分麻烦。于是,她将仓库内材料一一清点,按照材料的类型进行"五五码放"。"五五成行,五五成方,五五成串,五五成堆,五五成层",按此规则将仓库内的材料叠放整齐,便于盘点和取送。"只要车间有人来领用材料,不管任何时候、任何东西,我都清清楚楚,因为都是我亲手摆放的。"就这样,高静之做到了对自己管理的物品"一口清",材料管理进行得井井有条,而她从实践中摸索出的"小经验",也在工厂仓库管理系统里慢慢推广开来。

东北的冬天,气温低至零下三十摄氏度,初到北方的高静之吃了不少苦头。"我那时候没经验,有一次冬天去仓库盘点,手上夹着账本,手都冻僵了,仓库门的铁锁没有地方放,我就放在嘴里叼一下,结果没一分钟就粘在嘴唇上了,唇皮受伤,一个礼拜都无法进食。"高静之说,从前只听说过北大荒,真正去到东北,与当地的工人一起劳动,与百姓一起种田,真真锻炼人的意志。

1978 年,经过层层推选,高静之被评选为吉林省劳动模范。前后一年间,她还获得了全国新长征突击手、吉林省"三八"红旗手等全国、省市及地区荣誉。扎根东北 14 年,高静之在国家的大发展中奋斗,在平凡的岗位上挥洒青春。

"我们都是属鸡的"

高静之与浙江大学的缘分开始于 1985 年。那年,她结束了与在浙江大学物理系教书的丈夫 3 年的分居生活,来到浙江大学校属技术实业总公司担任办公室主任。

在玉泉校区对面,一栋年头已久的老房子便是公司的生产基地。技术实业总公司下设有十几个单位,每个单位都建立在学校院系老师的科研成果上,将科研实验成果进行二次加工,转化为产品。随着改革开放和转制进程的推进,技术实业总公司正式更名为浙江大学方圆科技产业实验有限公司,高静之也随着企业变动来到下属的电子电器分公司做营销总监。

戴上耳机上课,这在今天的课堂再平常不过,而在 20 世纪 80 年代却十分少见。"我们那时候的课堂都还是最原始的,浙大的语音教学设备,技术本身就是国家科技进步奖二等奖,在当时是比较高端的产品了。"高静之说。

在信息网络并不便捷的年代,酒香也怕巷子深,语音电子设备的营销工作十分困难。高静之所在的电子电器分公司主要从事生产销售业务,与浙江大学电教新闻中心合作,在中心科研成果的基础上,共同开发语音教学设备、同声传译设备等。老师们在实验室里做出来的成果真要用在实践中需要经过二次开发,形成销售规模。"酒香也得我们自己去推销,要让别人知道我们的酒好喝,那样才会有市场,而市场得靠自己去找。"她说。

起初,推广工作困难重重。新生事物没有市场,高静之就带着公司里搞营销的同事一起跑高校、跑中学,向学校教务系统展示语音教学设备的使用方法及益处。不管刮风下雨,不管天气冷热,高静之总是带着大家跑在各个教学仪器产品展示会的路上。"全国各地走遍了,除了西藏,哪里都跑过了。"为了把握每一个销售机会,患了股骨头坏死的高静之常常带着止疼药出现在大大小小的展示会现场。

市场从无到有,高静之和同事们把自己比作"属鸡的"。"小鸡要吃东西就要自己到外面去找食,我们要生存就要自己到外面去推销产品。"高静之说,学校对他们的工作支持力度很大,那时产品划归设备处主管,设备处常常也带着工作人员参加一些展销会,想方设法拓展市场。

产品营销遇到的又一个难题是产品展示。在产品展示会上,营销人员要将产品特性及使用方法制作成 PPT 进行讲解展示。"在八九十年代,别说制作 PPT,我连电脑都不会用。"她与同事一点点摸索,所有的"不会"慢慢变成"熟练"。

渐渐地,高静之和同事们一步步打开了市场。浙大的产品从浙江、江苏、安徽等地开始铺开,整个公司的发展运行进入了良性循环,一年销售额最高达到 6000 万元,产品销售也稳定起来,覆盖了全国 30 多个省市的重点大学。为帮助浙大当时的结对帮扶高校青海大学,公司也与学校设备处联合将语音教学设备捐赠给青海大学,利用浙大的科研优势帮助结对高校发展。

人生的精彩

"人要活出很大的精彩,是不可求的,但是坦然地、充实地度过退休后的新生活,这也是一个新的开始。"高静之说。

事实上,她的退休生活从未完全脱离过学校。生活中,高静之是一个"好动"的人。离开工作岗位后,高静之参加了浙江大学老年合唱团和玉泉校区老年合唱团,唱唱歌,弹弹琴,用她的话说,"这样才不会与社会脱节"。她说:"我喜欢和老教师们在一起唱歌,从他们身上我学到了很多,比如淡定,他们从前从事科学研究,给国家做了很大的贡献,我

很佩服他们。”

在社区，高静之也不是个“闲人”。她参与灵隐街道求是社区的社区工作，成为一名监督员，做热心人去关心身边的大事小事；在杭州 G20 期间，在“建设美丽家园、创建和谐社区”等活动中，参加志愿者工作。“我想自己就像一块砖，哪里需要哪里搬。”她笑着说，“学校离退休处常常组织我们活动，关心我们的退休生活，我只是个普普通通的人，有时候还觉得挺内疚的呢！”

回想起过去几十年来的工作和经历，高静之说，仿佛一切都近在眼前，一晃却已经古来稀了。就在两年前，高静之做了一个重大的决定：与爱人一起，在西湖区红十字会签署捐赠志愿书，身后将遗体捐献给浙江大学医学院。她说：“这算是我发挥的最后余热，为学校的下一代做点贡献，这将是我一辈子最好的归宿。”

“我只是一个普普通通的人，做了一些普普通通的事。今天是一个高速发展的时代，劳模不是某一个人的荣誉，而是一种精神。新生事物会不断出现，但劳模精神应该发扬光大。”高静之用人生点滴书写了劳模精神。

文/樊　畅

图片由受访者提供

从“两弹一星”的幕后英雄到百年学府的辛勤园丁

——访1979年“全国劳动模范”称号获得者唐孝威

人物名片：

唐孝威，男，1931年10月生，江苏无锡人。实验核物理与高能物理学家，浙江大学物理系教授。曾先后在中科院近代物理研究所、二机部九院、中科院高能物理研究所和浙江大学工作。1979年被评为全国劳动模范。1980年当选中国科学院学部委员。20世纪60年代至70年代，在青海核武器研制基地参加中国原子弹和氢弹的研制工程，贡献卓著；领导实验组进行我国返回式卫星舱内空间辐射剂量的实验测量。1978年年初，带领中国实验组到国外参加马克-杰国际合作实验，为胶子的发现作出了重要贡献。他领导的实验组在L3实验组以及AMS项目等国际合作中发挥了重要作用。20世纪80年代起，在物理学与生物学、医学、脑科学、心理学等多个交叉学科领域作出了许多开创性贡献。

青海海北的金银滩草原，海拔3500米，年平均气温零下4摄氏度。每年夏季，草原上开满了黄白相间的小花。一堵铁墙静静矗立在草原上，墙壁上当年爆轰试验留下的一道道深浅不一的痕迹，静静地诉说着这块神秘禁区的辉煌往事。

这里是唐孝威年轻时工作过的地方。

浙江大学玉泉校区，每年夏季，绿树成荫。第十二教学楼，一间“院士办公室”掩映其中。两张干净的小桌子，几张简易的椅子，一摞摞厚厚的文献，是这里的全部。

这里也是唐孝威工作的地方。

他在非常广的学术领域中探索，所以有人称赞他是“跨界大师”。对年轻的浙大人来说，他是参与“两弹一星”研制的低调专家，又是“转行”研究脑科学的学者，更是关心下一代成长的和蔼师长。

“要超越，红心如火，壮志如铁”

唐孝威是新中国培养的首届大学生。1952年，他从清华大学物理系毕业，被分配到中国科学院近代物理研究所工作。在戴传曾先生领导下，唐孝威参与了我国核探测器的创业。他们白手起家，克服了各种困难，成批制成了测量射线的盖革计数管、卤素管和强流管，为我国独立自主研制核探测器打下基础。

1954年下半年，唐孝威接到一项“绝密任务”：带着小组自己研制的便携式射线探测器，跟随那时唯一的铀矿地质勘探队，一起到南方实地寻找铀矿。他们翻山越岭，风餐露宿，终于在广西花山冲的一处山沟里发现一层鲜黄色的岩层。在地质队员的协助下，唐孝威拿探测器测量，结果计数器就“夸夸夸”响了——这说明测量到了放射性。之后，地质队将挑选好的、放射性很强的原生铀矿的矿石敲下来做成了标本。

1954年年底，地质队挖出来的铀矿石标本被送到北京地质部。时任地质部副部长刘杰亲自带了样品到中南海，向中央领导报告，说找到了富铀矿。唐孝威所在的地质队发现的铀矿石被称为中国核工业的“开业之石”。

“可以说，我们勘探铀矿的成果，对新中国的原子能事业产生了深远的影响。”唐孝威回忆道。

1959年6月，苏联拒绝提供对中国原子能事业的帮助。为了建立我国的核武库，消除国外的核威胁，确保国家的根本利益，党中央作出重大决策：研制原子弹。这项以“596”命名的中国原子弹研制工程，记录着科学研究和工程技术人员的不甘，激励着大家自力更生研制成功原子弹的决心和信心。

原子弹爆炸是通过爆轰等一系列过程达到重核裂变的链式反应完成的，起关键作用的技术是中子“点火”。当时国外全面封锁了中子点火的关键技术。作为最早去苏联杜布纳联合原子核所的研究人员之一，唐孝威在听到祖国的号召后，第一时间回国，投入‘两弹’研制工作中。

当时，唐孝威被分配负责研制原子弹所需的核测试工作，其中第一项任务便是要在炸药爆炸条件下测量单次脉冲中子束。这是研制原子弹的关键技术，国外绝对保密，国内没人做过。他领导的实验组在被称为“原子弹摇篮”的北京17号工地进行了预备炮试验。

1963年，青海海北原子城核武器试验基地（221厂）正式投入使用，唐孝威便和助手迁居到青海。在高原，缺氧让人喘不过气来，步子稍微跨得大一些，就容易两眼发黑。一切日用品都得从遥远的内地运来，仪器材料更是如此，常要靠双手去不断组装。

高原的寒冷使唐孝威关节炎发作、行动不便，严重时甚至会卧床不起，但他对工作却毫不松懈。为防止在紧张的工作中感冒，他的上衣口袋里总是装着感冒药。就以电子学线路为例，唐孝威常说："连接测试仪器的实验用的电缆线，是传递信号数据的通道，要把它们看成是实验中的生命线。"他还不断总结实验中的各种注意事项，并将它们整理成规章制度，以避免因任何偶然疏忽造成的差错——其中一些规章已经在九院有关研究所一直沿用下来，成为测试工作定型的规章和操作程序，对保证实验的质量起了重要的作用。

1963 年，基地进行了一次缩小比例模型的爆轰试验。唐孝威领导测试组负责中子点火试验的测试任务。这是原子弹爆炸前的一次关键性试验，如果不能获取准确的数据，整个原子弹研制的计划就要推迟。如有半点失误，则可能导致全部工作报废。为了迎接这次试验，他们足足进行了将近两年的试验准备。当爆轰试验总指挥下达点火命令时，整个控制室里的人员都屏住了呼吸。不久，消息传来，向心爆轰波和点火装置完全达到技术指标，中子点火一次试验成功！

1964 年，原子城六厂区爆轰场地进行了一次全尺寸模型的爆轰试验。爆炸结束后，科研人员就把示波器底片送回总厂冲洗。不同探测器记录的示波器底片上，脉冲波形清晰可见。

"测到信号！试验成功！"唐孝威的一声汇报让所有人激动无比。李觉将军激动地"奖励"他们——快去睡觉！此时是凌晨三点，而唐孝威和科研人员已是连续紧张工作了几天几夜。

从 1960 年到 1973 年，唐孝威在九院工作了 13 年半，他领导的实验组先后进行了单次脉冲中子束测量技术的研究、我国核武器中子点火技术的实验研究、我国第一颗原子弹核爆炸的现场近区测试、我国含有热核材料的加强型原子弹核爆炸的现场测试，以及我国氢弹原理的核爆炸的现场测试等。他是在实验上确证我国原子弹中子点火技术成功的第一人，是我国核测试近区物理实验的开创者和奠基人，也是在氢弹原理试验中判断并证实我国氢弹原理成功的第一人。他将自己最宝贵的青春奉献给了我国的核工业事业，也因此被称为"两弹一星"的幕后英雄。

1966年年底，氢弹原理实验成功后，唐孝威高兴地写下的一首词，正是这一段激情岁月的真实写照：

东风急，大漠深处烧热核。烧热核，万众声欢，群丑声栗。

英雄挥起如椽笔，要有要快要超越。要超越，红心如火，壮志如铁。

"我来浙大，就是为了教书育人"

由于在科研领域的突出贡献，在1979年的国务院表彰农业、财贸、教育、卫生、科研战线全国先进单位和全国劳动模范大会上，唐孝威被评为全国劳动模范。1980年，唐孝威当选为中国科学院物理学数学部学部委员。那年，唐孝威49岁。

但是，说起对他的称呼，"比起唐院士、唐先生、唐老这些称呼，他最喜欢'唐老师'。"曾是唐孝威的博士研究生、现在是浙江大学物理系教授的陈飞燕回忆道。

在师生们眼里，唐孝威无论是对著名学者还是年轻学生，都没有架子，待人亲和。陈飞燕至今还记得初见唐孝威时的那一幕：初出茅庐的本科毕业生，怀着对大科学家、对真正科学研究的强烈好奇心，推开了教12-335办公室的门。进门后，唐孝威站起来热情地迎接了她，并让她坐在对侧的椅子上。“我忘了当天谈话的具体内容，但是从唐老师办公室出来之后，我就决定报考他的研究生。”陈飞燕说。

时针拨回到1997年，如果没有那一次与时任浙江大学校长潘云鹤的偶遇，唐孝威与浙大、与物理系、与陈飞燕等师生的缘分可能将无从谈起。

在那次以“跨世纪脑科学”为主题的香山科学会议期间，他与潘云鹤同住一个房间。当他向潘云鹤说起高能物理学与脑科学这两个“风马牛不相及”的学科竟能“走到一起”后，潘云鹤被打动了。而随着新世纪的脚步逐渐临近，浙江大学要创办中国特色、世界一流大学的宏伟目标，以及多学科会聚融合的强大科研实力，也吸引了唐孝威。

在新世纪的第一个春天，唐孝威全职加盟浙江大学，从单纯做科研转到了“教书育人”。他说：“我调到浙大并不是隐居，而是为了教书育人。交叉学科研究，非常需要一大批富有创新精神、有能力进行多学科交叉研究的年轻人，我准备在浙江大学培养这方面的人才。我想先从大学本科生抓起，招收不同专业的学生，集中起来培养，拓宽他们的知识面，使他们成为兼有几个学科最新知识和科研能力的人。这件事在大学里比较容易办好。浙江大学是一个多学科的综合性大学，我可以到学校里尝试做这件事。”

“唐老师时常激励我们，所谓交叉、融合，并不是学科的叠加。不同思想观点融合产生新思想，才是交叉的意义。大家要以高度的热情投入交叉学科中去。”陈飞燕回忆道。

几十年来，唐孝威一直是促进交叉学科拓展发展的推动者。20世纪80年代，在贝时璋先生和王淦昌先生的鼓励下，唐孝威的研究领域逐步转向生命科学领域。之后，他在物理学与生物学、医学、脑科学、心理学等多个交叉学科领域进行交叉研究。他担任攀登计划“核医学和放射治疗中先进技术的基础研究”项目的首席科学家，并负责其中“脑功能诊断技术的研究”的子课题。他倡导并推动我国开展脑功能成像的实验。他还主持了我国第一个生物学与物理学交叉的国家自然科学基金重大项目"发展近场技术、研究生物大分子体系特征"。

到浙江大学之后,唐孝威逐渐转向脑科学、认知科学、意识科学、智能科学和心理学等领域的交叉研究。为了培养有能力进行学科交叉的学生,唐孝威要求学生选修多种学科的课程、尽早开展科研工作,使他们打好多方面的基础,兼有多个学科的最新知识储备和实验技能。他把学生"打乱",让不同专业的学生能够坐在一起聊天交流,掌握多专业的"语言",进行思想碰撞。他和其他专业老师一起编写交叉学科教材,组织学术研讨会和科技讲座,对不同专业学生开放。

2002 年,唐孝威带着当时还是大四本科生的李敬源和生物物理方向的另一位研究生叶伟去参加上海交通大学 Bio-X 中心胡钧教授组织的哈佛大学庄小威教授的学术报告,同时参观了 Bio-X 中心的一些实验室。

在当天来回的火车硬座上,唐孝威向李敬源等人介绍了很多国际生物物理研究的前沿,特别是当时刚刚兴起、方兴未艾的单分子水平实验技术。"这次交流着实在实验研究方面开阔了我的眼界。唐老师对这些领域的持续关注以及对这些领域发展方向的独到见解与整体把握,一直让我十分钦佩。"现在是浙江大学物理系教授的李敬源回忆道。

脑科学是唐孝威晚年倾注了诸多心血的领域。这也是浙江大学交叉学科实验室成立至今最重要的研究方向。出于对脑科学的兴趣,陈飞燕选择加入实验室中的脑功能成像组开展自己的研究。她说:"经过珠心算训练的儿童所具备的特殊技能,引起了我们的关注,当我告诉唐老师要开展相关研究时,他十分支持。"

"我特别关心脑疾病的治疗与康复,想从物理的角度来作一些贡献。我对学生要求比较高,希望他们能够对国家作出巨大贡献,而不是完成一般的任务。"唐孝威这样描述自己教书育人的初心。

对于刚入校的年轻本科生,他更是循循善诱、谆谆教导。2017 年,恰逢第一颗氢弹爆炸 50 周年,浙江大学物理系本科生组织了一支社会实践队伍,远赴青海原子城寻访。因为身体原因,唐孝威没能同行。但在队伍出发前,唐孝威就给实践队员们讲述了自己的亲身经历。

在社会实践队伍返校分享心得时，唐孝威说："仿佛我自己也跟着大家去了一趟草原。"他还鼓励大家说："我们要想到的是千千万万在青海原子城作贡献的干部、工人、科学家，我只是其中微不足道的一员。你们亲自去见证了历史的变迁，这对你们会是一辈子的精神记忆，要一辈子去传播，使'两弹'精神能够一代一代地传承下去。"

参考资料

[1]唐孝威(口述)，杨新英(整理). 忆核工业"开业之石"的发现[J]. 中国核工业，2019(5)：51-52.

[2]唐孝威. 参加我国第一颗氢弹研制和试验的回忆[J]. 现代物理知识，2017(2)：69-74.

[3]周金品，张春亭. 从原子弹到脑科学：唐孝威院士的传奇人生[M]. 北京：科学出版社，2010.

[4]闫长禄. 活到老学到老的"学科达人"——记全国劳模、中国科学院院士唐孝威[J]. 工会博览，2018(36)：46-49.

文/周亦颖　姜舒扬

图片由受访者、卢绍庆提供

“这辈子在激情和努力奋斗中度过，真是值了”

——访1982年“浙江省劳动模范”、1989年“全国先进工作者”称号获得者郑小明

人物名片：

郑小明，男，1941年4月生，浙江慈溪人。浙江省特级专家，主要从事催化理论研究和实用催化剂的开发。曾任原杭州大学校长、浙江大学催化研究所所长，浙江大学化学系教授、博士生导师，浙江省应用化学重点实验室主任，曾兼任亚洲废弃物治理学会顾问，中国化学会常务理事，浙江省科协副主席。曾获全国先进工作者称号，获全国科学大会奖、国家和省科技进步奖等多项荣誉，系国家有突出贡献中青年专家、浙江省劳动模范。

“我们这代人,出生在抗日战争时期,成长于解放战争时期,经历了民族苦难,也经历了国家的解放和发展。我们最讲奉献,也最有理想。几十年过来了,每个人的机遇不同,但大家都是尽了全力。”78 岁高龄的郑小明在回忆过往峥嵘岁月时这样说道。

从中学里拿到第一把金工实验室的钥匙开始,郑小明之后的人生就与实验室紧紧捆绑在了一起。20 世纪 70 年代,寻找科学有效的催化剂制备方法是一道世界性难题。而他和同事们的众多研制成果,填补了我国催化剂领域中的多项空白,成为助力现代化建设事业中的一剂“催化剂”。

“英雄主义情怀和坚定信仰是不竭动力”

“当时苏联人造卫星已经上天,我幻想有一天能驾着自己设计的卫星到月球上去考古。”这是中学时的郑小明最初对理想的直白描绘。

郑小明的高中在杭州第二中学度过。当时学校刚刚建起一个金工车间,老师把钥匙交给了他和另一个同学。趁着这个机会,他把里面的锉刀、钻床、台钳等“十八般武器”样样都“玩”了个遍。沉迷实验的他曾和同学跑到杭州南高峰的蝙蝠洞中,用线团做引路,拿着手电筒,爬进去掏蝙蝠粪,一畚斗一畚斗搬回来,和石灰拌匀后自己蒸制氨水;他还用电池的碳电极棒磨尖了做成弧光灯。“当时做实验经常把衣服烧破了洞,外婆总是骂我。但杭二中开放的风气和对动手能力的培养,让我之后的一生都受益无穷。”

1959 年,郑小明成为新杭州大学的第一批学生,进入化学系学习;因缘际会,后来他也成为杭州大学的最后一任校长。入学一年后,碰上了三年困难时期,缺少食物,大家普遍吃不饱,导致浮肿病泛滥。虽然条件十分艰苦,物质资源匮乏,但并不影响精神食粮的汲取,泡图书馆成为郑小明的一大消遣。苏联作家阿札耶夫的《远离莫斯科的地方》至今让他印象深刻:“书里讲述了一批苏联知识分子被下放到冰天雪地的恶劣环境中,建设输油管道。里面有很多对党忠诚的英雄人物,一个叫阿列克塞的年轻工程师是忠诚的布尔什维克,还有一个总工程师别里捷一生争取成为布尔什维克……这种精神鼓励着我不断努力和坚持,党的信仰就是我的信仰，做科研最重要的不是物质基础，而是追求理想的信念和献身精神。”

1963 年，郑小明跟随金松涛教授进行本科毕业论文的研究，当时金松涛教授提出了分子间存在第四种力——“选择性分子间作用力”，就是以郑小明的本科毕业实验结果为实验依据的。他说：“20 年后，法国化学家莱恩获诺贝尔化学奖的获奖内容‘超分子化学’的核心部分‘分子识别’的几个要点，和我本科毕业论文的几点结论几乎一模一样。这是我迈进科研的第一步，也算是与诺贝尔奖擦肩而过了。”

在科研道路上“一路狂奔”

本科毕业后，郑小明留在杭大化学系当老师。20 世纪 60 年代，西方国家对中国实行经济封锁，国内的实验仪器质量不尽如人意，总是需要修补。郑小明说：“来来回回修几次，反而把仪器的原理都搞清楚了。我有一个习惯，什么东西只要经过我的手，它总要有点改进，搁现在就是叫创新。比如，原来有个实验是在两个烧瓶之间互相倾倒液体进行反应，无法精确控制时间，我把它做成一个人字管，一晃动就可以混合好开始反应，把实验误差从 1 秒减少到 0.1 秒。”

“文革”期间，郑小明选择到工厂，学以致用，帮助各地工厂改进技术，也正是那个时候，他迈入了自身科研生涯的第二个阶段。

“运动一潮接一潮，而我则选择专心做我的科学研究。”郑小明先是到了杭州群力化工厂，当时正值国内“的确良”衬衫开始流行之际，国内的涤纶工艺中，是用碳酸镉作为转位催化剂，碳酸镉有剧毒，很多工人因此中毒。他想这么毒的东西，能不能换个催化剂。就这样，郑小明带着一群聋哑工人开始了研究，中间经历过实验中的突发爆炸、反反复复的测试和不断推倒重来，最终形成了“涤纶合成新工艺”，成功地用锌替代了镉做催化剂。他说：“新工艺一出，全国各地的人都来学习取经，这是我独立完成的第一个与实际生产相结合成功的科研成果。”

之后攻克的项目一个接一个，科研成果也越来越多。郑小明说：“那段时间风雨动荡，而我们却抓住了这个机会，沉下心来做科研。这一时期也形成了我的科研特色：科研一定要与生产实际和国家需要相结合；而实践一定要上升为理论，并接受实践的检验。‘文革’的这段时间反而成为我一生的最大机遇，奠定了我一生科研道路的基础。”

1978 年，杭大化学系组建催化研究所，郑小明为节省经费，跑遍上海、杭州等地收集废弃的工业边角料和旧货器材，施展自学的钳工、电工、管道工、泥工等十八般手艺，自己动手设计安装反应炉装置。为了获得科学的数据，郑小明和研究人员开动五六个反应炉同时评价、反复检验，常常通宵达旦。催化剂制成后，还要进行 1000 小时的寿命测试。就这样，郑小明带领同事研制、开发了用于各种工业和环境保护过程的催化剂十余种，大多已在工厂推广应用，性能均达国内领先或国际先进水平，多次获国家和省级科技进步奖。同时还建立了一条年产二三十吨环境保护催化剂的生产线，产品远销日本。

1987 年，年近 50 岁的郑小明仍旧在科研道路上“一路狂奔”。他以客座教授的身份赴日本北海道大学，与日本田部浩三教授合作进行固体酸碱催化剂的研究。面对全新的研究领域，他以全部热情投身其中，在一年时间内发现同一固体催化剂上同时存在酸催化中心和碱催化中心，而两种中心可协同催化反应，在该研究领域中开拓出新方向。

提到日本的那段时光，他说：“能够在这个年龄得到这样的机会，我非常珍惜，所以基本上是起早落夜，不间歇地做实验，在实验室里干到干不动，回宿舍躺下就睡觉，醒过来再接着做实验。那一年时间，我差不多完成了相当于四个日本硕士生一年的工作量。”

“要让老师和学生有奔头”

1996 年，郑小明任杭州大学校长。正式宣布上任的当天，杭州大雨，校园涨水，都快漫进女生宿舍走廊了。“从来没有发过那么大的水，晚饭还没来得及吃，我就光着脚到处察看、到处抢险，校长生涯就这样开始了。”

在行政生涯里，郑小明提的最多的就是要让老师和学生有奔头，他说虽然自己的实际任职时间不长，但却经历了“211 工程”评审、一百周年校庆和四校合并，肩上承担的责任很重。

“走上校长岗位后，我始终没忘记自己仍是一名教师，即便进入管理层我也只是为大家服务。”郑小明上任后到各个学科走访，了解老师们的实际需求，解决生活问题，为教学科研工作提供良好的后备支持。当时计算机刚开始普及，学校就出台了相关政策允许教师购买计算机，助力教学科研工作。

接着，很快就迎来了杭州大学建校一百周年。郑小明说：“百年校庆对学校是一次检阅，它关系到每个师生的荣誉感和对学校的归属感。校园建设、学科发展等各个方面都铆足了劲儿。校庆当天，全校非常热闹，仅仅中午提供的盒饭就达 3 万份，周围所有的饭店都被杭大校友住满了，每一个招待点我都去了。我本来不善喝酒，但对每一位校友我都想表示一下，敬酒敬到低血糖，但是很开心。”

四校合并后，半生都在与实验室打交道的郑小明并没有在科研道路上停下来，在一碳化学和生物质能源等多方向研究攻关上取得了重要进展，引起国内外同行的关注，被聘为国家自然科学基金重大项目“能源发展的化学基础研究”学术领导小组成员。

“我有幸生长在一个伟大的变革时代。这辈子在激情和努力奋斗中度过，真是值了。”

文/杨　金

图片由朱原之提供

数学天地闻斯雷

——访 1985 年“浙江省劳动模范”称号获得者王斯雷

人物名片：

王斯雷，男，1933 年 3 月生，江苏常熟人。浙江大学数学系教授、博士生导师。曾开设本科生课程“数学分析”“复变函数”“实变函数”“常微分方程”，开设研究生课程“三角级数论”“奇异积分”“Hardy 空间”“现代调和分析”等。1978 年获全国科学大会奖，1985 年获浙江省劳动模范称号，1990 年获国家教委、国家科委联合颁发的全国高等学校先进科技工作者称号。

对于1985年获得的浙江省劳动模范这个荣誉称号，即便是到了34年后的今天，王斯雷教授回想起来，第一感受仍然是“很惭愧”。

评选“劳模”的事情最初王斯雷自己也不知道，但王斯雷知道的是自己“只是在普通的教学岗位上尽了自己的职责”。作为一名大学数学教师，王斯雷一方面要教好学生，让他们在数学方面有所长进；另一方面自己要做好科研，力所能及地探索数学前沿问题。

1933年出生的王斯雷今年已经86岁高龄了，王斯雷1953年留校担任数学系助教，一直在这一方天地里耕耘至今，即使王斯雷在2003年就可以退休，但因系里的需要，还是继续做着原来的教学工作，保持着退休前一样的工作强度，王斯雷每学期都有本科生和研究生各一门课程的授课，并一直担任着博士生导师。78岁时，王斯雷认为自己可以“退了”，但直到现在，他依然保持着每年2～3次外出参加学术会议的习惯。

六平方米书房里耕耘出数学硕果

数学之难，常被人称为“人类科学皇冠上的明珠”，对它的攀登和研究，很多人会想到的是数学学者埋头苦算。王斯雷却把与数学的独处当作科研的必要，因为在探索数学问题的科研过程中需要思考一些问题，因此一定要静下心来。对于一名数学教师来说，授课也是很重要的，因为数学学科本身是发展着的，必须要密切关注学术发展进程，这样才能更好地助力于科研。

王斯雷对当前青年数学学者的建议是：不要仅仅局限于发表论文的数量，不能将做学术停留在稍作改动发表论文这个层次，要有勇气去解决那些大的、有难度的、有意义的问题，真正获得学术硕果。这才是科研本身的价值。

王斯雷在科研中偏爱于解决一些未被解决的问题，而之后的评价如何则不是他关注的点，因为不同的人有不同的看法和立场。其实，数学的科研也不仅仅是埋头苦干，还有灵光一现。对王斯雷来说，这种灵光一现有时是在数学课堂上，有时则是在攻克另一项难题的过程中。

数学科研是一场持久战,需要高强度的思考,王斯雷一直保持着科研训练和与之配合的生活节奏。王斯雷回忆起年轻时的科研经历,那时学校的物质条件没有现在这么好,即使是系主任也都是和同事挤在一间办公室,这种科研硬件条件直到 90 年代才有所改善。因此王斯雷除了上课时会在学校,没有课程时都在家中六平方米的小书房内潜心科研,一直到晚上十点钟睡觉。在日复一日的科研长跑中,一个个璀璨的数学科研成果就诞生于这一方安安静静的六平方米的小书房里。

很多人都说科研要耐得住寂寞,守得住孤独,但王斯雷从不认为科研对自己来说是一件"孤独"的事,他认为自己的科研之路充满了乐趣。在自己感兴趣的领域探索,当一个个问题被解决、一个个学术高峰被攀登的时候,自己内心获得了极大的满足。此外,数学的学术问题可以被分为两类,一类是纯数学问题,另一类是应用数学问题。在应用数学问题里经常有跨学科合作和实际应用,因此也不全都是索然无味的。

王斯雷在 20 世纪 80 年代便解决了"滤波器设计过程中高精度算法"中存在的应用数学问题。王斯雷 1983 年在《通讯学报》发表的论文《具有复数衰减极点的电抗网络的实现》用反例证明了 Hirofumi Watanabe 等人在 *IEEE* 发表的论文中关于用电抗网络实现滤波器的理论是错误的,并且用数学方法重新给出了该结论成立的充分且必要条件。这对于如何使用简便的程序实现复杂仪器工作起到了里程碑式的贡献。

正是凭借这种勇于质疑和挑战、甘于坚持的研究精神,王斯雷成为当时学校函数论研究群体的主要传承人，也是学校调和分析研究群体的继承者。

教师是职业更是自我准则

在20世纪60年代，王斯雷就已经是杭州大学数学系赫赫有名的四大青年讲师之一。

座无虚席的大教室里的黑板上写了满满四块黑板的板书，然后又不断地擦掉继续板书，这种坚持板书的授课习惯王斯雷在整个教学生涯中都保持着。王斯雷认为数学授课不能像放电影一样简单地放PPT，数学授课过程中的很多知识不是一下子就能懂的，而是需要推导过程来理解结果，而老师授课很关键的一点就是要让学生逐步弄懂背后的原理，使用多媒体设备展示容易让学生摸不着头脑。

每当王斯雷要在课堂上要讲一个新的概念时，他总是会自己在备课过程中将公式完整推算一遍，而且会考虑课堂氛围的调动，提前准备好开场白，以及在哪个知识点结束这次课程。为了方便整合和以后翻阅，王斯雷有很多本厚厚的备课本，里面写着自己的教学思路，以便过了一段时间以后还可以跟同学们聊。除此之外，王斯雷认为教学中的习题是很重要的，他会通过布置习题来加深学生对知识的理解，使得学生对数学、对学习有兴趣。

"要使得学生有兴趣，觉得好多眼睛都在盯着你看，你就知道其实自己跟学生已产生了思想的共鸣。这样的老师授课才算可以的。"王斯雷谈到自己在提高学生学习兴趣时会换位思考，当自己作为学生时，我们都是希望从这堂课里面学到知识，如果学生经过老师的启发，仍然很感兴趣，想继续钻研，这就是王斯雷上课最希望达到的效果。

上课时，课堂里最安静的却是放在讲台上的那本书，王斯雷授课时总会带着教科书，但是通常都是放在那里，并不需要照着教科书念，因为课前充分的备课，课堂上要讲的内容王斯雷已了然于胸，在课堂上重点讲授的是一些关键的地方和学生不太想得到的地方。王斯雷认为，这就是学生自学和老师授课的区别，也是授课价值之所在。从学生的角度来说，书本上往往会省略掉一部分思考和推理过程，这部分与个人科研体会密切相关，因此教师要结合自己的科研体会来教授学生这方面的感悟。由此，王斯雷认为这种授课对于培养学生举一反三的能力大有裨益。

让王斯雷印象最深的一次授课是在20世纪90年代的一次课堂。当时快要临近寒假前的期末考试了，天气非常寒冷，在一两百人的大教室里，他的手完全冻僵了，粉笔也冻得很难上色，完全写不了字了，那一次是王斯雷最艰难的一次课，后来再也没有碰到过这样的冷天了。数学课通常是早上八点的第一节课，王斯雷授课习惯连续上两节或三节课，中间不休息。在这三个多小时的课堂里，全是一边板书一边讲解的高强度过程，对体力的消耗很大。但这种授课在王斯雷这里只是每次上课的日常。

“实变函数”是本科生课程中难度较大的课程，有时学生在做习题的时候简直是毫无办法。在这类难度较大的课堂结束后，王斯雷总是被学生们团团围住探讨问题，对此他总是很乐意，因为他很重视“教学相长”。王斯雷和同学之间的关系很融洽，大家都喜欢听他的课。对王斯雷自己来说，他尊重学生，愿意和学生交流。上课在他看来是一件很好的事，一方面是自己有的时候不懂，讲了一遍以后更加深刻。另一方面，数学在不断地发展。自己学的时候可能这门课还没有，但是后来觉得这门课很重要，年轻的时候还可以到外面去进修，那年纪大了怎么办？只能自学。

作为一名数学老师，有的课是王斯雷学生时期上过，然后去给学生上的，有的课则是他学着给学生上的。这其中，“常微分方程”就是王斯雷没有学过，却要硬着头皮给学生上的。50年代的时候，当时教这门课的唯一的一位老师离开了学校，系主任把上这门课的任务交给了青年讲师王斯雷。王斯雷只好硬着头皮接下这个烫手山芋，自学常微分方程去给本科生上课。后来王斯雷年纪稍微大一点，对待自己的知识盲区学习欲越来越强，“我就是要上这门我没有学的课，我就是要利用这个机会，让我自己过一遍，把这个知识变成自己的”。正是通过“教学相长”，王斯雷不断地学习和提高，因此他总是把学生当成自己吸收知识的一个来源，在他看来，教学不只是知识输出，在被学生提问，与学生交流的时候自己也会有灵感迸发。

王斯雷偶尔也有被学生的问题问住的时候，在他看来，这是很正常的事，“学生有时候比你厉害”。面对这种情况，王斯雷既没有觉得掉面子，也没有觉得尴尬，因为他认为在自己尽力备好课的情况下，即使被学生问住也不应该对自己太过苛责。从另一个角度来看，这也可以帮助自己找出一些思维盲区，对学术研究很有助力。

后来王斯雷还当了五年的数学系系主任，他认为系主任其实是一个大管家，老师要管，学生要管，系里的发展也要管。为了提高教学队伍和数学系的学术水平，他邀请了许多国内外著名学者专家来数学系讲学访问。一方面，让这些学术大师传授数学知识；另一方面，也可以请他们指出杭大数学系的问题。除此之外，王斯雷还恢复了数学系曾中断的定期召开读书报告的传统，在同一研究方向、同一教研室内鼓励新老教师互相交流。

王斯雷认为学术研究是需要自觉的，特别是对于年轻的教师来说，王斯雷通过这些举措来鼓励他们在学术的道路上勇攀高峰，让他们不仅仅满足于教好书。

师道传承

回顾66年的教师生涯，王斯雷认为做老师还是很好的。看着自己教的学生，从刚进校时的懵懂，到后面的成长，这其中也有自己的一份功劳，这让人很有成就感。

由师生间授课产生的“羁绊”是很美妙的，至今，王斯雷的朋友大部分和他都是师生关系，毕业后王斯雷和很多学生都保持着亦师亦友的情谊。

王斯雷至今仍保持着对学术界的关注，每年都会参加两三次学术会议，特别是在一些学生的盛情邀请下。由于王斯雷夫妇年纪都比较大了，为了彼此放心，每次开会都会一同前往，在外出开会期间总是有曾经的学生悉心照料，王斯雷认为学生对自己的关爱“超出了师生情，更像是亲人之间的关爱”。

学生对王斯雷的反哺来自于当年王斯雷执教中种下的"缘由"。谈到当年对学生是如何关心的，王斯雷却认为自己没有做什么，只是尽了做教师的职责和本分。在对待学生的态度上，王斯雷认为最重要的是尊重学生，除了教他们知识以外，在做人方面也要严格要求自己，因为学生会在潜移默化中受到老师的影响。王斯雷认为工作要"就事论事"，在谈论学术问题时不要上升到个人，评价某项学术思想和成果时也不能上升到背后的学者个人。如果教师通过贬低他人来借机抬高自己，学生在成长过程中也会把这种陋习学去，因此教师要注意自己的言行和可能对学生的教育带来的影响。除了学习方面，王斯雷也会关注学生的身体健康等情况，过去研究生人数少的时候，王斯雷差不多每一年都会邀请自己的研究生到家里开一个欢迎会，坐一会，喝点茶，聊会天，拉近相互间的距离。

和学生间距离的拉近更多的则体现在王斯雷指导学生科研的时候。在对学生科研的引导方面，王斯雷并不局限于自己的研究领域，而是因材施教，尊重学生的志趣和想法，鼓励学生探索自己的学术方向。王斯雷当时请了不少学术大家来学校讲学，不仅仅是自己所在的调和分析领域，这样做也是意在开阔学生的学术视野。因此王斯雷培养出了如今在中国几何分析、流体力学方面有影响力的学者。

王斯雷曾说过："要认识自然，数学是必需的。"在王斯雷看来，自然界的现象是很复杂的，有化学的，有物理的，但是这里面离不开量的关系，而且量的关系往往是很本质的。达不到某个特定的量，可能不会发生本质的变化。从天体运动来讲，大家都知道在运行，但这种轨道运行是非常精准的，时间标准的规定也是非常精准的，因此这些最终都指向数学问题。

王斯雷和学生之间互相关爱是一种传承，而王斯雷自己和老师们的帮助和关爱则是又一种传承。回忆起自己毕业后刚到学校任教的日子，当时杭大数学系有陈建功教授、徐瑞云教授等大家，陈建功教授的当代论文介绍课对青年教师学术发展有很大帮助，陈建功教授还十分重视对青年人才的提携，愿意给当时还是助教的王斯雷指点，有了好的论文还会帮忙推荐发表。

徐瑞云教授对他人的尊重在王斯雷心里留下了深刻的印象，当时徐先生在翻译苏联的数学教材，在翻译完成后会主动请当时还是助教的王斯雷校对，这反映了徐先生对学术的严谨和对比自己资历浅的年轻后辈的尊重。这种精神深深影响了王斯雷后来坚持一生的对他人尊重的处世信条。王斯雷将育人这条纽带从老师陈建功、徐瑞云手中接过，传承和发展了的不仅仅是深邃的学术知识，还有自己对待职业的刻苦钻研和尚礼重德的人格品质。如今他的学生们接过这条纽带，继续延续着这份传承。

文/黄新媛　柯溢能

图片由受访者提供

手术台上的“老匠人”

——访1985年“浙江省劳动模范”称号获得者孙进

人物名片：

孙进，男，1934年11月生，浙江杭州人。主任医师，1958年毕业于浙江医科大学医学系，长期从事妇产科医疗、教学和科研工作。曾获浙江省劳动模范、浙江省白求恩式医务工作者、浙江省卫生先进工作者、浙江省优秀共产党员等荣誉称号，获联合国第四次世界妇女大会中国组委会嘉奖，享受国务院政府特殊津贴。擅长妇科内分泌、妇科性腺及生殖器发育异常的诊治，以及各类腹腔镜妇科手术，尤其擅长处理子宫脱垂、尿瘘等阴道手术。曾获浙江省医学科技进步奖一等奖、浙江省科委三等奖、浙江省高校自然科学奖三等奖、华东地区科技出版社优秀科技图书奖一等奖等，主编、参编《妇科临床实践》等著作6部，发表论文30余篇。

头戴浅蓝色手术帽，身穿雪白手术衣，握着冰冷的手术刀站立在手术台前，他就像一位将军，目光中透着坚毅和沉着。

让人难以相信的是，这位主刀医生今年已经85岁高龄了。他就是浙江大学医学院附属妇产科医院原副院长孙进。虽然已经是耄耋老人，但他仍坚守在医疗工作的第一线，做妇科手术，给年轻医生上课……

“国家要我做什么我就做什么，把自己的本分工作做好，我就认准这一点。”

从当年的帅小伙子，到如今的白发老人，孙进已经在妇产科领域奋斗了 60 余年。他说，只要还能为医学事业发光发热，自己就会一直做下去。

妇产科来了位小伙子

1953 年，从杭州高级中学毕业后，孙进考入了浙江医学院。

“当时并没有特别喜欢医学，其实第一志愿是工科，但既然录取到医学院，我就好好学本领。”从工科转到医学，人生发展方向也随之改变，孙进没想到，之后还有一个考验在等着他。

在大学里，孙进分在内科系，但是毕业的时候，国家统一分配，他被分配到了当时的浙江省妇幼保健院的妇产科工作。

“这是怎么回事？”孙进心里咯噔了一下，不过疑虑只是一瞬间，立马心中的问号就变成了感叹号，服从国家分配，“只要是国家需要的，我就去做！”

自然，妇产科的专业知识，需要从头学起，而且，号称“小外科”的妇产科，有很多病症是需要通过手术来治疗的，孙进仔细研究女性相关身体部位的解剖，一边学习一边实践。每天早上 7 点多他就到医院，准备好病例材料，等着主任来查房。因为特别勤快，“师父”们也特别愿意教他，孙进在妇产科领域慢慢扎下了根。

20 岁出头的小伙子做妇产科医生，这对孙进自己来说，并不是太大

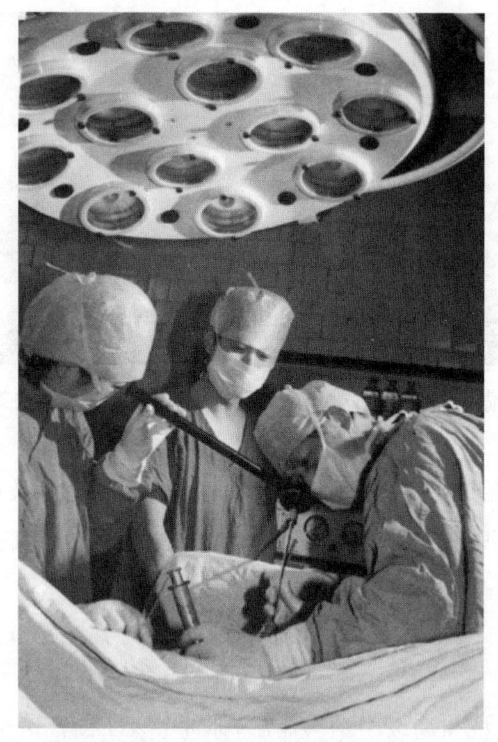

的困难，反而是那时候的社会还较为保守，很多女病人一看到男医生就退回去了。做实习医生时孙进会跟在女医生后面，做了正式医生后，碰到病人不愿检查的，孙进也非常能理解病人的想法，双方沟通顺畅了再进行诊治，检查时他会让实习女医生一起去做。一段时间下来，男医生被病人认可了，孙进也更加坚定了做妇产科医生的信念，全心全意地为病人服务。

20 世纪六七十年代，孙进服从安排，下乡做医疗工作，在东阳巡回医疗及教育一线待了近两年。那时候因为病人多、医生少，在巡回医疗时，孙进不光得做妇产科手术，还要看中医门诊，给病人施针灸等。只要哪里需要，他就去哪里，十八般武艺都使了出来。

颇有挑战性的是下乡参加巡回医疗队的切脾手术。孙进在旁边观摩了几次，就亲自上阵了。那时候的基层医院条件很差，没有专职手术护士，也没有无影灯。护士医师在一旁打着手电筒，孙进就借助这点光源给病人做手术。

白天坐门诊、做手术，晚上孙进就和大家睡在大礼堂里，“四周都是活蹦乱跳的跳蚤，我们把装有福尔马林药水的瓶子带在身上，防止跳蚤跳到身上来”。

下乡时还经常要出急诊。一旦有什么任务，孙进像救火队员一样立马出发。有一次，临海有个病人大出血，孙进连夜坐了 4 个多小时的车赶过去处理。一年 365 天，孙进几乎没有休息的时间，乡亲们都特别喜欢这位城里来的医生。在下乡医疗期间，孙进感到最欣慰的，就是有一个小病人得了骨髓炎，孙进将他医治好了，小病人后来也当了医生。

解除病人痛苦的“妇女之友”

孙进的绝活是子宫脱垂及尿瘘手术。

在 20 世纪 60 年代，子宫脱垂和尿瘘是让女性非常痛苦的疾病，严重影响着女性的身心健康和生产劳动。

“当时医疗条件比较落后，很多女性是在家里生孩子的，有的不幸就肛门破了，大小便不受控制了，有的子宫松了甚至掉出来了。”孙进至今记得尿瘘患者的痛苦，“那时候也没有尿不湿，裤子总是湿怎么办呢？病人就把稻草灰垫在裤子里，用来吸水。这个病不仅仅是生理上的，更是给女性带来了精神上的伤害。”孙进说，亲身看到病人的痛苦，这对医生来说是很大的刺激，也激发了大家的斗志。

国家对“两病”防治工作很重视，卫生部特别下发了“关于加强子宫脱垂、尿瘘防治工作的通知”，这也就是当时著名的“两病”防治工程。

那个时候孙进已经是妇产科的“一把刀”了，尤其是技术堪称一绝。他也因此作为主要人员被抽调参加“两病”防治工程，一开始在省内各地做手术，做出了名，又被吸纳到全国“两病”防治小组专家组，在全国各地跑，做示范手术。

在孙进看来，这不仅仅是一项“政治任务”，更是解除患病女性痛苦的本职工作。他总是认真评估每一位病人的病情，为她们量身定制治疗方案。“虽然尿瘘通常以手术治疗为主，但也不是每一个病人都适合做手术，我们做医生的就要从实际情况出发来决定具体的治疗方案。而这个评估的准确性直接决定了后面的疗效。”确定了手术方案后，接下来要研究的就是怎么提高手术效果,怎么提高伤口缝合疗效。比如大漏孔,孙进在反复试验后,用皮肤、球海绵这些做填补材料,疗效明显提升,尿瘘修补术成功率达到80%左右。

孙进并不满足于临床一线的工作,他琢磨着要能帮助更多患病女性摆脱病魔。于是,经常能够看到这样的画面,做了一天的手术后,孙进带着他的学生在夜里整理病例,统计数据,把他的经验一条条地总结出来。粗略统计,孙进共发表了30余篇论文,编著有《妇产科临床实践》等6部著作。《大瘘孔尿瘘的修补手术》《应用外阴皮瓣移植治疗复杂性尿瘘》《复杂性尿瘘一百例》……这些成果既是他个人临床实践的科学总结,也是他多年经验的无私分享,在获得专业领域内的好评外,也帮助了更多的患病女性。

"妇女之友"名副其实。

不过,在家里,孙进可不是妻子的"妇女之友"。因为医院工作忙,孙进时常24小时睡在医院,有时候即使在家里,也会被紧急叫去医院"救场"。

在尿瘘修补术、阴道顶脱垂整复术和阴道成形术精益求精的同时,孙进还不断引入先进技术,大胆探索新方法,比如,不采用腹腔镜做人工阴道,而是采用阴道一次成形术。即使人到晚年,他还在孜孜不倦地精研技术。2003年,60多岁的孙进专门去德国基尔大学交流腹腔镜技术。他说:"只要是对病人好的,我都愿意去尝试。"

心细手巧的男医生

在妇产科医院,孙进做手术是出了名的手巧,干净利落、刀疤美观、成功率高。每次他做手术时都会有一大批医生围观学习。曾经跟孙进搭过班的护士长王桂娣说:"按照医院规定,每台手术的观摩人员不超过3个,而孙医生的手术总是有10多人要来观摩,我只好一个个地劝回去。"这样的景象时不时地上演,同事们都打趣说"一朵鲜花被蜜蜂叮满了"。

可是问起手术做得好的秘诀,孙进只是轻描淡写的一句"就像有人做饭做得好,有人打篮球打得好一样,就是凭经验和感觉嘛,做得多了大家都能做得好”。然而同事们都知道，其实孙进是凭着年深日久的实践积累，才能把手术做得如此漂亮。

不过，孙进也有烦恼的时候。他在工作时遇到的最大困难就是医疗器械的短缺，这在一定程度上也限制了医疗效果。巧妇难为无米之炊，怎么办？自己动手上！孙进自己设计图纸，做好模型，再跑到宁波鄞县（今宁波市鄞州区）的工厂去浇筑模具子宫托。就连科室给准妈妈们辅导母乳喂养的教具人工乳房，也是孙进用棉花、丝袜做出来的，还十分逼真。

在王桂娣看来，手巧是源于孙进的细心，时刻都在为病人考虑。曾经有段时间，护士们发现，住院部病床的病例床头卡经常莫名其妙地就不见了，补上了，过几天又消失了。护士们想来想去都找不到原因。孙进知道了，就和护士们一起讨论。孙进提醒大家，是不是可以从病人的角度来思考问题。病人的病例床头卡都是用中文书写的，放在床头，每个路过的人都能看到，而一些患有先天性无子宫、无阴道等病的病人可能因此会遭人嘲笑或歧视。“妇科疾病的患者往往会有自卑心理，不想让人知道自己的病情。”孙进一语点中要害。后来，病人的床头卡就改为英文缩写。“他总是提醒我们要注意保护病人的隐私，不要在病房里讨论病人病情。”王桂娣说，孙进教给大家的重要一课，就是要给病人最大的关怀。

有这样一位替病人着想的贴心医生，真是患者的福气。2018 年，孙进多年前的一位女病人，特地送来一幅感谢画。她说，之前在别的医院做了两次大手术都没好，孙进一出手就治好了，让她重新燃起了生活的希望。这幅画是她肿瘤痊愈后去老年大学学画画的一件得意之作，特地送来感谢救命恩人。

能通过自己的工作解除病人的痛苦，这让孙进很开心，而这也是他一辈子踏踏实实、任劳任怨、无私奉献的初心。

文/吴雅兰　应枝娟

图片由受访者、应枝娟提供

做好教学这件“大事”

——访1986年“全国教育系统劳动模范”称号获得者余象煜

人物名片：

余象煜，男，1932年7月生，浙江淳安人。20世纪80年代任杭州大学教务处副处长，杭州大学生物系教授。1986年获“全国教育系统劳动模范”荣誉称号。突出贡献：《香榧假种皮发育及提香研究》获绍兴市科技成果奖；《浙江魔芋品种、化学成分与优化栽培技术研究》获浙江省农业区划委科技进步三等奖。1986年获全国教育系统劳动模范称号。1989年、1993年获省优秀教学成果奖（集体）二等奖、一等奖。1991年享受国务院政府特殊津贴。

如果说一个人的一生只能完成好一件大事，那全国教育系统劳动模范、原杭州大学教务处副处长余象煜的这件“大事”，就是教学。

从杭州大学生物系教授，到系主任分管教学，再到杭州大学教务处副处长分管理科教学，余象煜说，自己这一辈子都是和教学在一起的。

初心不改，为了讲好课

余象煜对待教学有自己的标准。1961年，在北京大学结束进修两年后回到杭州大学任教的他，一直在思考一个问题：怎样教好学生。

“北大的老师对我影响很大。”余象煜在北大进修时，导师李正理教授对待科研和教学十分严谨认真，给学生上课、指导学生实验、批改学生实验报告，一系列工作都让余象煜参与其中。“这些经历让我感受很深。”余象煜说，做老师最重要的任务就是把课讲好，把学生教好。

教书多年来，凡是自己课上的学生，余象煜对他们都有三点共同的要求。一是要求学生对一门课有较高的认知能力。他说：“什么是一门课最基础的知识，什么就是学生必须百分百掌握的。”二是要求学生能掌握一门课的基本技术。他说：“结构植物学这门课，不会用显微镜就没法学。”三是要求学生学会处理人与人的关系、人与社会的关系。他说：“学生必须学会做人，懂得做人的道理。”

怎样才能讲好课？余象煜在生物系讲授“植物学”与“结构植物学”这两门课，为了把知识讲透，每学期他都会安排出五节课的时间给学生讲授基础内容，细抠每一个基础知识点。

书本中的知识点已讲了几十遍，内容早已背得滚瓜烂熟，但余象煜仍然小心翼翼地对待每一堂课前的备课。“备课是讲好课的关键。”他说，“书本教材很多是四五年前甚至七八年前编写的，但科学发展很快，学科发展也很快，很多领域内的新动态在教材中可能会缺失。”因此，除了针对不同班级学生的知识基础，重点准备学生认为难度大的知识点外，余象煜常常到网上、书刊上寻找新内容，补充进课堂教学里。

“对于基本的东西我都讲透，对于当前科学的发展，我一定要告诉我的学生。”几乎每一个章节，余象煜都不断更新自己的知识库，在课上告诉学生，某一部分内容目前在国际上有什么样的研究进展，有什么样的发展苗头，同时告诉学生参考资料在什么地方，论文在哪个刊物的哪一期，什么书籍有相关内容。渐渐地，学生也养成了阅读课外书籍和资料的习惯。

“国家现在需要人才，光读完大学是不够的。”余象煜鼓励学生继续深造，攻读研究生。那时，生物系一届 60 名学生中，就有近一半报考硕士研究生，其中绝大多数人都考上了，而且多是全国重点大学与研究院。

余象煜为自己的学生感到骄傲，学生们毕业后走上工作岗位，常常给他写来信件，感谢他在课堂上的严苛要求。有的学生现在做了中学老师，也一样严格对待学生、认真对待课堂。他们体会到余象煜常说的那句话："老师把课教好，才对得起学生；学生把书读好，才对得起自己。"

严谨治学，科研不掉队

余象煜在北京大学研修期间发现，老师们不论教学任务多重，他们的科研工作都抓得很紧。身处教学一线，对待科研，他一样不放松。为了理论联系实际，把科研投入解决实际问题中去，余象煜参加了许多实践性较强的研究课题，出版与发表了不少专著和论文。

做科研，余象煜对自己严格，也对学生严格。不论是身为讲师、副教授还是教授，但凡是学生的实验课，他从头到尾不离开实验室；助教准备实验时，他也与助教一起，以防实验中出现问题。

实验过程中，余象煜比学生还要积极。"不是等学生问了才去给他们解答，我是主动去观察他们有没有错误。"余象煜要求学生按照操作规范，使用显微镜时两只眼睛同时观察，一只眼睛看显微镜，另一只眼睛看图纸，同时一只手绘图，这样得来的图像最为真实。一开始，学生们觉得很困难，余象煜便全程守着他们做实验，将每个学生绘制的图和显微镜中的图像一一比对，以确保操作规范和观察正确。一次实验课上，余象煜见一名学生很快速地完成了观察和绘图，便走到学生身边。观察显微镜中图像后，他严厉地告诉学生："你这张图不是观察来的，是书上抄来的，你要重头来，重新做。"此时已经接近午餐时间，余象煜便留在实验室，陪学生重新完成观察绘图后，二人才去吃午饭。

后来，班上的学生便知道："在余老师的实验课上一定不能马虎，糊弄实验对不起自己，也对不起老师。"三小时的实验课时间，余象煜总是用得满满当当，一个一个检查完实验结果后，才让学生离开。"大学生刚从高中阶段很紧张的环境中过来，突然来到大学相对宽松的氛围中，难免会有点懈怠懒散，我得鞭策他们。"他说。

坚守职责，教风带学风

在生物系工作期间，余象煜作为党总支委员与系主任分管教学，和其他院系领导一起带头提出系内全体教师响应“抓党风，促教风，带学风”。

“我们很多教师都是党员，党员教师应该带头，把课讲好。”余象煜说，党员教师就要把教学作为党交给自己的任务、人民交给自己的任务。

“教风”在余象煜脑海中的概念是具体的：讲好课，带好实验，做好论文，带好实习……作为当时生物系分管教学的系主任，余象煜对生物系的教风十分满意：“这方面我们系的老师都做得比较好。当时，浙江省副省长李德葆在杭大开会时都说，生物系的教学质量和教学管理是不错的。”正是在这样的学风之下，杭州大学生物系考取研究生的本科生人数在全校范围里数一数二。“我有些学生到了其他国内名牌大学上研究生，回来告诉我，老师讲的东西以前在我的课上都接触过，考试不用花太大力气就能通过。”1997 年，余象煜退休，杭州大学生物系累计考取研究生的人数已经达到几百人。

“带学风”是余象煜教师生涯中一直在做的一件事。“从备课、带实验、带实习，到再日常不过的批改作业、答疑，严格和耐心用在方方面面，这就是带学风。”他说。

余象煜分管教学和学生工作，加上兼职做班主任，因此与学生的感情十分要好。“我只要有时间都会扎在学生堆里。”余象煜说。哪怕是周末，在家吃完午饭后，自己也会来到学校，和学生待在一起。他笑着说，直到现在退休后，每年仍然至少有一两次与学生的聚会。学生们到家里来，他简单请大家吃顿饭。“学生们要求不高，能聚在一起就行。”

“我的工作就是把我的教学科研搞好，这是我作为教师最基本的职责；把生物系的教学质量搞好，这是我作为教学主任的职责。”余象煜是这么说的，也是这么做的。

文/樊　畅

“农”情岁月难忘怀

——访1986年“全国五一劳动奖章”获得者夏英武

人物名片：

夏英武，男，1937年2月生，安徽肥东人。浙江大学农学院教授，博士生导师，我国著名水稻育种家。1961年浙江农业大学农学系本科毕业，留校任教。1985任浙江农业大学副校长，1993年任浙江农业大学校长，1998年退休后任浙江省农村致富技术函授大学校长。曾任全国高等农林院校产业协会理事长，中国原子能农学会副理事长，中国农学会常务理事，浙江省农学会理事长。从事水稻辐射育种与杂交育种的教学和研究40余年，育成水稻新品种10余个，累计推广面积近2亿亩，发表学术论文160余篇。先后获国家、省部级科技进步奖10余项，还获全国优秀科技工作者、国家级有突出贡献的中青年专家、全国五一劳动奖章、浙江省“七五”劳动模范等荣誉，以及联合国粮农组织和国际原子能机构颁发的“诱变育种成就奖”。

"把水稻当成儿子一样看待。"水稻专家夏英武是这么说的，也是这么做的。为了改变中国农村贫穷落后的面貌，他走上学农道路；为了建设农业生物物理学科，他勇担重任，边学边教；为了培育良种，他寒来暑往，风雨无阻；为了技术推广，他四处奔波，不辞辛苦。他用一生的奋斗展示了一个农业科学家一辈子服务"三农"的样板。

情系水稻，专注育良种

"要跟水稻建立感情，每天去看看，就像自己的孩子，随时掌握最新最细微的变化。人对孩子有感情，我对水稻也一样……"只要谈起水稻，耄耋之年的夏英武就打开了话匣子。

夏英武，浙江大学农学院教授、博导，我国著名水稻育种专家。自20世纪50年代考入浙江农学院开始，近一个甲子的时光，他始终与水稻缘深情深。借用他学生的话说，"他的双脚始终没离开过稻田"。

2014年，联合国粮农组织和国际原子能机构授予夏英武水稻团队"诱变育种成就奖"，全国老龄办授予他"全国'老有所为'先进典型人物"称号，他还受邀赴京作专题发言。但比这些荣誉更让他欣慰的，是他培育的稻种曾经在江西、安徽、广西、湖北、湖南等地大面积种植。

成就的背后，夏英武付出了辛劳的汗水。按常规，育成一个新品种需要10～12年时间,如何提速?夏英武想到了南繁。1969年冬,他只身赴海南,开始了南繁的历程。寒来暑往,年复一年,夏英武过着候鸟般的生活:春天在杭州播下种子,夏天一收割马上赶到福建,秋天收了稻又奔向海南,海南一开镰,又登上了回杭州的列车。那些年,一只塑料桶总陪在他身边——在旅途的列车上他也总忙着浸种催芽。

夏英武常说,研究水稻也是需要灵感的,怎样将传统品种的优点集合成新品种?他首次提出了选择早熟突变体的"少本丛插法",使单位面积突变体量增加3～4倍,解决了长期以来单位面积早熟突变量低的辐射育种难题。运用此法他育成了抗病、早熟、高产的早籼突变品种"浙辐802",1987年获国家科技进步奖三等奖,至今已累计推广1.46亿亩,是国内外种植面积最大的辐射水稻突变品种,也是至今为止我国常规水稻品种累计种植面积最大的品种。

为了从十万株水稻植株中挑选出最早抽穗的珍宝般的三十几株植株,夏英武投入了大量的时间和精力。抽穗期前需要每天都去田里观察,对长势较早的水稻用吊牌进行标记,并用网罩扎住穗子,等到这些植株灌浆之后再进行移植工作。同时,夏英武告诉我们,水稻植株的种植位置也非常重要,比如在田地中央的早熟植株会被老鼠吃掉,而在田埂四周的又容易被麻雀吃掉,所以要挑选出形状优良的早熟植株需要花费很大精力。

据统计,从事水稻辐射育种与杂交育种40多年,夏英武育成水稻新品种10余个,累计推广面积近2亿亩。由于"浙辐802"综合性状优良,经国内有关育种单位以"浙辐802"及其姐妹品种作亲本又杂交育成新品种491个,合计种植面积达3.49亿亩。

边教边学,促学科发展

1956年秋冬,夏英武注意到《收获》杂志上一篇关于苏联拖拉机和农艺师的文章,就是这篇文章让他坚定了成为现代化农业人才、改变农村落后面貌的决心。第二年,夏英武就报考浙江农学院,从此踏上了鞠躬田畴、致力农业的征程。

1958年,陈子元教授受命组建我国农业高校第一个放射性同位素实验室——浙江农学院同位素实验室。1960年,因学科发展需要,学校成立了农业物理系,设农业生物物理专业。学校从各个系挑选出包括夏英武在内的17位优秀学生,这17位同学提前毕业,留校任教,挑起了将农业物理系顺利办成并发扬光大的重任。士不可以不弘毅,任重而道远。此时的夏英武意识到自己专业基础不够扎实,于是前往杭州大学做进修教师,在主修生物学的同时还研习放射生物学方面的课程,为随后讲授放射生物学做准备。

夏英武讲授的第一门课程"放射生物学"就给他出了一个大难题。当时,该学科在国内还处于萌芽状态,没有前辈可以请教,相关书籍又难以寻觅,幸而在陈子元教授的帮助下,夏英武得到一本俄文书籍。凭借良好的俄文基础,经过一个月的艰苦奋战,夏英武将这本书翻译成中文,准确度达到95%以上。此外,他又在《放射应用》杂志上找到零星的有关利用放射性物质照射植物的文章,将其与之前翻译的资料进行整合,最终编出提纲式的教材。

通过阅读俄文资料,夏英武发现欧洲和苏联一些有影响的农业科学家基本不做基因变异方向的研究,而是转做育种,因为只有这样才能产生新品种。自学英语、获取更多文献资料后，他发现各国的情况其实大不相同：瑞典是最先研究诱变育种的国家，而美国当时对此还持怀疑态度；苏联专注于低剂量的刺激研究，而欧洲则在诱变期间研发了很多新品种。于是，在这些科学家的启发下，夏英武决定从低剂量刺激研究转到高剂量研究方向，直至 1962 年着手研究诱变育种。结合自己的实验，夏英武慢慢发现，诱变育种的特点相当显著，它可以改变单一性状，甚至创造出自然界原先没有的性状，但是有着频率低且方向不确定的劣势。后来又经过漫长而艰辛的试验，夏英武终于通过诱变育种和杂交育种的结合，成功育成数个性状优良的水稻新品种。

由于生产上需要早熟品种，1978 年开始，他用 3 万伦琴剂量的钴-60Y射线辐射四梅 2 号干种子，诱发出种子内部遗传基因突变，经福建、海南增代繁育，到 1980 年终于选到 4 个早熟系，通过测产，以第二个系产量最为突出，定名为“浙辐 802”。它比当时全国播种面积最大、产量最高的“二九青”每亩增产 50 公斤，单产单季最高可达亩产 600 多公斤。

不忘初心，助农业推广

1985 年，夏英武被任命为浙江农业大学副校长，1993 年被任命为浙江农业大学校长。

在任职副校长期间，夏英武主要负责学校科技开发推广工作，提出了“以学校为依托，以市场为导向，以科技产业为基础，促进科技成果的商品化和产业化”工作思路，并大力组织实施。1987 年到 1993 年，浙江农业大学科技开发累计纯收益 5313.9 万元，其中 1993 年达 1840.9 万元，名列全国高等农业院校首位，而且从 1992 年开始科技开发收入已经超过国家教育事业拨款数。

他还亲自参与组织、指导“浙农 1 号”畜禽饲料的研制、开发、生产和推广工作，走出了一条厂校结合、优势互补、产学研结合共同发展的新路子。在组织全校科技成果推广方面，据对“浙辐 802”水稻良种、柴油机技能技术等 15 个重点推广项目的跟踪统计，1988 年至 1993 年共创造经济效益 93.7 亿元。

行政工作之余，夏英武仍然坚持他的老本行——育种工作。每天上班前、下班后，他都会去稻田看看，节假日更是他的法定科研日。“不去我心里会难过。”夏英武将可以调动的所有空闲时间全部投入科研。

1997年，夏英武从浙江农业大学校长的岗位上退休。对于后辈们培育出的新稻种，除了技术上的帮助之外，退休后的夏英武频频跑北京、赴上海、下温州，四处奔波，全力帮助推广，提升这些稻种的市场知名度。但他也有着自己坚守的原则，那就是不说假话，推广的稻种必须经得起考验。在他看来，“一个老育种人，首先要对得起自己的良心”。

同时，作为资深的农业专家，退休后的夏英武还让“推广”有了更深的含义，那就是：农村致富新技术的推广。从1998年开始，夏英武受省科协聘请担任浙江省农村致富技术函授大学校长，致力于推动全省农民科技素质提升，培养新型农民。他组织力量编写了统一的培训教材，解决了办学经费不足和师资力量薄弱的难题。在夏英武履任的18年间，这所“农民大学”累计短期培训农民1400多万人，一年制以上培训近270万人，其中获得初级以上职称人员50多万名。正如该校的同事们评价的：“他能做年轻人不愿做的事，能吃在岗人员不愿吃的苦，能解别人不能解的题。”

“我成功的一半要归功于家庭。”平日工作繁忙又经常出差，照顾家庭的责任基本上全由夫人担着，夏英武心里满是愧疚与感激。现在的夏英武最大的心愿就是陪伴家人、照顾夫人。“年轻时夫人照顾我，现在由我来照顾夫人。”

文/马宇丹

图片由受访者提供

“福尔摩斯”老教授

——访1987年“浙江省劳动模范”称号获得者徐英含

人物名片：

徐英含，男，1926年6月生，浙江萧山人。浙江大学医学院教授，著名病理学家、法医学家。1946年就读当时的浙江大学医学院医疗本科（六年制）；1951年起在卫生部第一届高级师资班学习；1953年起在浙江医科大学病理教研室工作，直至1998年正式退休；2000年后，重新回到浙江大学医学院病理教研室参加法医病理学工作。2004年3月浙江大学司法鉴定中心成立，先后任中心资深鉴定人及顾问至今。曾任全国政协委员，被评为浙江省劳动模范，享受国务院政府特殊津贴。

一把解剖刀，切出惊天大案；一把测算尺，丈量法度良心；一台显微镜，窥见事实真相……这些影视作品中的桥段，在法医工作中真实上演着。或许不像《洗冤录》《法证先锋》《神探夏洛克》《法医秦明》等影视剧中呈现得那么热血沸腾，但确是凭借法医的处变不惊、抽丝剥茧，许多事实的迷雾得以拨开，冤屈得以昭雪。

徐英含教授是国内公认最著名的法医病理学专家之一。“知者乐，仁者寿。”如今已经93岁高龄的他，在浙大求学、工作、生活，数十年如一日，初心不忘，坚守在病理学和法医学教学、科研与实践的第一线。

道路是走出来的，时间是挤出来的

1946年，徐英含考入浙江大学，成为抗战后组建的浙江大学医学院的首届学生。时隔70余年，回忆起求学时的情景以及自己难忘的老师，徐英含如数家珍：王季午、贝时璋、陈履告、王仲侨、郁知非……

"上学时，我很喜欢听贝时璋教授给我们讲'比较解剖学'。他备课很充分，上课从不带讲稿，常常是一边写字、画图，一边讲解，课程内容讲完正好下课，时间卡得非常好。"徐英含说。受贝时璋先生影响，徐英含从教后也要求自己不带讲稿上课。为了讲好病理学和法医学课程，他经常半夜起来备课，天快亮了才稍微休息下。因为备课充分，案例生动，徐英含上的课很受同学们的欢迎。

"生病以后，我们身体的脏器、组织、细胞会发生什么变化？这些变化属于病理变化，涉及病理学方面的内容。用这些内容来解决法律上面的一些问题，则涉及法医学。"说起徐英含为何选择法医病理学这样相对"冷门"的专业领域，倒显得有几分机缘巧合的意味。1951年，卫生部从全国医学院校抽调一批学习好、思想进步的高年级学生，举办第一届高级师资班。徐英含填写的是临床方面的志愿，结果被分配到了南京法医师资班。有些不情愿的他，去找了时任医学院院长的王季午教授。"王院长希望我服从分配，并说法医师资班是著名的林几教授负责，在他指导下学习是难得的机会。”经过一番考虑，徐英含最终还是决定服从分配，也由此开启了他与法医学一生难解的缘分。

徐英含的同届同学姜起立在回忆浙大的文章中曾这样写道：“法医学虽非徐英含同学的志愿，但徐英含同学通过自己的努力与勤奋，在法医学方面作出了优异的贡献，著作等身，荣誉多多，成了法医界的权威，令人钦佩不已。”

2018 年 10 月，徐英含教授获得了中华医学会病理学分会颁发的 2018 年度病理学终身成就奖。该奖项为国内病理学界最高荣誉，用于表彰那些为中国病理学事业作出杰出贡献的病理学家。徐英含教授以 90 多岁的高龄，亲赴成都领奖。

结合自身经历，徐英含把“道路是走出来的，时间是挤出来的”作为座右铭，既为勉励自己，也为激励后学。

择一事终一生，不为繁华易匠心

徐英含教授曾先后发表学术论文 140 余篇，出版专著 30 余部。不夸张地说，他主编或参编了几乎国内所有的法医病理学方面的教材，他的学术成就对于中国病理的发展起着深远的影响。在铅中毒与矽肺病理、大气污染对肺泡巨噬细胞的作用等方面，徐英含进行了深入研究，可以说是当时国内矽肺病理研究的第一人。不仅如此，早在 20 世纪 80 年代，他就已经进行了国内首例艾滋病死亡病例的解剖研究。

“当时国内还没人解剖过艾滋病感染者的遗体，卫生厅特别指定让我来解剖。我认为这是个光荣的任务，同时非常谨慎。”徐英含说，“解剖以后，病理切片检查也要非常仔细，都是很仔细地一张一张看过。光是这个病例，我们就写了 6 篇相关论文。”

“活人可能会撒谎，但是尸体不会。”这是法医界俗语。作为国内法医病理学领域的权威，徐英含曾参与过国内诸多疑难案例的法医鉴定工作，其中不乏无头疑案、陈年积案、案中有案等。通过亲临现场细致勘察，寻找蛛丝马迹，或是解剖尸体，还原死者遭遇等，许许多多支离破碎的讯息被整合在一起，真相得以逐渐浮现，案犯也往往随之无所遁形。

“我是做法医尸体解剖的，从事这个工作，不能怕辛苦，要非常仔细，非常慎重。因为这牵扯到一个人的死因。一定要以事实为依据，你稍微偏向一点都不行。看到什么，记了什么，证到什么，一定要站在公正的立场，实事求是，不能被其他所左右。”择一事终一生，不为繁华易匠心，徐英含用自己的实际行动践行着这句话。

春播桃李三千圃，秋来硕果满神州。坚守在实践、研究、教学一线的徐英含培养出了众多弟子。他们中的许多人早已成为国内甚至国际上著名的科学家：来茂德，德国科学院院士，浙江大学原副校长，现任中国药科大学校长；龚芸，美国德克萨斯大学 MD 安德森癌症研究中心病理学教授；周健，澳大利亚昆士兰大学著名科学家，宫颈癌疫苗（HPV 疫苗）共同发明人……他们在专业领域上的研究与突破，为中国的病理学与法医学发展作出了卓越的贡献。

知者动，仁者静；知者乐，仁者寿

子曰：“知者乐水，仁者乐山；知者动，仁者静；知者乐，仁者寿。”医者仁心的徐英含教授，生动地诠释了这句话。

退休之后，经验丰富的徐英含被聘为浙大司法鉴定中心资深鉴定人和顾问，继续为法医病理事业发挥着自己的光与热。“我也参加些具体的工作，但不需要每天按时上班。单位有事，我就马上骑自行车过去。领导再三叮嘱我打车过去，我却觉得骑自行车自由，不愿打车。”

“每天锻炼一小时，健康工作七十年。”而今，已经 93 岁高龄的徐英含，眼明心亮，穿针引线也难不倒他。每天，他会沿着河边疾走一小时，甚至连续做上十个俯卧撑也能脸不红、气不喘。

徐英含让人敬佩又羡慕的，除了突出的工作成就和健康的体魄，还有四世同堂、上慈下孝的幸福大家庭。老伴袁蔼娟只比徐英含小半岁，实际上同庚的两人几十年来相濡以沫、恩爱有加。

尽管受教育程度不高，但袁奶奶一直坚持自学。76 岁那年，徐英含教授正在主编一本临床病理学教材，出版社要求成稿须用电脑录入。当时，从没学过拼音，毫无电脑基础的袁奶奶，通过自学五笔打字，把录入书稿的工作承担了下来。

老伴好学，徐英含便大力支持。袁奶奶练书法、做十字绣、写日记时，徐英含总是会主动承担家务。在老两口的言传身教下，子女们也是看在眼里，记在心里。秉承“爱国爱家、尊老爱幼、不贪小便宜，不干违法事”的家训，儿孙辈以孝为先，勤勉上进，亦是人才济济。2017 年，徐英含一家还获评了浙江百户“最美家庭”称号。

老老实实做人，脚踏实地做学问。徐英含教授用一生，恪守着人生信条，任时光荏苒，自浅笑安然。

文/金云云

图片由受访者、陈俭提供

与蜂语者乐

——访1989年“浙江省劳动模范”称号获得者何俊华

人物名片：

何俊华，男，1930年4月生，江苏高邮人。浙江大学农业与生物技术学院教授，博士生导师。培养博士后2人、博士生9人、硕士生12人、国内外进修生3人，曾讲授“农业昆虫学”“害虫生物防治”“寄生蜂概论”“昆虫分类学”“动物分类学原理及方法”等课程。参加写作的学术文章581篇，其中在国内外刊物发表论文425篇。出版专著21部。曾获省部级科研奖励14项。1982—1988年，浙江省政治协商会议第五届委员；1988—1993年，全国人民代表大会第七届代表；1993—1998年，浙江省人民代表大会第八届代表、常务委员会委员，教育、科学、文化、卫生专门委员会委员；1988年获国家中青年突出贡献专家；1989年获评浙江省劳动模范称号；1989年获评全国优秀归侨、侨眷知识分子；1989年获国务院政府特殊津贴。

何俊华于1949年9月就读浙江大学农学院，1953年7月毕业于浙江农学院植物保护系，同年留校任教，先后任助教、讲师、副教授、教授和博士生导师，2003年退休。在浙大至今已经70年了。

进入“蜂门”

1953年，何俊华大学毕业后被分配在浙江农学院植物保护系昆虫学教研组，指导老师是祝汝佐教授(1900—1981)。1932年至1937年，祝汝佐在浙江省昆虫局工作，研究桑树害虫和寄生蜂，写了很多文章，在全国影响很大。新中国成立后，他根据当时国家“以粮为纲”的精神进行水稻害虫及其寄生性天敌的研究。

1955年，湖南的松毛虫为害严重，有些地方石板路上“只见毛虫，不见石板”，中国林业科学研究所和中国科学院昆虫研究所在东安主持松毛虫防治研究国家科研项目，祝汝佐被请去帮助鉴定寄生蜂，也带何俊华去了。初次出门，初次体验野外工作，初次见到害虫如此猖獗，何俊华收获不小，从此踏进了寄生蜂研究的大门。

何俊华主要研究的是我国的寄生蜂。什么是寄生蜂？蜂类是膜翅目昆虫的通称，是一个十分多样化的昆虫类群，分为：有害的——植食性，蜇人，在房屋中筑巢或侵扰人类；有益的——植物授粉者，捕食性天敌，寄生性天敌。寄生性天敌于一个时期或终身附着在其他动物即寄主的体内或体外，并以摄食寄主的营养物质来维持生存。这种具有寄生习性的昆虫，一般即称为寄生昆虫。但是，寄生于昆虫的寄生昆虫，与一般寄生于脊椎动物体的寄生昆虫，又有许多不同之处，其中最主要的区别是个体发育的结果会使其寄主死亡，它对于一个种群的制约作用，更类似于捕食性动物。寄生昆虫中的蜂类叫寄生蜂，蝇类叫寄生蝇。寄生蜂在膜翅目的82科中占63科，体长多在0.5—10毫米。各科种数不等，少的仅几种，如修复细蜂科 Hsiufuroproniidae（由何俊华提升为科，代替原科名，并公布）仅知中国和俄罗斯各1种；离颚细蜂科 Vanhorniidae（由何俊华发现并定名的新种）仅知中国、美国和瑞典各1种。多的如姬蜂科 Ichneumoniidae，1987年统计，不包括异名已达21598种。

毕业之后工作期间，何俊华和其他年轻老师都很用功，每天忙到夜里一点钟睡觉。学俄文、准备实习、画图，有时候还要用蜡纸刻教材。他上过一个月的俄文讲座课，靠自学俄文翻译过苏联 H. A. 捷连加的《农林害虫生物防治法》（由上海科学技术出版社出版）。

1958年至1959年，他参加了《农业昆虫学》的编撰工作，上、下两册于1962年、1963年出版。里面所有的昆虫形态图都由他绘制，虽然没有学过画画，但直到现在他都觉得什么事情不会做不要紧，学起来就会做了。

田野调查

20世纪60年代初，当时南方有一种很重要的水稻钻心害虫——三化螟，它有卵寄生蜂——螟卵啮小蜂等，卵被寄生后就被吃光了，就不会孵出幼虫危害水稻。在我国南方地区，寄生比例高的时候能够杀死60%～70%，甚至更多的害虫。但是寄生蜂非常害怕农药，稍微打一点农药，寄生蜂就会被杀死。而这一点农药的量杀不死目标害虫，或者原来受天敌控制的虫成为更难防治的“新”害虫。

在长江流域能不能提高螟卵啮小蜂的寄生率？为此他在浙江东阳、温州、德清蹲过点，还托人从江苏、广西收集三化螟卵块，也进行过系统的生物学研究。

1966年，中国科学院院士刘崇乐教授和老师祝汝佐教授，安排他赴海南岛崖城蹲点从事国家重要科研项目——水稻害虫天敌调查研究。海南岛崖城的点在天涯海角以西，舟车劳顿，路上要走5天；在农场的时候，有时候吃三分钱一斤的香蕉能顶一顿。惜因“文革”期间刘老过世，此项目未能继续。

回想起那些日子，何俊华认为还是很有意义的。这些年来国家进步了，现在出差或做野外调查，工作和生活条件已大为不同。

五个机会

20世纪70年代初，世界范围内由于滥用农药防治害虫，导致农产品有残毒、害虫有抗性和害虫再增猖獗三大问题的出现。提倡综合治理、重视天敌的作用在美国已被列入国家重要研究项目。受《寂静的春天》这本书的影响，我国也开始重视“少打农药，保留天敌”。鉴于国内当时对害虫天敌缺乏了解，也无资料，1971年，应中国科学院动物研究所邀约，何俊华参加编写《天敌昆虫图册》。1972年至1974年，每年他都在北京待几个月，并承担最后的统稿工作。这本由北京科学出版社出版的书，“文革”结束后，上海才印刷彩图部分，他曾受托去过印刷厂催问，那天是1976年10月6日，他印象很深。这本书共印了32480册。

1977年，农业部在哈尔滨召开全国性综合治理座谈会，安排何俊华做大会发言，他介绍了几年来蹲点农村进行的水稻害虫及天敌的研究工作——最早发现寄生黑尾叶蝉卵的褐腰赤眼蜂和寄生稻纵卷叶螟幼虫的纵卷叶螟绒茧蜂，是浙江省及长江流域以南各省区的优势天敌，并提出水稻害虫综合治理中的天敌保护利用策略，介绍了在温州进行的相关试验。

1979 年，由他主编的《浙江省水稻害虫天敌图册》出版，并获得全国优秀科技图书奖。他觉得，能得到如此高级别的奖其实是因为“文革”十多年没有好书出版，“山中无老虎”。这本浙江省的专业书，重印了两次，印数达 13000 册。

1979 年和 1980 年，受农业部委托，由何俊华负责举办“全国农作物害虫天敌资源调查和利用培训班”的南方班，有来自各省区约 70 人参加，他邀请了省内外各类群的专家，编印了许多资料，也参加北方班的讲课，之后帮助鉴定全国各省区的大量寄生蜂标本。这些都是促使他的研究工作面向全国的机会。

1979 年，农业部提名何俊华作为团员参加中国生物防治代表团赴美国回访、考察。在美国 34 天，主要访问了南部和夏威夷的研究机构和大学，他带回来一大堆书，送给学校图书馆的就有 20 多本。

参编全国畅销书、主办全国培训班、作为国家代表赴美国考察访问，受到昆虫界同行和农业领导部门注意，这些之前从未想过会发生的事情，似乎改变了些何俊华的命运。他由此体会到每个人都是有机会的，就看你自己有无准备。

日积月累

研究动植物的分类工作，一是必须有实物标本；二是要有该类群的已有文献；三是研究者要有业务水平。何俊华的业师祝汝佐教授，在抗战期间离开浙江省昆虫局后颠沛流离去四川、贵州的艰难岁月里，行囊尽洗，却仍把寄生蜂资料和几盒标本视为珍宝，随时携带，不忍遽弃，留下了宝贵的资料和敬业爱业的精神财富。1956 年，标本渐多，寄生蜂标本室就以此为基础创建起来，日积月累至今，收藏于浙江大学昆虫科学研究所寄生蜂标本室的寄生蜂针插标本，就达 40 多万号，是全国收藏寄生蜂标本最多的单位，为师生们做分类研究提供了丰富的标本，所以才有大量质量较高、较系统的研究论文在国内外刊物上发表。当今世界上寄生蜂部分类群的顶尖专家曾来访问和交流过。2018 年，世界姬蜂科文献学家，年迈的 Dicky S. Yu 先生把他一生收集的 200 箱珍贵姬蜂科文献送给浙大寄生蜂研究室保存。

为了摸清我国寄生蜂的自然资源，深入田间和山区的外出采集是必要且辛苦的。以前经费少，山区交通、住宿条件都差，采集地点多在深山老林，除了需要不停挥动捕虫网，蚊蝇蚋蠓虻蚁和山蚂蟥的叮咬也都领教过，还要警惕胡蜂和毒蛇，在外采集的晚上还要点灯诱虫，标本要在当天进行初步整理。每天工作可能都在 16 小时以上。令何俊华记忆深刻的是 2007 年，在江西井冈山国家级自然保护区采集时，小地名叫湘州的地方，为网捕远处一蜂，他从斜坡跨步翻入长满荒草的暗沟，腰和右膝撞上大石块，当时膝盖肿得像馒头，但没有骨折或骨碎，是不幸中的大幸。还有一次在浙江清凉峰国家级自然保护区采集，误入岔路，他们老夫妇二人在大山里不停地走了 5 小时，未见一人，及至路绝，才发现一段连续 480 级台阶的上坡和安徽省界石桩。每次野外采集他们都有几怕：一怕心脏病发作或滑倒；二怕碰到野兽；三怕遇上坏人，或被当作坏人；四怕下雷阵雨。但为收集昆虫资源，他乐此不疲，一直采到 81 岁。

何俊华对各地研究机构、高校同行和曾经的天敌培训班学员在工作中给予的帮助心怀感激，有的单位慷慨送给或借给珍贵标本，有的提供野外采集的交通工具。1981 年在云南采集 75 天，植保站付费租吉普车给他们用，行程 4375 公里，采了万件以上的蜂类标本；1982 年在湖北神农架采集 15 天，天敌培训班学员、农业厅植保站部门负责人闵观培出车陪同，采得许多蜂类标本，比他大十岁的前辈相陪、叫他老师，让何俊华深为感动。

1984 年何俊华作为团员参加浙江省农业代表团赴日本考察和谈判，着重有关天敌交流事宜；1997 年受澳大利亚国际农业研究中心（ACIAR）聘请赴越南考察“澳越合作”的蔬菜害虫防治研究进展。

老骥伏枥

因年龄渐大同时健康欠佳，1991 年起除了对过去的研究做些扫尾工作，他已着重从事可在室内研编的寄生蜂分类工作，主要承担《中国动物志》的研编工作，这是由国家自然科学基金委员会、中国科学院和科学技术部资助的中国科学院知识创新工程重大项目，国家自然科学基金重大项目。参加此项研编工作的专家，一般在职且年龄不超过 63 岁，每 5 年申报 50 本，批准 30 本。何俊华早已超龄，出于对他的信任，编委会多次破例同意申报课题，让他成为年龄最大、编写出版卷册最多的作者。

何俊华说自己现在的健康状况是“老病全有唯欠死”，还坚持每天工作五六个小时，令不少同事、年轻人、研究生感到不解。他的原因大致有四：一是因小时候经历日寇侵华，在沦陷区生活过，强烈希望国家富强；二是幼年时逃难至兴化县水乡，多病缠身，当时估计最多活 30 岁，新中国成立后他期望活到 2000 年，即 70 岁，现已“超额”完成期望值；三是据福建农学院赵修复教授（1917—2001）1979 年介绍，当时美国昆虫已知 96000 种，我国当时约 36000 种，相差 60000 种，1949 年至 1979 年的 30 年间我国新增约 3000 种，即每年增加 100 种，赵教授给予何俊华很多业务上的关怀和帮助，并希望国内昆虫分类工作者，特别是年轻学者努力工作，尽快赶上美国；四是他非常崇敬的老师，老系主任、老一级教授，植物病理学家陈鸿逵博士（1900—2008）退休后，每天仍由保姆陪同步行约一公里到实验室，孜孜不倦地通过显微镜进行镰刀菌分类鉴定研究工作至 91 岁，因师母生病才停下来，这对何俊华来说是一个激励。

至 2018 年底，何俊华在寄生蜂等分类研究方面已正式发表 14 新属、1 新亚属、2 新种团和 1074 新种，中国新记录 5 科、5 亚科、1 族、89 属和 377 种，寄主新记录 350 余个（未正式出版的未记入），一些类群的研究达到世界先进水平。

国外某类群的专家可能因为了解了他的研究工作，或与我国专家合作，他们用何氏 He 命名了昆虫 2 个新属名、24 个新种名。这在学术界是荣耀的事，盛情难却。

2019 年中国昆虫学会颁给何俊华终身成就奖，也让他盛情难却。

文/朱原之

图片由受访者提供

（根据有关资料综合整理）

于无路处开路

——访1990年“浙江省劳动模范”称号获得者叶关荣

人物名片：

叶关荣，男，1938年5月生，浙江绍兴人。浙江大学光电学院教授、博士生导师，中国色度学首席科学家；曾任国际颜色学会（AIC）执行委员，国际颜色学会中国代表，国际照明委员会（CIE）D1、D2分部中国代表，中国照明学会副理事长，中国光学学会、中国照明学会视觉与颜色专业委员会主任，浙江省照明学会理事长等职务；获中国中青年有突出贡献专家、浙江省劳动模范、全国高校优秀科技工作者等称号；拥有国际专利2项、国内专利10余项；现任中国无极灯行业专家委员会主任委员，《无极荧光灯照明手册》编委会主任，中国照明学会顾问，浙江省照明学会名誉理事长等职务。

求学：探索未知，选择希望

1952年，新中国刚成立不久，浙江大学设置了国内第一个光学仪器专业，开创了中国光学工程高等教育的先河。1956年，叶关荣考入浙江大学光学仪器专业。当时，光学仪器专业既无专业规范的教材，又没有可供参考的教案，前路是一片未知的空间，也是一片充满可能的空白。

五年大学学习期间，叶关荣精研学业，1961 年毕业后留校任教。1964 年学校选派他出国进修，在上海外语学院出国预备部学习德语，经一年多学习后，结业回校等待出国，赴外留学似乎已是万事俱备。但时逢“文革”爆发，出国进修不得不暂时搁置——而这一搁，就是十五年。当年青葱的青年成为一位小有经验的学者，但不变的是那份为国家光学事业贡献青春力量的初心。在 1979 年我国科学教育事业进入全面发展期之际，学校选派第一批知识分子出国进修，叶关荣前往德国西柏林工业大学光辐射测量技术研究所进修。

在德国，他遇见了世界一流的科学家，有幸和当时的德国照明学会主席合作、向德国色度学的奠基人学习，深刻认识到了色度学学科的重要性，从而转变了自己的研究方向；同时，他参与了研究所的科研项目，完成了圆柱与半圆柱照度探测器的研究课题，顺利地将理论、实验付诸成果应用，并取得了发明专利，其成果被德国科学家应用于空间照度和半圆柱照度方面的计量测试；他也进入了世界一流的光测量技术机构德国 LMT 公司，尽管当时 LMT 对外国人设有高门槛，但叶关荣所研究的圆柱与半圆柱照度探测器 2%的精度等级已达到了世界最高水平，因此得到了公司的青睐。也是在此期间，德国人严谨治学的学风、求真务实的工作作风注入了他的求是之魂，这为他日后的科研从教之路提供了强大的支撑。

但无论异国的风光多么迷人，最热最暖的那片土地还是祖国——他

记得当时向德国人介绍他来自中国，德国人的第一反应总是："是红色中国吗？"红色，是他心中最鲜亮的记号。

在德国进修 20 个月后，叶关荣提前回国。他用专利所得采购了一些仪器设备及 LMT 公司的最新产品，为回国后进一步研究作准备。后来，浙大光仪系光辐射计量测试技术也在他回国后顺利发展起来。从此，叶关荣十数年学习钻研的星星之火汇集，也由此开启了他四十载的光电技术、光度学、色度学、光辐射计量与标定技术科教事业，终于燎原。

求真：电光石火，快于核爆

漫长的科研生涯中，叶关荣印象最深的是和妻子参加的核弹爆炸高速摄影机军工项目，即用来记录核弹爆炸的高速相机。但由于核弹爆炸的特殊性，这种相机在精度、速度上都有很高的要求。

叶关荣的妻子赵田冬是小他四届的学妹，由于毕业设计题目是高速摄影机，她参与了浙大担纲的军工项目，并目睹了戈壁滩上核弹的华丽绽放；在 1978 年召开的全国第一届科学大会上，浙大光仪系因在核试验中的卓著贡献被授予了科学大会奖，这成为光仪系发展史上光辉的里程碑。

从"文革"结束到叶关荣回国，浙大光学仪器专业逐步发展壮大，他也陪伴着它，从一名青年学者、教师成长为教授、博士生导师。20 世纪八九十年代，叶关荣的研究主要转向了光辐射计量方向，这在彩色电视、纺织行业、汽车工业、建筑、照明、造纸、塑料等领域的配色计量测试方面应用很广。1991 年，叶关荣出任刚成立的浙江大学光辐射测量技术研究所所长，建立起了设备较为先进完整的光辐射测量实验室，成为浙江省计量测试网络认可测试单位，为研究所进行课题研究奠定了基础。

但叶关荣传递真理火种的征程远未结束。年近退休，叶关荣继续着有关照明和色彩的事业。在 2005 年 5 月，叶关荣参加在西班牙召开的第 10 届（2002—2005 年）国际颜色学会（AIC）大会，经来自美国、日本、德国、英国、法国等 30 多个国家与地区的 500 多名代表选举，他当选为第 11 届（2006—2009 年）国际颜色学会执行委员会委员，成为执行委员会七人组唯一的亚洲代表，后又被推选为国际颜色学会 2007 年中期会议执行主席，这意味着他在光学领域的研究得到了国际的认可，其光芒为世界所共睹。

求善：传递薪火，生生不息

叶关荣像火一样燃烧的同时，还像一根蜡烛、一把火炬，将真理之光传下去。

问及当初为什么提前 4 个月回国，叶关荣笑着说："原因很简单，因为还有一大帮学生等着我上课。"就凭着这份对学生负责的单纯信念，面对国外提供的优厚研究条件，他还是选择尽快回国。在浙大教学期间，他助力光仪系培养出了一批高校教授、国家计量院的科研工作者和致力于光学仪器产品研发与推广的企业家。经过不懈努力，浙大光仪系已成为我国光辐射测量领域人才培育的基地之一。

除了悉心指导学生之外，叶老的家庭也是具有求是家风的"科技之家"，其妻赵田冬教授任教于浙江大学光电科学与工程学院。两人在生活上相濡以沫，尽管已年过八十，但仍栖居在温馨的二人公寓中，互相扶持，将日子打理得井井有条、敞亮又温暖；在事业上也是琴瑟和鸣、共同进退。在饭桌上，两人共同探讨学术问题；在国际会议上，两人与国际代表共话学术前沿。而现今，叶关荣的儿子也在浙江大学任教多年，从事计算机的相关研究；孙女辈也同样负笈到海外求学。在谈到维持优良家风的秘诀时，叶老笑着说："哪有什么秘诀，我们都太忙了，没有工夫管小孩子。但是我相信一点，孩子的成功来自于他们的自立自觉。"

和盛名、鲜花不同的是，叶关荣一家的住所陈设十分简单，唯一特别的是墙壁上、天花板上都吸着、挂着各式各样的灯。老人骄傲地说："我家里别的没有，但有全国最好的灯。"说着，他从抽屉中翻出了一个又大又亮的新灯泡，熟练地将它安到底座上，小心翼翼地点亮并介绍："这是最先进的灯泡，因为它不会频闪，也不会因用久而变暗，适用于阅读，寿命很长，比一些 LED 灯寿命还长。"那个灯泡很亮很亮，似乎无惧岁月，照亮了精神矍铄的叶老。

叶老的一生，从进入新生的光仪系起，就一直在无路处开路；从选择了光的事业开始，他就一直在黑暗处点灯——点一盏长明灯。他自己的一生、家庭的几代都将生命书写到了学校、祖国与民族的事业中去，历经薪火接力，汇成不灭的星河。

文/史清清　李　灵

图片由受访者提供

人生四字：勤奋豁达

——访1993年"全国教育系统劳动模范"称号获得者陈小亚

人物名片：

陈小亚，男，1945年7月生，浙江杭州人。曾任浙江大学继续教育学院副院长、研究员，20世纪80年代任杭州大学气象专业教师、教务处副处长、成人教育学院常务副院长。1987年获浙江省科技进步奖三等奖；1993年获全国普通高校优秀教学成果奖省级一等奖；1993年获评全国教育系统劳动模范；1996年获全国普通高等学校优秀教学成果奖省级二等奖。

在浙江大学工会网站上，全国教育系统劳动模范、原继续教育学院副院长陈小亚的个人介绍页面写着一句四字题词：勤奋豁达。

勤奋豁达，是陈小亚的“人生四字”。入校工作数十年来，陈小亚遵循着这四个字，完成了工作任务，履行了肩上的职责。

既是老师，又是学生

勤奋，是他对待工作的态度。陈小亚常说，人不管在什么岗位，自己一定要努力，工作一定要勤奋。

1968年，从杭州大学毕业后，陈小亚到上海部队锻炼。一年后，他回到杭州，在气象站做地面观测工作。1976年，正逢杭州大学需要气象专业教师，陈小亚因在校时学习成绩优异，调回母校。

来到学校，陈小亚成为一名气象专业教师，教授的课程正是他在气象站所做的工作——地面气象观测。尽管对气象工作非常熟悉，但要成为一名称职的高校教师，他仍然需要补充系统的理论知识，甚至重新建立自己的知识结构。

既是老师，又是学生。为了成为一名好教师，陈小亚在自己授课与备课时间之外，也成了院系里其他老教师的旁听“学生”。

“我是一边教课，一边听课。”陈小亚说。为了补充自己的知识，也学习其他有经验的老教师如何上课，他常常跑到其他老师的课堂上，与学生们坐在一起听课学习。

“那时候苦是苦的。”陈小亚说。当时既要上课，又要听课，还要学习英语和准备各类教师外语考试，每天晚上都背单词到十一二点以后。“不过苦归苦，现在回想起来也很有意思。”陈小亚说，那段时光很有意义，也很值得怀念。

1987年，陈小亚获得浙江省科技进步三等奖；1993年，获得全国普通高校优秀教学成果奖省级一等奖；1996年获得全国普通高等学校优秀教学成果省级二等奖。就这样，依靠日积月累的勤奋，陈小亚在校园里教书育人，桃李满园。

享受新鲜,尽心尽责

1993年,获评全国教育系统劳动模范时,陈小亚在杭州大学教务处担任副处长。从教学一线来到管理岗位,教务处的工作对陈小亚来说既熟悉又新鲜。与在讲台上做教师不同,教务处的工作更加烦琐。那时,陈小亚分管处里的教务科、招生办和综合办公室。发毕业证书、统计学生成绩、招生……陈小亚对待每一项工作都尽心尽责。

“我的工作不像科学家,会有科研成果和业绩做出来,为国家做实实在在的贡献。在我的岗位上,我就是勤勤恳恳地工作。”陈小亚说,获评劳模,自己其实没做什么惊天动地的大事。用他的话说,“就是劳动,日积月累的劳动”。

此时的杭州大学发展速度加快,新的专业、新的学科、新的院系渐渐兴办起来,学校不断发展,教学任务不断加重,师资和课程建设更加复杂,教务处工作也日益繁忙。陈小亚却觉得,每天做的工作都有新鲜感,凡是工作上的事务,不论大小、粗细,他都亲力亲为。

“如果教务处的工作运行得不好,教务秩序就会乱,所以我们的工作虽然细小,实际上把控了学校的教学秩序和教育质量。”他笑着说,“当时我最怕的就是学生考试不及格,拿不到毕业证书。”在教务处工作的几年里,陈小亚每天都会早早来到办公室,走走看看,提前开始工作。他说:“上班时间我都能保证,只有下班时间不能保证。”

陈小亚调侃自己是一个“不务正业”的人。尽管在教务处只分管三个科室，他对其他几块的工作也非常关心。了解教材使用，他发表了一批相关论文；关心教育教学，他也常常自己琢磨，写写文章。“我在这个岗位上，有精力和条件，我就多了解，多学习。”正是因此，陈小亚对整个教务处工作非常熟悉。

1993年，陈小亚工作调动到成人教育学院。成人教育对陈小亚来说又是一段新鲜的工作体验。让他体会最深的是，成人教育没有全日制的读书时间，如何在学习时间不能保证的情况下，把严教育质量的关？陈小亚花了很大力气去解决这一问题，调整课程安排、设计考核方式、优化教材、培训师资，想尽办法让来学习的成人教育班学生在有限的时间里可以真正学到东西。“一来，学生不能白来；二来，绝不能降低我们的教学质量。”他说，“最后我们看到了，有很多人通过我们这里的成人教育学习，在事业上的确得到了帮助。”

1998年，浙江大学、杭州大学、浙江农业大学、浙江医科大学四校合并成立新浙江大学，陈小亚来到浙江大学继续教育学院做副院长，一直到2005年退休。

豁达待人，坦然处世

豁达，是陈小亚对待生活的态度。

“与人相处要豁达，对他人要宽容一些。我没有非要去追求什么东西，不要老去跟人比，这样压力也小，心态也好。”陈小亚就这样一步一步在工作岗位上走过来。

不论是在哪一个单位或岗位，陈小亚与同事们关系都很好。一次，部门里有一个加工资的名额，身为副处长的陈小亚果断把机会让给另一位同事。零零碎碎的小事上，他总是先想着他人。工作大事小事也与同事充分沟通商量，大家说，“与陈小亚之间没有隔阂，有话就直说，有工作就一起干”。

生活中的陈小亚是个什么样的人？用他的话说，自己是个“随便的人”。吃得很随意，穿得也很随意，衣服多在普通服装市场买，没有买过名牌,有时爱人也会到市场买布料再找人缝制。因为家住得离学校比较近,而爱人上班的工厂很远。陈小亚做老师时,一个礼拜六节课,结束一天的工作后便会到菜市场买好食材,烧饭、做菜、接送小孩。“反正我离家近,正好有这个条件,多做一点也无妨。”他笑着说,“后来到了教务处工作更忙了,更多的家务活由爱人承担了。”

退休后,陈小亚的日常生活也从未离开学校。他关心学校新闻,常常浏览学科排行、两院院士、科技大会、校友故事;他坚持每天学习,读校报、阅文史、逛网页;他喜爱校园,闲时就到校园里走一走,看看浙大的学子,看看工作的地方。

参加工作的几十年来,陈小亚就是按照勤奋豁达的“人生四字”一路走下来的。直至今日,他也从未改变,始终勤奋努力,对他人宽容坦诚。

“每一个岗位肩负的任务不同,我只是认认真真地完成了学校交给我的任务。”陈小亚没做什么大事情,但他践行了自己的“人生四字”。

文/樊　畅

图片由受访者提供

蜜蜂精神的践行者

——访 1994 年“浙江省劳动模范”称号获得者陈盛禄

人物名片：

陈盛禄，男，1938 年 7 月生，浙江义乌人。曾任浙江农业大学动物科学学院院长，浙江大学蜂业研究所所长。1994 年获浙江省劳动模范称号。1990 年主持的“王浆高产全塑台基条研制”项目获国家科技进步奖三等奖；1995 年主持的“王浆蜂蜜双高产品种培育”课题获国家发明奖二等奖；1994 年被授予国家有突出贡献的中青年专家称号。

今年 81 岁高龄的陈盛禄常年居住在千岛湖畔。16 年前，他从浙江大学蜂业研究室主任岗位上退下来，带着 100 多群蜜蜂钻进了深山，在千岛湖畔的一处山沟建立了蜜蜂育种基地，用自己的积蓄投资建设了一所蜜蜂味浓厚且寓意深邃的“蜜蜂居”。他笑着说：“我这一辈子都和蜜蜂在一起，也许是被蜜蜂多蜇了几口，我觉得我的身体也要更健康些呢。”

“养蜂是一项甜蜜的事业”：
栉风沐雨，探索蜜蜂王国的奥秘

陈盛禄出生于浙江省义乌的一个小村庄。他说义乌是方风水宝地，

蜜蜂资源丰富，养蜂条件较好。少年时期的陈盛禄很早就被自家墙边一群群自治有序、勤劳繁忙的小蜜蜂所吸引，并深深喜爱上了蜜蜂。

1960 年秋，得知福建农学院招收蜂学专业学生的消息后，陈盛禄异常兴奋，毫不犹豫地报考了当时世界唯一一所蜂学殿堂——福建农学院蜂学专业，师从我国著名蜂学家龚一飞老师。他在学校潜心学习，努力实践，系统学习了蜜蜂生物学、饲养管理学等蜂学知识，品学兼优。两年学业结束后，正值国家经济困难时期，他积极响应号召，毅然选择了到义乌渔蜂场工作，直接从事养蜂生产 17 年，为之后科学养蜂研究打下了坚实的基础。

1979 年全国科学大会后，在不拘一格选人才之际，福建农学院、中国农科院蜜蜂所、浙江农业大学三所单位同时到义乌商调陈盛禄前往任教或从事科研，最后他选择浙江农业大学，从此走上了以蜂育人和科研的道路。说到当年的选择，他说："去哪儿都一样，都是为祖国做贡献，我希望我养蜂的专长能够发挥出更大的价值。"也就是从那时开始，他坚定了饲养蜜蜂、研究蜜蜂、传播养蜂知识、服务养蜂业发展的人生目标。

当年流动养蜂，既苦又累且条件甚差。为了观察研究蜜蜂，陈盛禄长年吃住在蜂场里。蜂场大多设在荒野山沟，连个像样的帐篷也没有，靠几块油布或塑料布拼凑个小棚栖身，一阵风吹来便七零八落，时常无电无

水,他便吃、睡在蜂箱上,遭受着蚊叮虫咬蜜蜂蜇刺,时常忍饥挨饿,可谓栉风沐雨。

虽然当年经历了各种艰难困苦,但提到养蜂,陈盛禄最常挂在嘴边的话是“养蜂是一项甜蜜的事业”。他说,不同的蜂种有不同的习性,有的温和,有的暴躁;蜜蜂在不同时期心情也有差异,交配是在空中进行的,要仔细观察记录,掌握蜜蜂的生物学特性,根据特点才能找出高产蜂群。现在提到蜜蜂的品种、性情,陈盛禄依然讲得津津有味,从中华土蜜蜂品种,讲到意大利蜜蜂,再讲到现在自己非常关注的“3 王蜂群研究”,如数家珍。他说:“我国是养蜂大国,那时候我就想呀,我们必须得有个像样的蜂场!”信念坚定,敢为人先,不怕吃苦,陈盛禄以强大的毅力和恒心,守着蜂群,不断探索着蜜蜂王国的奥秘,甘之如饴。

“我把蜜蜂运到了小岛上”:
硕果累累,让百姓喝得起蜂王浆

20 世纪 80 年代,蜂王浆每千克收购价高达数百元乃至上千元,服用蜂王浆在当时可谓奢侈之举,普通老百姓可望而不可即。蜂王浆产量低,且操作繁杂,劳动量大,长期困扰着养蜂人。到了 90 年代中期,情况发生

了翻天覆地的变化，蜂王浆产量骤增，由每群年产几百克上升到几千克乃至十几千克，单价也降到了每千克一二百元，蜂王浆迅速进入普通百姓家庭，至今已成为广大老百姓喝得起的保健品。陈盛禄在这当中功不可没，他在当时推动和指导养蜂人走上了王浆高产之路。

优良蜂种是现代养蜂科学与生产进步的重要条件，但当时我国习惯把蜜蜂亚种当作好品种，认为那是自然选择的结果。陈盛禄勇于创新，在国内没有可借鉴资料，也缺乏试验、分析仪器等设备的情况下，提出了“蜜蜂集团闭锁繁殖育种”理论。

为了能在隔离条件下培育出优良种群的蜂群，陈盛禄克服重重困难，利用现有的地理优势，将蜜蜂运到了小岛上。通过在生产实践中考察筛选，选拔出多个无血缘关系的优良种群，组成育种集团，分别培育雄蜂和处女王。然后把优良品种的蜜蜂运到太湖的长沙岛上，四面环湖，蜜蜂飞不出去，利用这一天然优势形成了隔离控制区，让其能成功交配。在岛上，有的交配过程是采用蜜蜂人工授精技术进行组配，使之交尾成功率高，且储存精液充盈，并能有效避免近亲繁殖。以此历经数代反复遴选、繁育，使所培育蜜蜂品种的品质逐渐提高，最终达到特定性能的特定要求。

陈盛禄说：“当时我们先坐汽车，再坐船，用一晚上的时间就可以到了。晚上蜜蜂不飞，也不闹，人辛苦一点，但蜜蜂可以安全一点。”经过多年艰苦卓绝的工作，运用该技术，他带领研究小组不仅发现了著名的“平湖浆蜂”等王浆高产蜂群，还培育出了浆蜜双高产的“浙农大 1 号”和王浆优质高产的“国蜂 1 号”等享誉国内外的蜜蜂良种，不仅品质优良、体质健壮、性情温顺、生产性能高，而且抗病抗逆性能强，深得国内外广大蜂农的青睐。其中仅“浙农大 1 号”就培育推广原种蜂王 19000 多只，繁育蜂群 800 多万群，产生社会经济效益达 23 亿多元，并且出口到了意蜂的原产地意大利和印度尼西亚、法国等多个国家，为中国养蜂业争得了殊荣，为全世界的养蜂业发展做出了卓越的贡献。

此外，原来生产蜂王浆都是用自制“蜡碗”，程序烦琐，成功率极低，成为影响王浆产量的一大障碍。陈盛禄以此为突破口，大胆采用优质塑料为原料，经过多年反复试制和试用，研制成功了“ZNM -型王浆高产全塑台基条”，不仅质量高，易操作，省工省钱，还可提高王浆产量20%～30%，迅速在全国乃至世界范围内广泛推广应用，该研究获得国家科学技术进步奖三等奖。他带领团队培育出的“浙农大1号”意蜂品种培育获得国家发明奖二等奖，该两项国家级大奖，成为当时全国蜂学界获得的最高奖项。

功夫不负有心人。就这样，优质蜂种加之高产全塑台基条的广泛推广，从而形成了一系列王浆高产配套技术，促使蜂王浆产量由每框几克、十几克，逐步提高到200多克，每群每批平均最高达527克，产量提高几倍到几十倍，大大提高了养蜂经济效益，极大地满足了蜂王浆的市场供应，让蜂王浆走进寻常百姓家。

“爱护学生要像爱护眼睛一样”：教书育才，将蜜蜂精神践行到底

陈盛禄在国内外发表学术论文110多篇，其中被SCI收录8篇；主编或参编蜂学著作16部，代表作《中国蜜蜂学》获国家学术著作出版基金资助，共121万字，为我国蜂学第一巨著，得到国际蜂联主席的高度评价。2013年，他与澳大利亚国立大学、德国威尔茨堡大学、美国密西根州立大学等多所国际知名大学合作，共同开展蜜蜂行为与健康、舞蹈语言等方面的研究，获得了突破性进展。当时的研究，被科学界普遍认为“为蜜蜂之间存在方言提供了最好的证据”。在第三十三届国际养蜂大会上，陈盛禄一人获得三块奖牌，在中国国歌声中三次登台领奖，为国家与民族赢得了荣誉。

作为大学教授，他不仅教授专业课，还先后担任过指导老师、班主任、研究所所长、学院院长等职务。不论在哪个职位上，他都教学有方，干得有声有色。对待学生，陈盛禄说要像爱护眼睛一样爱护学生，把他们的学习、生活都记在心里。

同时，他特别看重对学生实践动手能力的培育。养蜂，是一项理论知识比较深奥、实践能力要求又比较强的新兴产业。他经常带领学生长期吃住在养蜂场，直接参与蜂群的管理和生产，或深入前线的养蜂人中，与

他们同吃同住同劳动，在生产实践中学习锻炼。实践证明，这种教学方式培养出的学生，理论基础扎实，实践动手能力强。40多年的教学生涯，他培养出了1000多名蜂学大学生，这些学生遍布全国各地的蜂业管理部门、科研院校、企事业单位，成为我国蜂学界的骨干力量和精英之才。

之前，蜜蜂学在全国高校是个边缘小学科，只有几所农业院校设有蜂学专业，且多是专科学历。陈盛禄决心改变这一现状，立志提高蜜蜂学学科的档次与质量。1993年他开始申办昆虫学硕导，1994年成功招生培育蜂学硕士生。1997年，教育部正式批准设立浙江农业大学特种经济动物饲养（含蚕、蜂）博士点，陈盛禄成为我国第一位蜂学博士生导师，招收蜂学博士生7名，现都已成长为我国蜂学界的科研骨干与领军人物。

参考资料

[1]宋心仿.探索蜜蜂王国奥秘，献身科学养蜂事业——现代著名养蜂家浙江大学陈盛禄教授[J].中国蜂业，2013(4)：48-50.

[2]曾志将.不断探索蜜蜂王国奥秘的人——记浙江农业大学陈盛禄教授[J].蜜蜂杂志，1997(12).

文/杨　金

图片来自网络

为学校科研发展铺路搭桥

——访 1994 年“浙江省劳动模范”称号获得者胡建雄

人物名片：

胡建雄，男，1937 年 9 月生。安徽绩溪人，宜兴张渚为第二故乡。1984 年起先后担任浙江大学副校长、常务副校长，自 1986 年起连续三届被聘为教育部科技委员会管理学部主任。1985 年获国家计委、国防科工委、教育部等五部委联合授予的全国国防科研协作管理先进工作者称号；1987 年获全国教育系统先进工作者称号；1988 年获全国高教系统先进科技工作者称号；1989 年被国家教委、人事部、中国教育工会评为全国优秀教育工作者；1990 年，再次被国家教委、国家科委授予全国高校先进科技工作者称号；1994 年被授予浙江省劳动模范称号。

胡建雄一直在管理岗位工作，今年他 82 岁，从 1960 年参加工作，到 2001 年退休，在浙大的教学、科研、后勤管理岗位都工作过。

专家调查

1960 年他从杭州工学院机械系毕业留校，1961 年杭州工学院并入浙江大学，他进入浙江大学科学处工作。那时候科学处的编制比较小，整个

科学处的工作分为科研管理、科技情报和研究生三条线，当时开始贯彻“调整、巩固、充实、提高”八字方针，学校恢复研究生招生。他承担的是科研管理工作，学校副教务长杨士林兼任科学处处长，赵纯英任副处长，胡建雄做他们的助手。

1961年正值三年困难时期结束，学校抓紧落实知识分子政策。专家调查是胡建雄承担的一个主要工作，要求“摸清家底”——调查学校有多少知名的专家、教授，包括从国外回来的，以及他们的成就、贡献和水平；第二个工作是抓当时冒出来的重大科研项目和成果，其中就包括我们现在都知道的双水内冷电机、超高速摄影机和杜湖水库软土地基等。那时，国家科委的于光远主任来校，要求将双水内冷电机的机制研究，以及化学工程开展的热力学第二定律不可逆进程研究等，也列入发展计划。

超高速摄影机是其中最突出的项目，为国家的原子弹试验提供了很有效的研究服务，由光仪系研究和研制。当时仅有的参考资料是一幅图书馆里的苏联教科书上的机器剖面图。研究团队按照这张图绘制出自己的图纸，试制样机、测试，一代一代改进。原本反光镜安装在气动马达上，后来将气动马达换成电动马达，这种等待式超高速摄影机要求马达的转速达到每分钟20万转，马达的体积太大。研究团队经过讨论后想到，牙医用来磨牙的钻头用的电机转速高、质量轻，就跑去无锡动力机厂试验这种电动马达。在确定医用电动马达有效之后，便开始在摄影机上正式使用。

同时期的，还有与生产相结合的项目，阙端麟用于提纯硅的硅烷热分

解研究，为以后国家发明奖的获得奠定了基础，如全分子筛吸附法提纯硅烷获 1980 年国家发明奖三等奖；高频 1.09mm 红外光电导衰减硅单晶少子寿命测试仪获 1988 年国家发明奖三等奖；减压充氮直控硅单晶技术获 1989 年国家发明奖二等奖。

专家调查这项摸底工作大致从 1960 年做到 1965 年，在和教授们交谈、到实验室去参观的过程中，胡建雄接触到很多教科书上没有的知识，碰到不懂的就问，做这项工作对他自己来说是向老师们学习的过程，得益匪浅。

参加展览

1965 年，高教部举办直属高等学校科学技术研究成果展览会，这是高教部首次向中央汇报科研成果的展会。胡建雄被指定为浙江大学代表团领队。展览在北京化工学院的大厅举行，举办展览的方针是内部展览，向上汇报，群策群力，写好一篇文章。历时半年之久，他们穿着夏天的汗衫去，穿着教育部帮他们从国务院机关事务管理局借的棉大衣回来。当时从杭州坐一天一夜的火车到北京，参展设备也用火车装去。主要的时间花在准备上，展览历时两个月，各部领导，各军兵种的领导，科学院和国防科工委领导来了，许多知名科学家也来了。

成果展上，浙江大学的优势和特点很突出，无论是超高速摄影机还是半导体硅材料提纯，都是为国防建设服务，为国民经济服务。其他高校的项目，胡建雄记得有北京大学的人工合成胰岛素，清华大学的大坝工程、零功率反应堆，西安交通大学的金属强度理论，天津大学的化学工程，上海交通大学的动力机械。其中有南京大学研究的草原找水，主要专家肖楠森就是浙江大学杨树峰的老师。

重点学科建设

聂荣臻元帅在看了超高速摄影机项目后，指示要在浙江大学建立光学中试基地，继续超高速摄影机的专门研究。国家科委下达了列项指令，学校组织由南竹泉副校长、吕维雪和胡建雄组成起草班子，负责具体计划工作，起草规划方案，他们曾前后两次赴京汇报。因为是保密项目，名称就叫做“光学仪器中间试验基地”，并没有说明具体用途。这个基地为后来学校光机电学科的发展打下了一定的基础。

1963 年年底，他们到北京与国家科委商讨中试基地建设方案，获批 90 万元建设费用。90 万元在当时是天文数字！基地从 1964 年开始建设，1966 年基建完成，“文革”期间中试基地仍坚持科研和生产。

另一个大项目叫做“光学坐标镗床”——光学、机械、电气三个学科结合的全自动精密机床设备，通过精密控制实现高精度加工。由机械系的童忠钫、机械工厂工艺水平很高的秦乃贵和负责精密加工的蒋雅先，以及光仪系做光刻的老师共同完成，在浙大的机械工厂里生产出来。试制成功之后，这台坐标镗床由一机部调出，代表国家参加了德国莱比锡博览会，为国家争得了荣誉。这台坐标镗床实现的精确定位和精密加工是现代芯片制造的基础，做芯片的时候需要在半导体材料上刻电路，电路越小、越精密，能在上面安装的电子元件就越多，才能做出超小型的芯片。首先需要坐标定位，其次加工的时候不能有误差，需要精密加工设备，在这两点上，这台光学坐标镗床在当时都达到了最好的水平。

“文革”时期，浙大科研没有停顿，承担了国家下达的重大科研任务，在极端困难的条件下，圆满地完成了任务。“文革”之后，1977 年恢复大学招生，1978年恢复研究生招生。这时候，浙江大学有特色的项目进一步发展成为重点学科，有了基础之后，国家给的科研经费也增加了。比如，从超高速摄影机到光学仪器国家实验室，从提纯硅研究到半导体材料国家重点实验室，岑可法团队的燃烧工程的技术研究中心，路甬祥团队的液压国家重点实验室，周春晖和王骥程开始领衔的、后来由吕勇哉和孙优贤发展的工业自动化国家重点实验室、自动化工程研究中心，以及由汪槱生领衔的电力电子国家重点实验室、工程研究中心等。从1974年到1986年，在已有基础上先后建成一批重点学科、一批重点实验室、一批工程研究中心，成为浙江大学重要的学科基础，这些都是国家支持的结果。浙大的重点实验室和工程中心的数量，在当时均居国家重点高校的前列。

学校复课之后，科研工作又提出了面向国民经济主战场的方向。胡建雄开始任科研处副处长，当时杨士林兼任科研处处长。杨士林担任校长的两年间还兼任科研处处长，足见当时学校对科研工作的重视。科学处改成科研处，科学处以基础研究为重点，科研处则以基础科学和面向国民经济主战场的应用科学研究并重。重点学科的教师力量在增加，规模在扩大，胡建雄的工作内容也大大扩大了，包括及时向国家申报恢复《浙江大学学报》。

分管后勤

1984年，韩祯祥任校长，胡建雄任副校长，分管后勤。当时分管教学的副校长是吕维雪，分管人事的副校长是张镇平，分管科研的副校长是阙端麟，因他的科研任务很重，由胡建雄协助阙端麟管理科研工作。

在分管后勤期间，胡建雄参加了在广州召开的1986年教育部计划会议。当时他对学校教师住房紧张的状况感到十分焦急，基建经费又十分紧缺，他同几位兄弟院校的同事一道联名写信给邓小平同志反映，信件通过胡克实同志转呈，一个星期后，小平同志批示，请财经小组一议，“再穷，也要照顾科教”。教育部年度基建经费增拨了8000万元，解了学校燃眉之急，更鼓舞了师生们。

1995年，“211工程”建设启动，教育部第一个评审的高校是清华大学，评审专家组组长由路甬祥担任，他当时已是浙大校长兼科学院常务副院长。第二个评审的是浙江大学，专家组组长是清华大学校长王大中，评审期间的准备工作由胡建雄全权负责，申请主题报告也由路甬祥授权交由胡建雄负责起草撰写，并负责向评审专家报告。

胡建雄在担任常务副校长期间十分看重学校同部委、社会、港澳间的合作。为了给学校教学科研的发展创造条件，为老师们搭建施展才华的平台，他从香港和海外的乡贤和企业家那里筹资，邵逸夫、包玉刚、曹光彪、陆增镛、周亦卿、查济民、曾宪梓、李竹泉、陈廷华、李和声、方润华、林百欣、陈曾焘、李达三等人士给予了学校大力支持。有他们的支持，这时建设了邵逸夫科学馆、体育馆，生物医学工程的大楼，三分部的求是堂，信电系大楼，曹光彪大楼，管理学院的大楼，欧阳纯美科学楼，外经贸的大楼，三分部曾宪梓科学大楼；还设有包氏奖学金、思源实验室、思源奖学金、林百欣奖学金等。其中，浙江大学邵逸夫科学馆是邵逸夫先生在全国捐建的逸夫楼中的第一幢。

1998 年四校合并后，应路甬祥老校长邀请，胡建雄担任学校发展委员会执行主席至 2001 年；1999 年成立城市学院的时候，应潘云鹤校长邀请担任顾问，他又伴随城市学院走过了 20 年。

胡建雄说，是求是精神鼓舞了他，他对浙江大学的科技发展工作是尽能力的。他们做的事总结起来有两件：第一件事，求是园是要靠大家来耕耘的。要有人才，要有资金，要有学术，要有一批人为知识分子服务，他们的工作就是帮求是园集结人才，支援科研，形成浓厚的气氛，激发科学家创造力，取得更大的成绩。邓小平在 1978 年全国科学大会开幕式上讲过，“科学技术是生产力”“知识分子是工人阶级自己的一部分”“我愿意当你们的后勤部长”。浙大老校长陈伟达说，只要你们能够拿出成果来，我做牛做马也可以。第二件事，要把浙大的学科基础打好，特色专业和研究基地建好，搭建师生创新研究的公共平台。

文/朱原之

图片由学校档案馆提供

为学生洗烧瓶的院士

——访 1995 年“全国教育系统劳动模范”称号获得者沈之荃

人物名片：

沈之荃，女，1931 年 5 月生，上海人。中国科学院院士，浙江大学高分子系教授、博士生导师。长期从事高分子化学和材料科学方面的基础与应用基础研究工作，主攻过渡金属和稀土络合催化聚合，曾获国家科技进步特等奖、国家自然科学奖二等奖、何梁何利科技进步奖等诸多荣誉。已培养毕业博士和硕士研究生 40 余名，发表于国内外学术期刊和收入书中的论文达 400 余篇。1995 年当选中国科学院院士。1995 年获浙江省“十大杰出女性”“全国教育系统劳动模范”称号和人民教师奖章。1998 年被评为第二届“中国十大女杰”并获全国“三八”红旗手称号。2001 年获何梁何利基金科学与技术进步奖。2002 年获浙江大学竺可桢奖。2018 年获中科院长春应用化学研究所吴学周奖。

今年 88 岁高龄的中国科学院院士、浙江大学高分子系教授沈之荃总是面带微笑，目光炯炯，思维敏捷，谈笑风生。和年轻人在一起，沈之荃说自己也是个“80”后。

这位“80”后全心育人、全情科研的故事，着实让人难忘。

有一年冬天，学生凌君在实验室里做动力学实验，当他正忙着给烧瓶里的化合物加热时，年近七旬的沈之荃走了进来。过了会，凌君突然发现还需要三个干净的烧瓶，而自己又抽不出手洗烧瓶，这时沈之荃已经默默地洗好了三个烧瓶：“可以用了。”

刹那间，凌君热血沸腾：“院士居然帮我洗烧瓶！”

六十多个春华秋实，六十多个寒来暑往，沈之荃就这样静静地穿越在岁月的风景线里，行走在教学、科研之间。她是科学工作者心中的光辉榜样，是学子成才路上的严师益友。她德高望重，又随和亲切；她贡献卓越，却淡泊名利。就如同荃草那样，根植于大地，不求闻达依附，但愿荃意芬芳。

“结果重复过了吗？”

1952 年，沈之荃在苏州大学走上讲台，教的第一门课是“工业化学”。怀着一定要教好这门课的决心，沈之荃到东北大连工学院，进行了长达一年的学习。因为觉得当时的英美教材不够系统，沈之荃开始自学俄语，听广播、看资料，短时间内就克服了语言障碍，熟读俄文教材，扩充自己的信息量。“只有书本知识是不够的，要和实际接轨，向工人学习。”在大连工学院学习后，她还到大连石油厂、鞍山钢铁厂的生产车间考察学习，积累实践经验。凭着这份执着勤奋,初出茅庐的沈之荃写出了《工业化学》教材,顺利完成了授课。为了培养、提高学生的实际工作和动手能力,她利用节假日带学生下厂实习,和同学们一起制作教学模型,碰上经济困难的学生,她会用自己微薄的工资来接济他们。这样一位年轻勤奋的好老师,至今令她的学生心心念念。

1980 年来到浙江大学后,沈之荃又重新挑起了教书育人的重任,她的认真、严谨给学生留下了深刻印象。

"结果重复过了吗?"这是沈之荃最常说的一句话。在她看来,科学研究容不得半点马虎,越是看似完美的数据,越是要多做几遍实验以保证其可靠性。在沈之荃几近固执的要求下,每个实验学生至少要重复做三次。

"做科学研究最要紧的是要有科学态度,必须实事求是。"虽然是个"老"教师,但沈之荃总是穿上白大褂亲自做实验,而不是交给助手或是学生。"在她身上,我们看到了老一辈知识分子的风骨。这在略显浮躁的今天,尤为珍贵。"沈之荃的学生说。

对于论文也是如此。一次,一位博士生向沈之荃交了一篇论文,因不合要求,初稿被毫不客气地退回,学生认真做了修改,心想这次也许可以过关了,但没想到第二次又被退了回来。等到他拿到经导师阅改过的第三稿时,心头霎时一热,18 页稿纸上几乎每页每行都有沈之荃的精心批改,从论文的内容到英语语法、修辞都一一做了修改和补充。

沈之荃对每位学生撰写的论文都仔细阅读,提出意见,让学生有所得。1999 年,她指导的研究生申有青的博士论文荣获首届全国百篇优秀博士学位论文,她本人亦获优秀导师奖。

在教学上高标准严要求,但同时沈之荃也是一位慈爱的长辈。她帮学生洗烧瓶的事被广为传颂。

“不熟悉沈老师的人会有点怕她,但我们都觉得她很亲切。”沈之荃带的第一个博士、现任浙江大学城市学院党委书记吴健回忆说,“像购买试剂、搭建装置这些粗活、累活,沈老师也亲自上阵。闲暇时候,她会带我们去郊外野炊,或是去她家里玩。无论是学习还是生活,她都非常关心爱护我们。”

沈之荃也相当重视对学生们正确的人生观与价值观的培养。她告诉学生,在漫长艰苦的科研工作中,失败是必然的,要允许失败,失败是成功之母。她常对学生说,理想要远大,也要有切合实际的目标;要有不断进取的心,也要时刻谨记自己肩上承担着的报效祖国的责任。

“桃李不言,下自成蹊。”1984 年以来,沈之荃培养博士生、硕士生 40 余名。学生当中,有长江学者、国家杰出青年科学基金获得者,有世界一流大学的教授、博士后,也有高等院校、科研单位和企业里的优秀教师、科研骨干等。

2011 年,沈之荃 80 岁生日的时候,近 30 位学生自发地从四面八方甚至从国外赶来为沈之荃祝寿。虽然毕业多年,但这些学生说师恩难忘,沈老师对他们做人做事做学问的教诲令他们终生受用。

“不到最艰苦的地方去怎么能算是报效国家呢?”

大学毕业时,沈之荃在分配表上写了三个地方——东北、华北、西北,因为她觉得那里最需要开发建设。当得知被意外分配到了苏州时,她难过得哭了:“不到最艰苦的地方去怎么能算是报效国家呢?”

毕业后,虽然没能如愿到东北、华北、西北,但沈之荃马上想明白了,祖国需要什么我们就做什么。在苏州大学的十年间,沈之荃勤奋治学,潜心教书,为新中国成立初期的高校发展贡献才华。

1962 年,沈之荃调入中科院长春应用化学研究所。在那里,她把全部心血献给了科研，也把自己献给了挚爱的祖国。

“橡胶是一种重要的工业原料，但天然橡胶在我国很少，那时候国外又对我们进行封锁，我们必须自力更生。”为了尽快求得合成橡胶技术的突破，沈之荃和她的同事们投入了艰苦的会战。

沈之荃自认自己的知识还很有限，虚心向所里的老前辈与同事们请教和学习。一周工作 6 天，她周日上午就泡在图书馆里查阅资料，中午再赶回家做饭。所里有很多日文文献，沈之荃又自学了日语，一本本“啃”这些珍贵资料。终于她从中受到启发，和同事一起首先研发出了三元镍系。在研究的关键阶段，沈之荃正值怀孕期间，她和工人们同吃同住，紧盯试验过程的每一个环节。在大家的共同努力下，三元镍系顺丁橡胶终于研制成功。

“做出一个成功的产品比写一篇文章要困难得多。我是一边学一边干，遇到失败的时候，我也会哭鼻子。”从化学实验室的试验研发到技术攻关投入生产，沈之荃和她的同事们克服了种种困难，历经小试、中试以及和其他合成橡胶的“PK”，最终使得这项科研项目成为我国 5 个万吨级顺丁橡胶工厂聚合工艺的基础，而这 5 个工厂是我国高分子三大合成材料中唯一依靠自己的力量建立起来的高分子大生产工厂。这项具有开创性的重大科研成果，最终获得了 1985 年国家科技进步奖特等奖。

沈之荃又把目光投向了稀土。“中国稀土不稀，我就想能不能用稀土作催化剂，促成小分子聚合成高分子。”20 世纪 60—70 年代，沈之荃开展稀土络合催化双烯烃聚合及其橡胶研究，此成果于 1982 年获国家自然科学奖二等奖。

沈之荃刚来浙大时，学校的化学科研刚起步，搞科研条件比较艰苦，经费也很少，沈之荃和她的同事们开始了“高分子合成中进一步开拓应用稀土催化剂的研究”，不断改进，不断提高。

20 世纪 80—90 年代末，沈之荃进一步推进稀土络合催化聚合研究，在高分子合成和材料方面取得了一系列创新成果，从而获得了 1993 年国家自然科学奖三等奖和多个省部级奖项。

沈之荃的科研总是不断创新，她在膜分离等科研工作中也取得了成果。作为访问学者她曾赴美国阿克隆大学和德国亚琛工业大学工作，在

10多个国际会议上做学术报告，并受邀到美国、日本、德国、意大利、英国、加拿大和瑞士等10多个国家30多所高等学校和科研单位讲演和访问。

“做科学研究，我觉得有两点很重要：一是实践，有些文献看不懂，我就动手实践，有点体会了再看就容易理解，看了再做，做了再看，理论与实践紧密结合；二是抓住主要矛盾，也就是牵牛要牵牛鼻子，不能对什么都感兴趣，要集中精力解决最重要的问题。”

沈之荃在科研上坚持不懈的努力，为国家高分子化学的发展作出了重要贡献，也实现了她当年立志要为国家作贡献的理想和人生价值。

“成绩和荣誉应该归功于集体”

1979年年底，沈之荃和她的家人搬来杭州的时候，没什么家具，书却是装了好几个箱子。勤俭、朴素是她的一贯作风。

刚来浙大时，沈之荃的办公室就在实验楼里，面积不足10平方米，对门就是实验室。柜子上放着学生的测量仪器，冰柜里存放有一些实验的药品，难免发出一些气味。座位上的椅垫也已经褪色和破损，露出里面黄色的海绵。

桌上的一部普通电话还有个故事：1998年夏天，时任浙江大学党委书记张浚生到高分子系看望沈之荃，发现她的办公室条件很简陋，4个人挤在一间办公室，连直线电话都没有。回来后当天，张浚生要求有关部门为沈之荃办公室装上了电话机。

直到近年，新建了高分子系大楼，沈之荃才有了一间属于自己的相对宽敞的办公室。整洁而又简单的办公室里，没什么装饰品，只有一幅由同样从事高分子研究的郑强教授所写的字：“清雅——景仰沈之荃院士之风范”。

身为院士，沈之荃却从来不摆架子，对待他人总是和蔼可亲。2005年，浙江大学第13届DMB（登攀）节邀请沈之荃为学生进行《科学与人生》名家讲座。当时年已74岁高龄的她神采奕奕，精神矍铄，在两个半小时的讲座时间里，沈之荃始终坚持站在演讲台上。当同学们用热烈的掌声请她坐着讲时，她说："站着讲更精神。"当天 180 人的报告厅被 300 多名同学挤得水泄不通，他们都静静地聆听着沈院士的教诲。

乐于跟年轻人分享的沈之荃讲了这样一个小故事："有一种药物叫'606'，科学家用 606 种化合物做实验，终于找到了治疗梅毒的特效药。因此，这种药物就被叫做'606'。"她认为勤奋是最重要的，同时要会做事，讲究效率。

沈之荃的一生是勤奋治学的一生，是为国奉献的一生。虽然取得了卓越成就和诸多荣誉，但沈之荃坚持认为"工作是大家做的，成绩和荣誉应该归功于集体"。光环之下的她，本色依旧淡然。她说，她只是一个普通人。

成功是什么？是腰缠万贯，是名满天下，抑或是大权在握？在沈之荃看来，成功就是为国家、民族和社会作出了自己的贡献。

文/吴雅兰　杨　懿　施懿真

图片由浙江大学高分子系提供

做中国眼科的领跑人

——访1995年"全国先进工作者"称号获得者姚克

人物名片：

姚克，男，1950年9月生，浙江杭州人。浙江大学医学院附属第二医院眼科中心主任，浙江大学眼科医院（筹）院长，浙江大学眼科研究所所长。担任中华医学会眼科学会主委、全国白内障学组组长，国际眼科科学院院士和国际眼科理事会（ICO）理事，亚太白内障及屈光手术学会副主席、亚太眼科学会中国区负责人，浙江省科协主席、浙江省医学会会长、浙江省医师协会会长。姚克先后荣获全国先进工作者、全国五一劳动奖章、国家有突出贡献中青年专家、全国"大医精诚"先进个人、全国医德标兵、中国眼科医师奖、第十届中国医师奖等荣誉。

古往今来，被称为"名医"者大都有着高超的医术和博大的爱心。浙江大学医学院附属第二医院眼科中心主任姚克教授，亦是如此。他心系祖国，学成归来治病救人；他潜心科研，引领中国眼科技术革新；他热心公益，把光明播撒到更多有需要的地方。

学成归国，改写中国眼科历史

“国外不缺眼科医生，但是我的祖国缺。”1990 年，姚克谢绝了瑞士导师提出的优渥条件毅然回到祖国。临行之前，他跟导师 Flammer 教授合影留念，身穿白大褂的他笑容灿烂，眼里满是对未来的期待。而这张照片现在仍然摆放在姚克的书橱里。

这个决定曾让很多人不解。一方面，如果留在瑞士，姚克可以享受到一流的科研条件，如若回国只能白手起家，艰难可想而知。另一方面，导师提供的难得职位月工资接近 9000 瑞士法郎，而当时国内普通医生的月工资只有 300 元人民币。在瑞士一个月的收入，相当于在国内干十年。但是，面对这样的诱惑，姚克毫不动摇。

姚克说，回国的决定与他在四年知青岁月中培养起的“农村情结”关系密切。在人生最宝贵的青年时代，初中毕业的姚克上山下乡，来到农村。在此期间，中国农村医疗水平的落后和农民的质朴善良，给他留下直观而深刻的印象。“我一定要为贫苦的眼病患者做些什么！”带着这样的心情，回到杭州的姚克将全部心思都放在求学上。1979 年，恢复眼科研究生招生的第二年，姚克考取了山东医学院硕士研究生，又在 1985 年以第一名的成绩考入上海第二医科大学攻读博士学位。

这位“改革开放以来中国第一位自主培养的眼科博士”在毕业后加盟浙江大学医学院附属第二医院，并在 1988 年被派到瑞士留学。他在博士后阶段的研究成果“猪眼动脉内皮依赖性调节”荣获瑞士眼科最高奖 Alfred-vogt 奖，成为当时该奖项设立 50 多年来唯一的一名亚洲获奖者。

回国后，目睹国内医院设备短缺落后的姚克，当即决定用 Alfred-vogt 的 1 万瑞士法郎奖金购买眼科设备捐给母校。Flammer 教授大为感动，并追补 1 万瑞士法郎，亲力支持弟子。就是用这 2 万瑞士法郎，姚克为国内引入了第一台青光眼检查自动视野仪，这个仪器“服役”7 年，造福了成千上万的眼病患者。

而姚克从医，最初是受到父亲姚锡琥的影响。曾任杭州市三医院眼科主任的父亲，发明了中国最早的隐形眼镜。“我父亲很喜欢动手，我也很喜欢动手。”说到这里，姚克比画起来，“小时候，我父亲做动物实验的时候，我就会凑上去递器械，还在一旁负责擦血”。父亲曾用多年积蓄买了一套《日本眼科全书》，全套几十本从日本辗转运回国内。这套启蒙了姚克的教材如今仍然被珍藏在家中书橱里。每次看到，姚克都不禁自问，在中国迅速崛起的时代，自己还应该做些什么？

常自省，且步履不停。从医 30 多年来，姚克系统阐明白内障发病机理，相关成果使百万眼病患者受惠；推动白内障手术从 12mm 大切口，进入飞秒激光的“无刀时代”；目前在飞秒激光白内障手术临床研究领域，并跑和引领世界。

与此同时，20 多年来他带领浙江大学医学院附属第二医院眼科中心走上了一条快速成长的发展之路，中心现已成为国家重点（培育）学科，国家临床重点专科，国家首批眼科专科医师与住院医师培训基地，国家卫生部首批临床药理基地，浙江省重点学科与医学支撑学科，浙江省眼科重点实验室与浙江大学眼科研究所依托单位，浙江省眼科创新团队牵头单位。

潜心钻研，推动眼科手术革新

带着“要为国内的眼病患者做些什么”的使命感，姚克回国之后孜孜不倦，推动了我国白内障手术的五次革新，将中国眼科从“一穷二白”带到“接轨世界”再到“引领世界”。姚克也以第一获奖人两次获得国家科技进步奖二等奖，获 6 项国家发明专利。

20 世纪 90 年代初，国内大多数医院的白内障手术仍在使用的是沿用 200 年的大切口整体囊内摘除或大切口囊外摘除的传统方法，手术切口长达 11～12mm。为了提高手术质量，姚克着力改进传统的白内障手术技术，首创“手法切除核小切口白内障手术”技术，通过将白内障晶体核一切为二，分两次摘除，从而成功地将手术切口缩小至 6mm，跟传统方法相比缩小了一半。当时，这一技术在国内眼科界引起了轰动。

但与改进传统技术相比，姚克更希望能够引进国外已非常先进和完善的白内障超声乳化手术技术。早在读博期间，姚克去美国孟菲斯白内障和眼科中心进修，就接触到了当时先进的白内障超声乳化手术，并决心将它引进国内。使用这种技术，手术时间只需 15 分钟，手术切口只有 3mm 左右而且不需要缝合，术后视力恢复好且并发症少。1993 年年初，在他的不懈努力下，浙江大学医学院附属第二医院眼科中心终于引入国内第一台超声波乳化仪，姚克也成为国内开展白内障超声乳化手术的第一人。

经过多年不断的钻研和改进，姚克的小切口白内障超声乳化和折叠式人工晶状体植入术已经十分完善和成熟，仅他自己就用这一手术方法为数万名患者带来了光明。推广到全国后，现已成为我国白内障手术的主流方法。

2005 年，姚克又成功地实施了白内障微切口“冷超乳”手术，将手术切口突破性地缩小至 1.5mm，眼组织创伤几乎可以忽略不计，实现术后零散光。

在推广微切口白内障超乳手术的过程中，姚克发现，这一手术方法效果虽然非常完美，但技术含量更高、手术难度也更大，对医生操作水平、手术设备、手术器械都有较高的要求。于是，2009 年，姚克在国内率先开展了一种更容易掌握、更容易推广的“单手、微切口”的“同轴 1.8mm 微切口超声乳化手术”。

2014 年年初，姚克又率先开展了“飞秒激光白内障手术”，这种手术的最大优势在于，由人工智能控制的飞秒激光在精准完成手术的角膜切口和撕囊环节的同时，还能将混浊的白内障硬核预劈成六块到八块，从而在超声乳化环节减少一半左右的超声波能量，极大地减轻了对眼球和角膜内皮细胞的损伤，使手术更安全，术后恢复也更快。同时，也大大地拓宽了手术适应范围，使得一部分从前不宜进行手术的角膜内皮细胞数偏低的白内障患者，可以及时得到手术治疗。目前，他的团队是世界上飞秒激光白内障手术做得最多的单位。

千山万水，一路播撒光明

姚克身上的光环很多，亚太白内障及屈光手术学会唯一副主席，加入国际人工晶体植入俱乐部的中国第一人，2018 年当选以“世界眼科最高荣誉”著称的国际眼科科学院院士。他将中华眼科三大最高奖项——金钥匙奖、金苹果奖和杰出成就奖悉数收入囊中，并荣获亚太白内障及屈光手术学会金奖和认证教育者奖。2019 年上半年，姚克又先后在意大利眼科学会（SOI）学术大会上被授予安东尼奥·斯卡帕国际金奖，在第 34 届亚太眼科学会（APAO）大会上被授予国际眼科理事会 MARK TSO 金苹果奖。

但是，最让姚克感到骄傲的，不是这些沉甸甸的荣誉，不是 4 万多例主刀手术，也不是他在眼科技术革新领域作出的巨大贡献，而是他一手建立的中国第一家汽车眼科流动医院。

有一年，姚克随省残联组织的专家组赴浙西山区进行“防盲治盲”普查，看到一位 70 多岁的老人，双眼白内障几近失明，但由于贫困无法医治，老人已在昏暗中生活了许多年，平时只能靠系在山道两旁树枝上的一只只白色塑料袋为标记，摸摸索索地上下山，生活极不方便。这一幕对姚克触动很大，于是他萌生了创建一家“汽车眼科医院”，上山下乡为贫困、孤老患者免费手术的想法。

但是，梦想实现并不容易。姚克动用社会力量，终于在 1996 年创建了全国首家“汽车眼科医院”。1997 年，这家四个轮子的医院开往第一站——浙江遂昌，在那里姚克的团队和当地医院一起，义诊 300 多人次，实施免费白内障复明手术 30 余例。自此，这辆“送光明”的中巴车再也没有停下来过。在过去 20 多年的时间里，姚克带领这家“轮子上的眼科医院”几乎走遍了大江南北，开展了 1 万余例免费白内障手术，义诊 10 余万

人次，并以“汽车眼科医院”为契机，在中西部地区建立9所复明中心，为医疗水平欠发达地区培养了一批医生，不仅要输血更要造血。

2011年，姚克又与“北京韩红爱心慈善基金会”共同发起了大型“边疆系列公益行”活动，前后9次亲自带领浙二眼科中心医疗队先后开赴西藏、内蒙古、新疆、青海、贵州、甘肃、宁夏、陕西、四川等地，共为边远地区少数民族患者免费实施复明手术3600多例，把光明和温暖送到了祖国的大漠边疆和雪域高原。

姚克满怀期待地说：“对我自身而言，创建‘汽车眼科医院’是一个圆梦的过程。这23年来，通过汽车眼科医院的公益实践，浙二眼科中心团队的每一位工作人员都树立起很强的社会责任感。希望‘汽车眼科医院’就这么一直跑下去，为更多的贫困患者送去光明。”

文/马宇丹

图片由受访者提供

甘做脱贫致富路上的铺路石

——访1996年“全国五一劳动奖章”“浙江省劳动模范”称号获得者江家余

人物名片：

江家余，男，1937年12月生，江苏东台人。浙江大学农学院副教授，曾任松阳县科技副县长。在松阳任职期间，普及推广食用菌栽培技术，发展代料香菇5100多万袋，创产值1.2亿元，为帮助山区人民脱贫致富作出了杰出贡献。1995年被松阳县人大常委会授予“人民好公仆”荣誉称号。1996年被浙江省委宣传部等十家新闻单位评为“《浙江儿女》’95十大新闻人物”；1996年被国家科委、科协授予全国先进科普工作者称号，同年被授予全国五一劳动奖章和浙江省劳动模范称号。

1995年4月11日，在人民代表一浪高过一浪的掌声中，一位中等身材、两鬓染霜的知识分子，伸出因激动而微微颤抖的手，从浙江省松阳县人大常委会主任纪秋云手中接过了红底烫金的荣誉证书。望着证书上“人民好公仆”5个平常、但分量很重的汉字，这位年近花甲、经历过许多场面的知识分子干部却禁不住眼睛湿润了……他叫江家余。

1996年，江家余荣获全国五一劳动奖章和浙江省劳动模范称号。让他获得这些殊荣的是他在担任浙江省松阳县科技副县长期间的突出贡献。

在松阳县任职期间，他致力于普及推广食用菌栽培技术，三年中发展代料香菇5100多万袋，创产值1.2亿元，为帮助山区人民脱贫致富作出了杰出贡献。1995年被松阳县人大常委会授予“人民好公仆”荣誉称号；1996年被浙江省宣传部等10家新闻单位选为“《浙江儿女》’95十大新闻人物”；1996年被国家科委、科协授予全国先进科普工作者。

他曾说：“人有动力是因为有压力，我这些年的动力来自于一种无时不在的使命感，这种使命感自从我踏上松阳的土地以后就变得更清晰、更强烈了……”

而作出这份选择，饱含着异于常人的艰辛，今天我们就走近他的故事。

一份无私的选择：潜心食用菌研究，把知识交还人民

1960年，还在江苏扬州师范学院生物系学习的江家余作为七名优秀学生之一被选派到浙江农业大学植物保护专业学习。

1963年10月，江家余顺利毕业，并且留校从事党务行政工作。然而，他一直放不下对科研工作专业的热爱。正是这份对科研工作的执着和热爱，驱使他日后全身心投入食用菌研究。

学校在谋划成立食用菌开发部时,了解到江家余早前所学专业与之有一定关联,且对这方面有极大的兴趣,便安排他从事食用菌研究。为了方便开发部的研究员熟悉项目,学校特成立了专门的研究所。

至此,江家余开始专心食用菌科研技术研究。在接下来的年岁里,他在浙江省最早引进推广了代料栽培香菇技术,继而又成功地培育出红托竹荪;去松阳县之前,又在天麻有性繁殖课题上取得了成果。

1993 年年初,位于浙西南山区、交通不便、经济发展滞后的浙江松阳县经过几年探索,选准食用菌作为山区经济开发的启动项目,并为此请求省里选派一名既熟悉食用菌生产又能吃苦的科技干部到松阳任科技副县长。相关部门将这一任务交给了浙江农业大学,江家余自然成了“征求意见”的对象。

有着多年党龄的江家余想道:“党和人民培养了我,教育了我,我从事食用菌科研工作也有 10 多年。我所掌握的知识和技术,应该交还给人民。在山区人民需要我时,我没有更多理由、也不应该有太多的个人考虑……”原来,江家余从小家境贫困,先后失去双亲。从初中到高中再到大学,得益于国家的资助,他完成了学业。因此,江家余一直对党怀有感激之心。于是他克服自己年龄大、爱人身体有恙需要人照顾的困难,前往松阳县发挥自己所长,决定为松阳人民做一点实事。

1993 年 6 月 15 日的这一天,江家余告别妻儿,带着传播科技、兴一方经济、富一方百姓的使命,来到了松阳。

也就是从这一天起,江家余在松阳的土地上开始了新的奋斗。

一份无悔的坚持:情系大山的科技传播者

江家余对自己下派松阳任科技副县长的任务十分明确,其中主要一条就是利用自己的业务专长,利用松阳县的各种资源优势,发展代料香菇等食用菌生产,振兴山区经济,使山区人民尽快富裕起来。

上任伊始,江家余就一头扎进了松阳县香菇主产区的村寨。他访农家,进菇棚,了解松阳香菇生产上不去的原因。经过深入调查和分析,他得出结论:松阳食用菌生产要上台阶、上水平,一是要消除干部、菇农的消

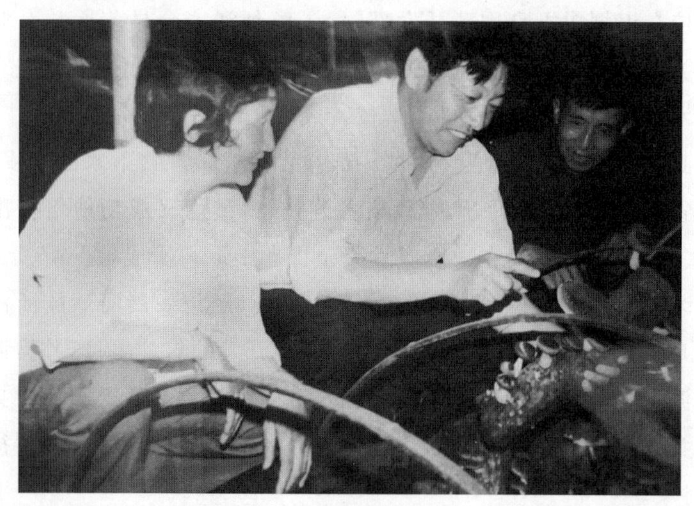

极心理和畏难情绪，拨旺思想之“火”；二是要尽快帮助菇农掌握食用菌生产的科学知识和技术，燃起科技兴菇之“火”。

松阳县西部山区的大东坝、安民、玉岩、枫坪等乡镇是全县香菇生产的重点乡镇。这些乡镇村庄分散，抬头见山，出门爬坡。但这里的每一个山头、每一个村寨几乎都留下了江家余的足迹。

1994 年 12 月初的一天，江家余来到安民乡，与乡干部一行 4 人去坐落在海拔 800 多米高山上的大横坑村。这是全乡 8 个村中唯一没有种菇的村。出发时，天上飘着雪花，山路十分泥泞，车行至离大横坑村五六里处，遇到公路塌方，车子无法再开进去。乡干部见状，劝江家余：“算了，下次再去吧！”可江家余说：“这样的天气，村民都在家蹲着，召集人开会方便，我们走着进去吧。”傍晚，一行人踩着积雪，深一脚浅一脚地摸到了大横坑村。村民们望着一身泥水的江副县长出现在眼前时，简直不敢相信自己的眼睛。朴实的山里人动情了：“江县长，你不用做工作了。下这么大的雪，你啥也不顾地赶进来，还不是真心实意地为了我们吗？我们今年一定种！”

松阳县是香菇新产区，菇农种菇年头短，加之文化水平有限，不少人一下子掌握不了种菇的全套技术。江家余就带着县食用菌办公室的人，一村一村地跑，一户一户地教。

枫坪乡黄埠坞村妇女主任叶水莲带头种菇 7000 袋，由于接种灭菌技术没掌握好,造成了不小的损失,夫妻俩为此闹起了矛盾。江家余闻讯后,带着技术员赶到她家,手把手地教他们接种、灭菌,并钻进药水味弥漫的接种棚里为她家示范接种 2000 多袋。以后,江家余每次来枫坪,都要上门看看。在江家余的帮助和指导下,叶水莲家成了种菇大户,每年都种菇 1 万多袋。叶水莲的丈夫因为种菇技术好,还被聘为县里的香菇辅导员。

江家余心里清楚,光靠他和县食用菌办公室的几个人一户一户地教,哪怕不吃不睡跑断腿,也无法大面积地推广种菇新技术。因此,到松阳不久,他就主抓建立食用菌辅导员队伍及举办种菇技术培训班两项工作。1994 年,全县共举办各种类型的培训班 79 期,培训 3271 人次,户均 1.6 次,菇农培训率达到 95%。这两项措施大大促进了新技术、新品种的推广普及,促进了全县食用菌生产的发展。

江家余在松阳的土地上辛勤地工作着。他长年奔走在菇农中间,面对山区人民一张张急切盼望早日脱贫致富的面容、一双双渴求科学技术的眼神,他更加深刻地体会到了自己肩负的使命的分量。为了足下的这方土地,为了大山深处的朴实山民,他甘愿做一块承载重负的铺路石。

一份不计利益的付出:甘做脱贫致富的铺路石

经常跟江家余一起下乡的同志评论自己的副县长有“两少两多”:指挥少,指导多;言教少,身教多。而且,他做工作有个脾性,要干就要干好。因此,他工作起来常常忘记了自己的年纪和身体。

1994 年 5 月下旬,为了落实当年香菇种植计划,江家余带着干部来到离县城六七十公里的枫坪乡。这里是山区腹地,地无三尺平,公路只通到乡政府,下村进寨全靠两条腿。江家余一连奔波数日,累得浑身都快散架,但他还是坚持着完成了这里的工作。5 月 31 日夜,江家余回到了县里,一进房间,他就瘫倒在床上。原先充盈全身的精力仿佛被一块巨大的海绵一下子吸干了。下半夜,他小解时,无意间发现尿液里出现了鲜红的血块。第二天,经县医院检查,尿液中红细胞为 4 个“+”,系急性膀胱炎,由疲劳过度、抵抗力下降所致。

然而，经过一两天短暂的休息，他又投入了紧张的工作。

1994 年的最后一天，原定回杭州过元旦的江家余又出人意料地出现在枫坪乡政府那幢采光不良的旧木楼里。除旧迎新之夜，他是在与乡干部讨论枫坪乡香菇生产如何上新台阶中度过的。元旦这天，他又上了海拔 800 多米，还靠砍树、贩运木头为生的小吉村。他与山民围着火炉，一起研究落实香菇种植计划，畅谈山区开发前景，说得山民们个个心里热乎乎的，大家都说："我们也要走种菇致富路，不能再吃砍木头的子孙饭了！"

1995 年 5 月，福建一家进出口公司电邀松阳县领导去福州与日商洽谈花菇出口和建立蔬菜生产基地合作项目。时间紧，任务重，须日夜兼程坐汽车去。本来，此事江家余去最为合适，但江家余头一天刚从乡下回来，准备次日回杭休假，县委书记陶国忠为此左右为难。江家余知道了这个情况，马上跑去把这件"苦差事"揽了过来。一周以后，江家余拖着疲惫的身躯，带着完成任务的喜悦，回到了县里。

江家余在松阳的两年多中，为当地铺出了一条发展食用菌生产，加速山区经济发展的科技致富之路。而他则认为，如果说是铺路的话，自己只不过是其中的一块铺路石。或许正是出于这样的认识，当年，他在被授予"人民好公仆"称号后，没多思忖，就把奖金捐给了连接香菇主产区与干道线的"港大公路"拓宽工程。

文/钟天明　杨伟中　汤陈生

徐　菁　杨萝萝

图片由受访者提供

“80”后教授的三重身份

——访1998年“全国教育系统劳动模范”称号获得者顾伟康

人物名片：

顾伟康，男，1939年6月生，江苏无锡人。浙江大学教授、博士生导师。1963年毕业于浙江大学无线电专业。曾任浙江大学副校长、浙江大学信息与电子工程学系系主任。1998年被评为全国教育系统劳动模范，并被授予全国模范教师称号。获国家科技进步奖三等奖、国防科工委科技进步奖一等奖，教育部科技进步奖一等奖等省部级奖项6次。1992年起享受国务院政府特殊津贴。

“在校时，顾老师是对我影响最大的人。”当回忆起自己的恩师顾伟康，沸蓝建设咨询有限公司总经理张奇脑海里总能浮现出这样一些词语：知识渊博、德高望重、桃李遍天下……

在一份发黄的1998年全国教育系统劳模申报材料中，类似的词语多次出现：诲人不倦、为人师表、开拓创新、锐意改革……

从一线教学到“退而不休”做科研，从月轮山边秀丽的三分部到老和山山脚下的玉泉校区，从院系调整到四校合并，翻开这位80岁耄耋老人的简历，我们发现，他的一生，是见证了浙大与祖国同呼吸、共发展的一生，也是淡泊名利、乐于奉献的一生。

过"三关",打下教学、科研深厚基础

1963年,刚刚毕业的顾伟康被编入浙江省"四清"工作队,在农村锻炼了一年半。1965年年底正式分配工作,留在浙大无线系无线电专业当助教。报到那天,他带着兴奋而紧张的心情接受系主任兼专业主任、浙江大学无线电系创始人何志钧教授的谈话。

"何老师的谈话才二十来分钟,但内容至今我还记得清清楚楚。"顾伟康回忆道。当时,何志钧嘱咐他:要尽快转换角色,投身于教学和科研工作;要虚心向老教师和师兄师姐学习;要努力过好教师三个关口,即实验关、助教关和科研关。

"何老师鼓励我们,过好实验关要以实验室为家,熟悉主要仪器设备的原理、性能、使用和保养,提高实践动手能力,能动手制作电路装置;过好助教关,就要在对课程内容有深入透彻的了解的前提下,协助主讲老师给学生答疑,同时准备好课程的实验,带领学生的下厂实习,指导学生的毕业设计;过好科研关,则要积极投身到科研课题中,努力完成课题的目标,取得成果,从科研中得到的知识要充实到教学内容中去。"

何志钧对青年教师的要求十分严格，而顾伟康通过践行何志钧的“过好三个关口”的要求，一步步成长了起来。1965年他参加了数字电子计算机-ZD1的调试工作，这项由无线电专业承担的项目，在当时就全国来说也是非常先进的。他和师兄叶澄清分工调试运算控制器，深夜上班也是家常便饭。虽然辛苦，但顾伟康通过这项科研了解到的计算机软硬件的基本原理和设计方法，对他之后的教学、科研工作产生了深远影响。“我原本对计算机可是一点都不懂的。”顾伟康笑着说。

20世纪六七十年代，顾伟康先后参加了两项课题——高速摄影判读仪课题中判读仪的逻辑电路设计和测振仪课题中的电子测量单元的设计与制造。在这两项课题中，顾伟康都获得了成功，并显示出了深厚的科研功底。

顾伟康的教学工作也值得称赞。改革开放初期，他为通信与信息系统学科的研究生先后开设了“计算机视觉(讨论课)”“人工智能程序语言”“信息工程数学”等课程。这些课内容新，难度高。凭借深入浅出、概念清晰、重点突出的授课风格，顾伟康深受学生欢迎。遇上信息工程数学，内容含图论、群论、数理逻辑、模糊集等抽象难懂内容，顾伟康在讲解时，除了演绎复杂的公式，更着重于使用分析法把复杂的模型分解成比较容易理解的多个简单的模型。这样讲课效果远胜于传统照本宣科的教法，也显示出顾伟康在教学上突出的创新思维。

在教学科研的困难中磨炼出的严谨踏实的韧劲，是顾伟康积累下的宝贵人生财富，也是他留给学生们的优秀传统。张奇是顾伟康的第一位全日制博士生。读博期间，严格的要求让张奇有时感到迷茫与困惑。此时，顾伟康的一席话点醒了张奇——他理解张奇的彷徨，但也希望他能坚持：“博士不仅是一个名头，读博的过程更能培养刻苦拼搏的精神和严谨的思维。这才是终身受用的。”

导师的一席话让张奇颇为感动，于是他按照顾伟康布置的方向深入研究，成功做出了486芯片的核心处理器，在一级刊物上发表了5篇博士论文——这在顾伟康的学生中，数量已经算多的了。“后来在工作中，我能够从技术和研发岗位走向管理岗位，与顾老师的教育是分不开的。”张奇说。

蓄精力，攻克学科发展前沿问题

顾伟康长期从事数字图像处理、计算机视觉、机器人视觉和智能机器人等领域的工作。这些如今热门的研究领域，在20世纪八九十年代，尚属新鲜科技。资料匮乏、设备禁运、国际封锁……种种困难成为横亘在国内科技工作者面前的大山——想要移走它们，既需要过硬的学术实力，也需要坚忍不拔的毅力。

1982年，顾伟康作为访问学者赴美国伊利诺伊大学联合科学实验室进修。在实验室，丰富的文献资源、良好的科研环境让顾伟康如鱼得水，他总会待到深夜一点才回家休息。两年内，凭借在机器智能和计算机视觉相关领域的刻苦研究，顾伟康的论文被第7届国际模式识别大会等两次学术会议录取，他在大会上宣读了论文，更在智能机器领域顶级刊物（*IEEE Transection on PAMI*）先后发表了2篇论文。顾伟康在从刚体运动的二维投影中寻找对应点的研究中找到了新方法，这对刚体运动参数求解，进而对三维场景的理解等机器视觉中的难题求解具有很大的潜在的学术意义。顾伟康的学术成绩让伊利诺伊大学的著名教授Tomas Huang刮目相看。两年访问期满，Tomas邀请顾伟康继续在他的团队中

开展相关课题研究。“我和学校签过协议，两年之后一定要回国。我必须履约。他无法说服我，最后只好表示理解。”顾伟康说。

1984 年，顾伟康回到浙大。回国后的他积极参加实时图像处理、视觉环境理解、道路分割、路径规划等方面的研究。同时积极联络南京理工大学、国防科技大学等院校学术上的同事、朋友，游说国防科工委科技管理部门、科技部，最终使得无人机器人重大预研项目能够正式立项。顾伟康是项目中视觉系统课题的负责人。该课题延续了好几个五年计划，每个五年计划出一个新样机，获得了多项科技奖。这项重大科研成果成为培养硕士、博士生的载体，几十名研究生从中受益。

他常对自己的研究生说，要善于把握学科发展前沿，只有参与高水平的科研才能写得出高水平的论文。不管他工作有多忙，他都会参加每周一次的团队科研汇报讨论会，鼓励同学畅所欲言、自由探讨。“每次讨论总会有所收获！顾老师高屋建瓴，有远见。”他的学生纷纷感慨。

在顾伟康的悉心指导下，他的很多学生毕业后都成为所在行业的佼佼者：有跨国公司的经理和国有企业老总，也有高校的教授。他们都在自己的岗位上兢兢业业，无私奉献。

谋突破，探索行政管理有效路径

教学科研与行政管理工作“双肩挑”，是顾伟康人生的基本色。1992 年年初至 1998 年 9 月，顾伟康出任浙江大学副校长，跟随路甬祥校长和潘云鹤校长先后分管学校财务、产业、审计、人事、外事等工作。当时，国内经济环境运行压力较大，学校财政也一度处于困难之中，这给学校的运行带来了很大的压力，一时还引起教职工的情绪波动。顾伟康根据路甬祥校长的理财思路——财权下放，财力集中，通过深入调查研究，制定和实施了校内财务制度的改革措施；设立校内财务结算中心（校内银行）；取消各部门的对外账号，管住出口，杜绝财务漏洞；严格执行财务预算制度，把钱真正用在刀刃上，减少了资金的浪费，把每月学校向教职工发现金工资转变为每月由校内银行向教职工的工资卡上发工资。这些措施使得结算中心具有一笔沉淀资金，有利于学校资金的调用。通过几年的改革，学校的财务状况有了明显的改善,一系列改革措施顺利进行。

为了进一步建设一支高水平的师资队伍,顾伟康在第二届任期内,根据潘云鹤校长的思路加大了学校人才培养和引进的力度。在他分管人事的两年期间,学校面向海内外引进了40多名优秀的中青年专家,涌现了一批优秀的中青年学科带头人和学术骨干,其中,13人次列入全国和国家教委跨世纪优秀人才行列,14人被评为浙江省高校中青年学科带头人。

爱才、惜才,方能留住人才。对于新加入浙江大学工作的学者,顾伟康要求人事处引进办帮助解决他们的住房问题和生活问题,把此项工作列入引进办的考核内容。

“别看顾老师80岁了,但退而不休,依旧在发挥着自己的光和热。”信息与电子工程学院综合办公室主任王震表示,现在的顾伟康老师,仍时刻关注学院和学生的发展,并通过自己的影响力,让一代代的信电校友反哺学院,助力学院发展。

可当大家伙儿一致称赞顾伟康时,这位精神矍铄的老人总会笑着说:“不要吹,要实事求是,人生比我更加精彩的人还有很多。”

文/周亦颖

图片由受访者、张奇提供

致力研究数的学科

——访1999年“全国五一劳动奖章”“浙江省劳动模范”称号获得者林正炎

人物名片：

林正炎，男，1941年1月生，浙江杭州人。浙江大学数学科学学院教授，博士生导师，长期从事概率统计的研究和教学，在概率极限理论的各个主要领域，包括强极限理论、相依变量极限理论、随机过程的轨道理论和统计大样本理论等重要方向有系统的高水平工作和丰硕的研究成果。1989—1999年，任杭州大学数学系主任；1999—2006年，任浙江大学统计研究所所长。1987—2017年，作为访问学者访问美国、加拿大、英国、法国、日本、瑞典等国家80余次，合作研究、讲学；2008年当选为数理统计研究院(IMS)会士，这是国际学术界对他的成就的认可。1997年获国家自然科学三等奖，2002获教育部自然科学二等奖，1988年、1993年获教育部科技进步奖二等奖。2004年获首届国家级高等学校教学名师奖；2005年当选为首届浙江省特级专家。1995年被评为国家级有突出贡献中青年专家；1999年获全国五一劳动奖章，同年被授予浙江省劳动模范称号；2005年获浙江大学竺可桢奖。

“概率统计研究随机现象的规律性，必然与偶然之间存在联系。你问我明天下不下雨，我不知道。那天气预报怎么报呢？可以通过今天的气压、气温、风向，包括附近地区的情况，来推断明天是否下雨，其中就有规律可循。”

1958年前后，国家开始强调应用型学科的发展，除了北京大学等个别高校原本就有概率统计专业，其他学校在这个时期也开始开设这个专业。杭州大学是较早创办概率统计专业的高校之一，而师资培养主要依靠教师外出进修和学校自主培养。

1962年，林正炎从杭州大学数学系毕业，并成为数学系200余名毕业生中唯一一位留校工作的学生。林正炎本科学习的是数学专业，最后一年系里开设了几个专门化方向，他选择了概率统计。他说，数学里面很多方向都是偏抽象的，包括基础数学、应用数学、计算数学，这些方向当然也很有意思，但是这其中概率统计是与实际应用关系最密切的。

概率中最简单的例子是扔硬币，正面朝上还是反面朝上的结果是随机的，如果扔100次，可能有40次正面，60次反面；如果扔1万次，基本上一半正面，一半反面。扔一次的结果是随机的，多次地扔，样本大了，规律就显示出来了。但这种随机性规律不是确定性的，是一种统计规律。从概率的角度看，扔一个硬币，应该有1/2的概率（可能性）是正面，1/2的概率是反面，这就是规律。

粗略地讲，概率论研究领域可分为三块，即随机过程、随机分析和极限理论，它们也是当今概率论的主要发展领域。极限理论类似于数论，技术性很高，是一门艰深的学问，它又是数理统计大样本理论最主要的理论基础。极限理论属于概率论的经典理论，在概率论早期发展中就占有重要地位，至今方兴未艾。

俄国数学家、公理化概率论的奠基人柯尔莫哥洛夫(Колмого́ров)等人(包括我国的许宝騄先生)完成了独立同分布情形的系统理论。林正炎的主要研究方向之一集中在非独立情形，即相依情形。他的工作涉及相依随机变量序列、随机过程轨道以及统计量大样本性质等诸多方面。独立情形有特征函数(复分析)作为强有力的工具，非独立情形需要寻找新工具。这是他的重要创新之一。

留校做助教，林正炎知道自己的基础还不够扎实，就用了一两年时间自学了这个专业的研究生需要学习的基础课，例如精读了 Michel Loève 的《概率论》(*Probability Theory*)。当时陈建功在数学系提倡开展讨论班，要求每一位老师参加一个讨论班，在讨论班上报告自己读过的论文或专著，也可以报告自己的研究成果。每周一次，雷打不动。因为数学系内做概率统计方向的老师并不多，所以参加讨论班人数最少的时候只有林正炎和陆传荣两人，但他们一直坚持。当时整个系的学习气氛很浓厚，虽然不像现在这样可以上网查资料，但当时数学系订的杂志不少，数学学科重要的杂志基本上都有。在还不能复印、打印的年代，老师们都是从系资料室把杂志借出来，抄在笔记本上，边上留一栏做笔记用，比如如何推导一个公式。他还保留着十几本当年抄录论文的笔记本。

通常助教做 5 年以上时间，才会有晋升的资格和机会。由于 1966 年开始“文化大革命”，所以林正炎这个“助教”从 1962 年一直做到 1978 年。1978 年开始评职称了，他是第一批被评为讲师的，1983 年评为副教授，1986 年评为教授。

20 世纪 80 年代中期，林正炎开始招收研究生，1990 年他被国务院学位办批准成为博士生导师，培养了硕士逾百名，博士 36 名，其中有些已在学术界有较大影响。他也是全国百篇优秀博士论文的指导教师。他主编的《概率论》被评为“十一五”和“十二五”国家级规划教材，《概率极限理论基础》荣获全国普通高校优秀教材奖一等奖。

1997 年,林正炎、陆传荣、邵启满负责的项目“强极限理论、相依变量极限理论及有关问题”获国家自然科学奖三等奖。

加拿大皇家科学院 M. Csorgo 院士、匈牙利科学院 S. Révész 院士、美国伊利诺伊大学数学系主任 W. Philipp 教授等这样评价林正炎的研究小组所做的工作:属于概率论的核心领域,对理论作出了杰出的贡献,解决了许多看来非常困难甚至没有希望的问题;研究成果充满了新的结果、新的思想和技术上的创新;关于 i. i. d. 序列增量的研究具有深远的影响;关于无穷维过程轨道的贡献开创了向量值随机过程渐近理论的新篇章。

虽然早已到古稀之年,但是林正炎至今仍然没有停止科研和教学工作,包括撰写专著、教材,参加或主持学术活动,主持概率统计博士生讨论班等。

统计学是所有学科里唯一一门正式研究数据的学科,它以数据为研究对象。比方研制新药的过程,经常要持续八年、十年,其间需要做很多临床试验,如何设计试验、如何分析试验数据主要就由统计学家来做。现在数据的意义更广了,研究的内容拓展了,使用的范围扩大了,对实际的生产生活更有价值了。所有与数据有关的学科、行业都需要统计学,这一点已经越来越成为社会的共识。

2008 年,美国把大数据作为一个国家层面的战略提出来,联合国也提出要发展大数据。“大数据”这个概念从此热门起来。概率统计的理论和方法是大数据学科的主要内容之一,大数据的出现又给传统的统计学科带来了新的发展机遇,同时也提出了很多挑战。面对大数据时代,统计学科需要极大的创新,甚至是革命性的变革。

除了统计学科外,计算科学、应用数学等学科都在大数据分析中起重要作用,当然也包括其他相关专业学科,如工业、农业、科技、管理、金融、医药等。林正炎认为,当前,与大数据有关的公司、企业和计算机领域的专家在相关模型、算法的应用、研究和开发方面做了大量工作,而概率统计、应用数学等学科的专家学者从事这方面的理论研究和应用开发,特别是能全身心地投入的似乎还不多。他期望能有更多的数学工作者关注这一领域，相信一定能大有作为。

浙江大学学科门类齐全，很多专业都在与大数据打交道。林正炎认为，学校一直以来十分关注校内这些力量的整合与协作，相信正在迈向世界一流大学的浙江大学，一定会在大数据研究的热潮中起到引领作用。

文/朱原之

图片由学校档案馆提供

挑战肝移植世界难题

——访1999年“浙江省劳动模范”、2000年“全国先进工作者”称号获得者郑树森

人物名片：

郑树森，男，1950年1月生，浙江衢州人。中国工程院院士、法国国家医学科学院外籍院士、浙江大学外科学教授。现任中国医学科学院器官移植诊治重点实验室主任，浙江大学学术委员会副主任、浙江大学器官移植研究所所长、浙江大学附属第一医院学术委员会主任、肝胆胰外科暨肝移植中心主任，浙江树人大学树兰国际医学院院长，中华医学会副会长、中国医师协会副会长、中国医师协会器官移植医师分会会长，美国外科医师协会会员(FACS)，国际活体肝移植执行委员会委员，国际肝胆胰协会委员。荣获国家科技进步奖特等奖1项、一等奖(含创新团队奖)2项、二等奖2项，荣获2013年度何梁何利基金“科学与技术进步奖”，主持的“肝癌肝移植新型分子分层体系研究”入选2016年度中国高等学校十大科技进展。荣获2016年度中央电视台科技创新人物称号。2000年荣获全国先进工作者和浙江省劳动模范称号。

我国是肝病高发国家，有各类肝病患者1亿多人，其中肝衰竭等终末期肝病约800万人，占了全球的一半以上。

在浙大就有一位直面终末期肝病恶魔的斗士，利用多年潜心研究的肝移植技术，让许多患者挣脱死神的魔爪，重新回归家庭和社会。他就是我国著名肝胆胰外科、肝脏移植专家，中国工程院院士，浙江大学医学院教授郑树森。

孜孜探索，攻克肝移植难题

作为一名外科医生，郑树森对医学的兴趣源自童年。小时候，郑树森每天上下学都要经过一家中药铺子，每次路过都忍不住往里面张望几眼。老中医把脉开方、过秤包药的样子令他着迷，药到病除、妙手回春的神力更是让他佩服。看得出迷的郑树森常常想，自己长大后要是能够跟他一样，成为一个为人家治病的医生就好了。

1973年，郑树森儿时的心愿达成。从浙江医科大学顺利毕业后，他进入浙江大学医学院附属第一医院，开启了十年住院医师的职业生涯。而1978年发生的一件事情刺痛了这位年轻医生的心，也改变了他的人生航线。

当年，医院接收了一位患有胆道疾病的台湾同胞，院内医生束手无策，只能从上海瑞金医院邀请医生来做手术。在手术室观摩学习的郑树森不禁感叹：上海医生的水平确实高，与上海、北京相比，浙江的外科技术差的不是一星半点！与此同时，郑树森陷入深思：难道一遇到肝癌、胰腺癌这样的病人，我们自己就只能放弃治疗？难道以后遇到患有疑难杂症的病人，都要从外省请专家来帮忙？郑树森告诉自己，绝不能这样。基于这样的想法，郑树森走上漫长的求学道路。

1983 年，郑树森考取了浙江医科大学硕士研究生，深造进修；1986 年，为了攻克肝胆胰疑难杂症，郑树森又考取了华西医科大学博士研究生。

郑树森是浙江省第一个医学博士生，对他而言这是一份荣耀，更是一份责任。读博生活并不轻松，虽然徜徉在学术海洋中的郑树森感觉精神得到了极大满足，但是物质生活却过得格外艰苦。日子不好过的郑树森也犯过嘀咕：自己这样真的值得吗？他给我们算了一笔账，当时的收入是每个月 90 元，50 元寄回家给夫人孩子做生活费，自己身边留 40 元，伙食费每天 1 元，剩下的钱是每年寒暑假来回的路费。从成都乘 184 次火车到上海，再转车回杭州，路上整整 48 小时，没钱买吃的，只吃几片面包，从火车上下来，他的两条腿都是肿的。每到想放弃的时候，郑树森就会想想自己的奋斗目标，并劝诫自己："只有掌握了最先进的医学技术，才有可能真正实现自己的理想。必须得坚持！"

肝胆胰手术被誉为外科的"王冠"，而郑树森说，自己攻读肝胆胰外科，就是要摘下这顶"王冠"。1990 年，郑树森考取了香港大学 CMB 资助的奖学金，去那里做肝胆胰外科、肝移植的博士后研究。"这个方向太适合我了，而且那里可以支持我做动物实验，我真的太幸福了！"于是，郑树森整天泡在实验室里，用哺乳动物做肝脏移植实验。而这段经历也为他奠定了全面扎实的研究和临床基础。

1991 年 10 月，郑树森作为第一助手参与了香港首例人体原位肝移植手术，并获得成功。这一手术在当时引起了轰动，被列为当年香港的十大新闻之一。

仁心仁术，始终心系病人

1993 年 4 月，在回到浙江大学医学院附属第一医院后不久，郑树森就主刀完成了浙江第一例肝癌病人肝移植手术。

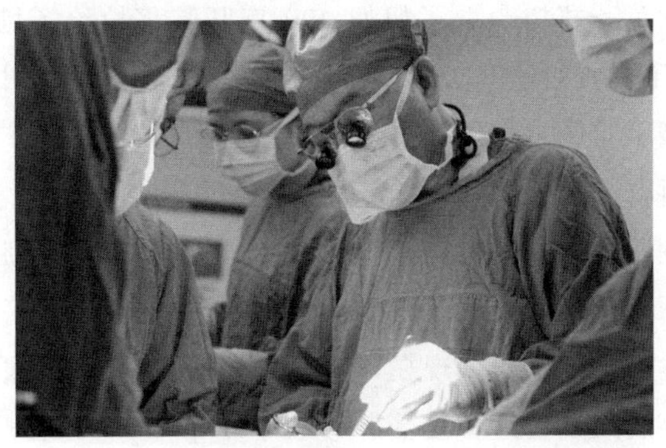

这场手术备受行业关注，郑树森面临着不小的压力。当时，郑树森正好阑尾炎发作，痛得非常厉害。与此同时，父亲病重，他的心里满满都是牵挂和不能回去侍奉的愧疚。就是在这样的情况下，郑树森一边挂盐水，一边给病人看病，他的心里只有一个念头——“病人更要紧”。“说内心不忐忑，那是假话。但是握起手术刀的时候，一瞬间就心如止水。”这份定力和底气，正是来自于无数次的基本功训练。

郑树森做的这次手术和中山大学黄洁夫医生做的肝移植手术几乎是同一时间进行的，后来两人被公认为中国第二波肝移植手术浪潮的推动者。从那以后直到现在，郑树森已经主刀了 3000 多例肝移植手术。其中，接受肝移植手术的最小的病人出生只有 106 天，最大的有 70 多岁。

那个 106 天大的孩子，如今已经上中学了。她是浙江温州人，患先天性胆道闭锁，黄疸很深，在上海新华医院就诊，那边做不了肝移植，就请郑树森过去。郑树森当时用孩子母亲的一小块肝脏做肝移植手术，创下了当时国内儿童亲体肝移植手术最小年龄的纪录。而现在，孩子身体状况良好，可以正常地学习生活。

“这么多年来，我用这一双灵巧的手，挽救了无数的终末期肝病患者。当我的病人身体康复，再次为国家发展贡献力量时，我创造的社会效益就成倍地发挥出来了。”郑树森说，自己最自豪的事情，就是通过肝脏移植技术救活了很多人，特别是那些原来不能做或做不起肝移植手术的病人。

郑树森每天要面对来自全国各地的患者，但让他印象特别深刻的有两位。2007 年，一位从安徽赶来的年轻妈妈，扑通一声跪在郑树森面前，求他救救自己 6 岁的女儿。妈妈背上的小女孩患有脂肪肝，因为个子小常常受同学欺负。郑树森取了妈妈 400 克肝脏移植给了她女儿。12 年过去，小女孩不仅长得亭亭玉立，还考上了大学，专程到郑树森的办公室，送给他自己亲手写的一幅硬笔书法作品。

我国材料科学家、工程院院士周廉也是郑树森的病人。2005 年，被诊断为丙肝、肝硬化、原发性肝癌的周廉院士多方寻医，最后选定请郑树森主刀进行肝移植手术。手术完成后半年，周院士就恢复了正常工作，到上海参加了学术会议。直到现在，他仍然奋战在科研第一线。

评判肝癌病人是否适合接受肝移植手术治疗，有一套严格的行业标准。原先通用的世界标准(米兰标准)是，肝脏肿瘤直径在 5cm 以下才可以做肝移植手术，不少患者被“拒之门外”。

2008 年，郑树森提出肝癌肝移植手术的“杭州标准”，将标准放宽到 8cm，肿瘤直径在 8cm 以内的肝癌病人可做，肿瘤直径在 8cm 以上、术前血清甲胎蛋白低于 400ng/ml 的肝癌病人也可以做。这个标准在国际上产生了重大影响，它使很多原来不能做手术的病人得以接受手术，肝癌肝移植手术受者范围扩大了 52%。

立德树人，为卫生事业奔波

“找到我的病人，一般都是患了其他医院解决不了的病症。病人把这里当作最后一站，我和我的团队就要对他们百分之百负责。”2018 年，郑树森完成 200 余例肝移植手术。

在开刀救人的同时，郑树森想得更多。“全世界的肝癌有一半以上发生在中国，面对如此高的发病率和不断变动的致癌原因，我们不仅要关注如何治疗，也要关注如何预防。”郑树森说，“只要身体允许，我就要不断开展创新性的研究探索。”

他不仅是一名医者，也是一名良师。郑树森言传身教数十年，如今桃李已经遍布全国各地，并且许多都成就非凡。每每聊到学生，郑树森脸上都不禁洋溢起自豪之情。培养学生有什么独门秘籍？不少人问过郑树森这个问题。他这样说，一个老师要把课讲好，很重要的就是要把思想传达好，要引导学生思考解决问题的方法，激发学生的学习兴趣，保证课堂体系的完整性。

“每个人的成长都不可能一帆风顺。要想达到科学的顶点，必须要经过磨炼。”沿着外科方向不断前进的郑树森，始终朝着复杂困难的问题进发，往深的地方钻研。而他在培养学生尤其是研究生时，也非常注重对其独立工作能力和科研能力的培养。“正如‘冰山理论’，潜藏在深层的内容与知识总是要亲手挖掘才能记忆深刻。”郑树森这么说。

“培养学生，最重要的是人品塑造。”待人要诚实、诚信、诚恳。父亲这么教育他，他也这么讲给学生听。郑树森要求学生爱国爱党、政治素养过硬，与此同时还要注重培养人文素养。“1950 年 1 月出生的自己，一直在跟共和国共同成长。马上要迎来新中国成立七十周年，我深刻体会到祖国今天的繁荣昌盛实属不易。”他要求学生有爱国情怀，因为只有在这种情怀的推动下才能不断奋斗、创造贡献。而平时就喜欢练练书法、读读历史、听听婺剧的他也总是跟学生们强调要学习和继承中华传统文化。

1997 年到 2015 年，郑树森当了 18 年的院长。那个以前被人戏称为“弄堂医院”的浙江大学医学院附属第一医院，现在排到了中国前列，重点学科也是名列前茅。

医药卫生事业，关乎国计民生。卸任院长的郑树森一点也不闲着。原卫生部部长、全国人大常委会副委员长陈竺在杭州考察期间，多次提及名人办医，并题词“树兰医疗”，希望郑树森和李兰娟两位院士可以探索一条新的道路。浙江省政府也大力支持。2015 年 12 月 6 日，树兰医院正式成立。

树兰医院提出了“三高”（高质量的医疗、高水平的专家、高品质的服务）、“四化”（国际化、人文化、标准化、信息化）、“三满意”（病人满意、医务人员满意、政府满意），以器官移植和传染病医治为中心，走抓优势学科建设、提高发展速度的道路。

“祖国培养了我，我应该为祖国的繁荣昌盛作出自己的贡献，这个就是我的初心。”郑树森欣慰地说。他守住了初心。

文/马宇丹

图片由受访者提供

奋斗的人生结出灿烂的果实

——访2002年“全国五一劳动奖章”获得者杨卫

人物名片：

杨卫，男，1954年2月生，北京人。教授、博士生导师，我国固体力学专家，中国科学院院士，发展中国家科学院院士。1976年毕业于西北工业大学锻压专业，1981年在清华大学获硕士学位，1985年在美国布朗大学获博士学位。曾任国务院学位委员会办公室主任，教育部学位管理与研究生教育司司长，2006年至2013年担任浙江大学校长，2013年至2018年担任国家自然科学基金委员会主任。2013年当选第十二届全国人大常委会委员。2018年被增选为美国工程院外籍院士。研究方向包括宏微观破坏力学、结构完整性评价、材料的增强与增韧、微小型航天器研制。截至2019年4月，出版中英文学术著作10种，发表学术论文300余篇。

50年前，在陕西省延川县冯家坪公社聂家坪大队的一个知青窑洞里，一位来自北京的少年在结束完一天的农活后，迫不及待地拿起一本书在煤油灯下如饥似渴地读了起来。

那个少年便是杨卫，那本书是罗曼·罗兰的《约翰·克利斯朵夫》，书中描述了主人公努力奋斗的一生。此后，少年杨卫也开始了他拼搏奋斗的人生新征程。

知青岁月：从懵懂到自醒

1969年年初，响应“知识青年到农村去”的号召，出身学者家庭的杨卫递交了下乡申请书。当时的杨卫不满15岁，初中也只读了一年。按政策，他的年龄还达不到去插队的要求，但是杨卫铆足了劲儿非去不可。没多久，这位小小少年就背上了行囊，离开了深爱的父母，跟着大部队从北京来到了陕西省延川县冯家坪公社聂家坪大队，一待就是四年零八个月。

对于一个未满15岁的孩子来说，真实的插队生活和想象中完全不一样。在杨卫的记忆里，第一年就是学会怎么干农活，每天的生活都被农活占据了，又苦又累，学习自然顾不上了。

但往往，人生志向的形成就需要一个契机。

插队的第二年，有不少北京知青回家探亲。一天傍晚，杨卫和其他知青在窑洞前的石台上吃晚饭。一辆车在村口停下了，一位回家探亲的知青回来了。“他当时扛了一个大箱子，很吃力地在走，我们觉得他应该带回来好多吃的。大家一起帮他扛箱子，谁知道箱子一打开我们就傻眼了，几乎全是书，只有一小部分是吃的。当时大家都埋怨他，为什么带了这么多书而不是多带些吃的。”让杨卫印象最深的是，那一箱书里有一套十七本的数理化自学丛书，也有一套四卷本的《约翰·克利斯朵夫》。带书的知青号召大家一起学习，但在那时，大家对知识的渴望并没有那么强烈。

往后的日子里，依旧每天白天干农活，而到了晚上，那位知青就点起煤油灯做笔记、做题。杨卫看在眼里，心里也有了触动。后来，他问他借了一本《约翰·克利斯朵夫》，这一看就再也没停下来。“当时，没日没夜地读这本小说，主人翁个人奋斗的精彩故事让我感触非常深。”少年杨卫懵懂地意识到下乡插队只是漫长人生旅程中的一次选择，未来的路，没有知识和个人努力，也许寸步难行。很快，杨卫也开始了挑灯自学，后来，自学的队伍越来越壮大。短短两三年里，大家在干农活的空余把初中、高中的知识全学完了。闲暇之余，大家我挑战你一道题，你挑战我一道题，有时甚至为解一道题而争得面红耳赤。

回忆起那段岁月，杨卫感慨颇深：“那个时候我们岁数很小，到农村也比较艰苦，但是在那种情况下还能通过自学，把中学的课程全学完了。这种自学能力的培养，对我后来学习方法的形成和做事情能坚持的意志力养成起到了非常重要的作用。上大学的时候，基本上老师讲什么，我都已经自学过了。老师讲的时候基本上都是再温习一遍，看看自己哪里还有盲点。”

时光倏忽而过，1973 年，杨卫插队所在的延川县有 50 个上大学的名额。当时考试就考三门，政治和语文、数学、物理和化学，因为自学了初高中的知识，杨卫这个初一的“小知青”打败了众多高中生，和同村的另一位知青取得了全县并列第五的好成绩。高校的招生老师都是直接来县城里面试学生，因为化学好，北医大的老师先看中了杨卫，而那时的青年总是对航空类、宇航类专业非常神往，杨卫最终选择了西北工业大学。

在录取通知书上，杨卫的录取专业是航空类，直到开学报到的时候，他才知道自己的专业是“42 专业”。“当时也不懂，就问门卫师傅，师傅说这专业就是打铁的。”这“打铁”就是金属压力加工锻压。

三年后毕业，杨卫在江西的一家机械厂工作了一年后调到清华大学机械工程系工作，在全校的一次青年教师考核中，他取得了数学、外语两项第一的佳绩。随后他又在清华攻读硕士研究生，成为清华大学固体力学专业第一个通过答辩的硕士。作为新中国第一批留美的研究生，他在美国布朗大学所修的 24 门功课全 A 且仅用三年就拿到了博士学位。拿到博士学位后不到一个月的时间，杨卫就回到了祖国，回到清华大学任教。他说，这不是“选择”，而是“必须”，他是公派留学生，是国家培养的，没有任何理由不回来。

这之后，杨卫在自己所从事的研究领域取得了累累硕果，也获得了“全国青年科技奖”“中国青年科学家奖”等一系列奖励，成为国内固体力学专业的一名学科带头人，更是在40多岁之际当选为中国科学院院士。谈到不断学习和积极进取的原动力，杨卫觉得还是来自于下乡插队的那段知青岁月，渴望知识的焰火一旦燃起，就再难熄灭。

科学研究：在“破坏”中建设

杨卫从事的是固体力学研究，简单地说就是研究固体在受力以后形状发生怎样的变化，是否被破坏，何时坏，为什么坏，怎样防止坏的问题。这是一个从伽利略时代起，力学家与固体物理学家不懈奋斗了三个半世纪的固体力学难题，而杨卫也选择了这个“破坏”难题。

说到与力学结缘，还要追溯回杨卫在西北工业大学的那段学习经历。“42专业”的基础课一共两门，分别是材料与力学，因为当时颜色视觉（辨色力）有点弱，对于金属材料变色分析不敏感，杨卫与力学走近了。

科学之路上的第一篇论文，他探讨了航空发动机叶片新材料的锻压工艺问题。这篇论文的写成不容易，他和他的毕业设计专题组的同伴们在空寂无人的实习车间，冒着被钢筋水泥砸下来的风险，做完了毕业论文所需要的全部试验。起步的艰难，预示着科学研究的道路不会是一路坦途；毕业设计的成功，又给了杨卫鼓励和信心。

在一次采访中，杨卫坦言：“在学术上我有两个阶段进步最快：一个是在清华攻读硕士学位的两年；另一个就是在美国布朗大学工学院攻读博士学位的那三年。”

在清华大学，工程力学研究所所长、中科院院士黄克智教授，是杨卫的硕士研究生导师。他说：“杨卫选择的都是国际前沿课题，不只在国内是第一个开始做，与国际学术动态也始终保持同步。”在布朗大学，杨卫真正打动美国力学界的，是他将破坏力学分析首次应用于微电子元件失效分析这项开创性工作中。杨卫毕业好多年后，他在布朗大学的老师及同学们仍对他赞誉有加,他们对访美的中国力学代表团的科学家们说:“中国力学的年轻一代是很有希望的,因为你们有杨卫那样的优秀人物。”

回国后的杨卫,在宏微观破坏力学、结构完整性评价、材料的增强与增韧、微小型航天器研制等方面取得了突出而系统的学术成就。在裂纹尖端奇异场这一80年代的前沿领域里,他最先得到了准三维裂纹尖端场的解析解并确定了裂尖三维区的尺度。作为第一完成人,他与同事一起建立了幂硬化介质的理论断裂扩展阻力曲线,提出了刻画延性撕裂过程的“J-T双参量弹塑性缺陷评定方法”,这一创新方法在当时成为我国核电站主压力回路缺陷评定的主导方案。他关于动态分层和界面断裂的研究,首次得到分层裂纹在下瑞利波速扩展时仅需输入有限的能量,推翻了裂纹扩展速度不得逾下瑞利波的立论,在国际学术界引起强烈反响,美国5所著名大学甚至为此特意为杨卫举办了专题学术报告会。后来,他又与自己的研究生一起,进一步提出跨音速分层断裂力学理论,为这一分支学科领域奠定了理论基础。他还与学生合作,在国际上第一次实现了对断裂过程的宏微观相结合的断裂和错位发射模拟等。美国桑地亚国家实验室M. Baskes博士曾评价说:“你们做了我们这些人十年以来一直想做,但未做成的事。”

做科研,杨卫有着“冲浪冲在最前沿”的狠劲儿,也有着超于常人的韧劲儿。他常说,无论做什么,都要一直做下去,要深入最核心的地方。他经常和学生们打比喻,治学就是挖坑,先要挖对地方,知道哪儿有宝藏,干一项研究就是挖一锹土,所有的土都要来自这一个坑,要做就要做得专业,做到这个领域的第一。

学术选题研究的驱动力在哪里?杨卫将其归纳为有趣、有用和有道:首先,一定得有好奇心驱使,这样才能长久地做下去;其次,还得想办法让它变成有用的东西,如果没用,光有趣也不能完全激发基础研究的满腔热情;最后得有道,研究的东西可以提炼出一个形而上的“道”。

“宇宙之大,粒子之微,力无所不在。”2018年10月,杨卫在力学方面的研究又迈入了一个新阶段。浙江大学成立了交叉力学中心,杨卫担任中心主任,来自清华大学、北京大学、中科院等高校和科研院所的数十位不同研究领域方向的学者担任指导。

交叉力学是什么？杨卫解释说："现代力学交叉连接工程与科学，并不断开拓新的视界，润物无声地融入物理、生命甚至社会科学中，这一特点可概括为'交叉力学'，或者形象表示为'X-Mechanics'，'X'代表了交叉、扩展、融合以及焦点。"从广义上来说，交叉力学有着四个特点：一是研究不同介质的交叉，比如流体和固体的交叉；二是研究质智交叉，物质和智慧的交叉；三是研究刚柔交叉，比如一个机器人，有的地方是刚性，有的地方是柔性；四是研究层次交叉，宏观层次、细观层次、微观层次的交叉。

聊到中心近期研究的一个热点，杨卫说是金刚石。目前，我国的半导体技术都是基于硅材料，有一代半导体、二代半导体、三代半导体。现在我们力图突破三代半导体技术，有没有什么材料比硅更好？答案可能是金刚石。但是常态下的金刚石禁带太深，要弄成半导体，很难；不过如果做成纳米结构，加大弹性应变程度，它就有可能发展成为第四代半导体。2019年9月，杨卫所主持的交叉力学中心将组织国际学术会议来讨论在这些问题上的国际合作。

2013年，卸任浙江大学校长后，杨卫曾担任国家自然科学基金委员会主任。在杨卫看来，国家自然科学基金主要是支持基础研究和应用基础研究，主体是支持好奇心驱动的基础研究，还有一部分是国家需求的基础研究。"基金在一定程度上是一所高校或是科研院所里中青年研究者竞争力的一个度量标准。从面上基金项目负责人年龄统计来看，他们的峰值在36～37岁，并且基本上每年年轻一岁，从这点上能看到年轻一代的成长。"

为师生涯：是严师，更是学生们喜爱的校长

"做事要认真，做每一件事情都要认真。"这是杨卫经常勉励自己也告诫学生最多的一句话。在学生们的印象里，导师杨卫对学术要求非常严格和严谨，细致到每篇论文里的公式标注、每个符号和变量的下标的字体格式都修改得非常仔细。

在学术研究上是严师，而在生活中，杨卫更像是慈父。他爱和学生们一起散步、一起看电影，对他们的生活照顾无微不至。他的一位学生说，

最难忘的是导师为他煮的一碗面。学生刚读博士的时候，杨卫正担任浙江大学校长，学校日常事务性工作非常繁忙，师生间的学术交流讨论常常要等到杨卫结束一天工作后的晚上。某天晚上，学生到导师家报告研究进展，刚好杨卫还没吃晚饭，当得知学生也没吃晚饭后，杨卫亲自下厨煮了面条，师生二人边吃面条边其乐融融地讨论起学术问题。

对于青年人的培养，杨卫总是不遗余力。他时常鼓励学生自由探索，设计和选择与其相适应的、感兴趣的研究题目，也会在重要关口和关键时候给予方向指引，更激励他们在面对研究困难时能长期努力坚持。如今，在杨卫的学生里，有人已找准新兴研究方向并在领域内有所建树，也有人还在“十年磨一剑”地在感兴趣的研究方向持续耕耘着。

2006年，杨卫来到浙江大学担任校长。在就职仪式上，他细数了自己和浙大的渊源：父亲杨光华，1941年至1945年在浙江大学就读本科，抗战结束后曾留校任教；儿子杨越，2000年至2004年在浙江大学就读本科。对杨卫而言，来到浙大工作，他们祖孙三代的浙大缘圆满了。

在浙大做校长，也是杨卫第一次做校长。他说：“做好一个校长很不容易，大学教育是教育链的最高端，而大学本身又是一个教育链，有本科生、硕士研究生、博士研究生等等。大学也有自己的规律：首先是教书育人的规律，主要是如何培养人、塑造人；其次是大学发展的规律，你在大学的前进中要享受这个发展的过程。”

校长的角色在杨卫眼里是多重身份的构成，是学者、是教育家、是战略家，也是政治家。这些身份落实在具体行动上，就是杨卫自己总结的“爱学生、爱教师、爱学校”。爱学生，就是接地气，走进他们的心里；爱教师，就是包容，为不同学科和专业的老师提供适合他们的发展平台；爱学校，就是与浙大师生同呼吸、共命运，为浙江大学的发展而努力。

这个笑起来萌萌的校长俘获了学生们的心。他经常去学生食堂吃饭，和学生聊聊学习生活。每年浙大春夏两次毕业典礼，他会和每位毕业生握手、合影，合计要握一万次手，拍 1000 张照片；即使握手握得肩膀上的肌肉都酸痛了、手心上全是汗，他都觉得很值得，只为让所有的浙大孩子留下心中最美好的记忆。

2013 年 3 月 20 日，在浙江大学校内 CC98 论坛上，一则关于手机壳的帖子悄然火了。彼时，浙大的同学们刚刚得知，校长杨卫即将离任浙江大学赴北京任职。学生们不舍他的离开，有人悄悄做了几款印有杨卫卡通头像的手机壳，并将实物图片发布在了论坛中。有学生留言问：“为什么要做手机壳?”有学生热心答：“因为这样我们就可以把他捧在手心里。”

离别总是短暂的，五年后的初秋，一则消息又在浙大师生间传播开来，杨卫院士又回来了，而且还要给大一新生们讲授“力学导论”的通识课程。开课的那天晚上，上课时间还没到，200 多人的大教室就已座无虚席。除去原本选课的同学外，来自各个年级、不同专业的学生们都慕名前来旁听。

第一节课名为“力学往事”。杨卫从大家都熟悉的达·芬奇切入，到欧拉、拉普拉斯、拉格朗日这些近代力学大师，又从哥廷根学派对现代力学的巨大影响讲到普朗特、冯·卡门和钱学森这“空天三代”，将力学的源头及发展沿着一条清晰的脉络娓娓道来，并不时穿插着一些科学史小故事，在场的学生们听得如痴如醉。

杨卫在清华读硕士的时候，知名教授就经常为本科生开课，在美国，很多大学里本科生最重要的课都是由德高望重的老教授讲授。年轻教授讲课比较细致，而年长的先生们讲课视野比较广阔、历史感强，能启发学生们的兴趣，更好地激发他们的求知欲。杨卫的这节课起到了同样的效果。

作为一名教师，杨卫认为教师的职责应该是做到知识的传承与创新，教师既要会上课也要会科研。知识的传承就是将书本上的内容教会学生，但这一工作与科研追求的创新又紧密相连，如果只会教书而不能通过科研将学术前沿性的内容传递给学生，便没有做到创造知识和传播知识的统一。

2019 年的秋学期，杨卫的"力学导论"课还将继续在浙大开讲，新一版的课程教材也在紧锣密鼓地编写中。此时的杨卫，在培养年轻人求是创新的道路上，继续书写他拼搏奋斗的人生。

参考资料

[1] 顾卫临．为建设而研究"破坏"的人——记清华大学青年教授杨卫[J]．瞭望，1994(42)：36-37.

[2] 刘冬梅．杨卫的"知青情结"与"治学理念"[J]．神州学人，2004(7)：22-23.

[3] 魏皓奋．专访全国人大代表、国家自然科学基金委员会主任杨卫[N]．今日早报，2013-03-14(A04).

文/叶　鑫

图片由受访者提供

在 ICU 与时间竞速的“跑者”

——访 2004 年“浙江省劳动模范”称号获得者方强

人物名片：

方强，男，1956 年 10 月生，浙江杭州人。浙江大学医学院附属第一医院 ICU 主任，内科学主任医师。担任中国医师协会体外生命支持专业委员会常务委员；中国医师学会重症医学医师分会副会长；《中华急诊医学杂志》《中国急救杂志》等杂志编委；浙江省器官捐献评估专家组组长；首批重症医学科国家重点专科学科带头人。从事危重病医学及相关教学科研工作 20 余年，是浙江省重症医学领域的领军人物，极大地推动了浙江省危重病专业的迅速发展。善于诊治呼吸衰竭、循环功能障碍、严重感染、多脏器功能障碍、中毒等危重疾病。作为全省公认的危重病诊治中心的学科带头人，为省内外各种危重病的诊治及重大公共卫生事件（如地震、SARS、甲型 H1N1 流感、H7N9 禽流感等）提供强大的技术支持，为省内外培养了大量的专科医生，在国内享有盛誉。2004 年获浙江省劳动模范称号。

争分夺秒，他从死亡边缘救回鲜活生命；巧开妙方，经济疗效皆重要；悬壶济世，疑难杂症迎刃而解。

浙江大学医学院附属第一医院 ICU 主任方强，与时间赛跑，挽救急重症患者的生命，于 2004 年荣获浙江省劳动模范称号。这个在 ICU 与时间竞速的跑者，从未停下他的脚步。

领跑者：在人群中跑，与时间竞速

2017 年 10 月 29 日，浙江杭州。

清晨 6 点，随着一阵急促的鸣笛，救护车稳稳停在浙大一院，命悬一线的小泽（化名）随即被送进综合 ICU。即使在大剂量升压药的作用下，小泽的血压只有 60/20mmHg，氧合低于 100，无尿，皮肤泛出失去了活力的黯淡青灰色。

医生立刻给他采取了抗休克治疗——CRRT，维护循环，呼吸机维持氧合。ICU 常规治疗的这一套流程，已经熟极而流。ICU 医生的本事，在于先把最基本的生命体征稳住，以争取足够的时间抢救病人。

25 岁的小泽是来自浙江温岭的年轻小伙，跟随父母在云南打拼，却因为不明原因患上肺炎，白肺，身上插满各种各样的管子，生死未卜。

从 2017 年 10 月 13 日突发高热，这已是小泽持续第 15 天高热，经常达到 40℃，顶级抗菌药物都收效甚微。10 月 27 日，小泽因呼吸困难转进昆明当地医院 ICU，医护人员却一直无法明确，到底是什么造成如此严重的肺部感染。

主管医生听说小泽来自浙江，他提出一个大胆的想法：转院，去浙大一院！他深知那里雄厚的综合技术可以给小泽带去生的希望，这让家属于绝望中看到一丝希望，但这么严重的疾病，对方会接收吗？

接还是不接？在这个压力巨大的问题面前，浙大一院综合 ICU 主任方强的话让方雪玲心里有了底：“接！只要有希望，来者不拒！我们医院的 ICU 就应该接这样最难和最重的病人，这是人家对我们的信任和肯定。”

经过浙大一院综合 ICU 医护人员的连日奋战，入院 3 天后，小泽已经可以耐受气管镜检查了，从气管镜下得到的灌洗液立即被送往检测中心。11 月 2 日，检测结果显示，小泽的血液和痰液中均感染了大量的 B55 型腺病毒，肺泡灌洗液内提示有大量曲霉菌。

终于，11 月 18 日，腺细胞病毒检测转阴，4 天后，“沉睡”了近一个月的小泽神智转清。12 月 11 日，小泽拔除气切套管，19 日转入普通病房，27 日出院，医护人员的全情投入、全力救治让小泽平安地迎来新年。

这就是 ICU 里的日常，从救护车到 ICU 留下了方强每日往返的足迹，而急重症患者康复的过程，也少不了方强奔跑的身影。

精算师:精算疗效,也精算开销

62 岁方强的招牌表情是微笑时的眯缝眼,在病人家属眼里,这是让他们安心的元素。而当他面对病人身上难缠的重症疾病时,他的眼睛就像猎人瞄准猎物时一样,冷静、犀利。

每年,浙大一院 ICU 接收 4000 多例重症病人。他们一度距离死亡仅一步之遥,但最终 95%的病人得以起死回生。

有位病人叫美琳,53 岁,送进 ICU 时怀孕 26 周。这之前的两个多月前,美琳突然开始咳嗽,体温也随之升高,宁波当地医院诊断她为重症肺炎,并第一时间进行气管插管。

可这一系列操作并没有减缓病情的恶化,美琳就这样被送到方强的手上,这是她和孩子最后的希望了。

"最开始送到医院,是因为重症肺炎,那么这个重症肺炎是怎么产生的?"一般来说,当人体的免疫力出现问题时,细菌会乘虚而入,当它们侵犯到肺部时,会引起肺炎。

而这一切发生的大前提,是人体免疫力出现问题,那时候再用药抗感染,也只是稍稍缓解细菌的进攻,当药物起不到作用时,就得用上"神器"ECMO,也就是体外膜肺氧合术,用机器代替肺部工作。

如果这个判断成立,那美琳就需要马上使用 ECMO 支持。而问题又产生了,国内还没有孕产妇使用 ECMO 后存活的先例,在这之前必须先剖宫产生下孩子,而子宫上的大创面,让医生不能对她进行全身抗凝治疗,ECMO 强行使用,很可能是母子双亡的局面。

"这个判断看上去顺理成章,但是错了,这不是普通的重症肺炎,没有证据。"方强对会诊的医生说。

证据,是他最看重的事情。

检查显示美琳免疫功能完好,肺部在得病前也没有明显漏洞让细菌侵蚀,所以她的病情只有一个可能性——服用感冒药时,吞咽、反胃的行为把细菌带入到肺部,这是个小概率事件。

有了准确的判断,治疗也就有的放矢了,方强决定先不启用 ECMO。

先进行抗感染、抗休克、营养支持等治疗。美琳继续保胎，两个星期后，终于熬到了腹中孩子满 7 个月的那一天。“孩子具备体外存活的条件，肺泡初步形成，马上进行剖宫产，同时美琳继续使用呼吸机回到 ICU，进行后续治疗。”方强主任说。

最终，美琳母子平安出院。就这样，在原本“保大人”和“保小孩”二选一的抉择中，方强硬生生拿出了第三个回答，也是最完美的一个回答。

“诊断要有证据。”这是方强挂在嘴边的话。在他看来，只有充分的证据才能抽丝剥茧，揪出致病元凶，治疗也有的放矢。

A8 床的小伙 22 岁，绍兴人，是一名煤气搬运工，突发爆发性心肌炎，人就这么倒下了。一般来说，爆发性心肌炎是病毒感染引起的，发病急，死亡率高。在当地医院，小伙的心肺功能每况愈下，医生认为“没希望了”，想保住性命，除非上 ECMO。然而，用 ECMO 起步就要 10 万元，但小伙的家庭情况并不好，父亲也是煤气搬运工，为了儿子，一家人咬咬牙决定承担这个费用。

当地医院 ICU 医生给方强打了个电话：“病人情况危急，需要上 ECMO，您过来看看吧。”

方强带着 ECMO 团队和设备赶到绍兴，仔细看了小伙的各项指标，有了自己的判断：“从指标上看，目前还不需要上 ECMO，患者可以通过呼吸机支持呼吸，把他转到我们医院吧，交给我们来治。”方强说，不用 ECMO，一方面减小了创伤，另一方面为患者家庭省了钱，所以不到万不得已，能不用 ECMO 就不用。

如今，小伙已经脱离了生命危险，近期可转入普通病房。

就是这样一个诊断，保住了小伙的命，还为他省下至少 15 万元。

“在 ICU，首先要考虑的就是诊断。”方强说，诊断是他最看重的一环，“没有证据支持，做不了准确的诊断，治疗也无从下手。”

在浙大一院重症监护室里，人类和死神时刻展开殊死搏斗，但“大当家”方强却始终十分淡定。精湛的医术与敏锐的判断，让他成为众多患者眼中的“保护神”。

先行者:立足浙大,培养全省骨干

对于全省的医疗技术和医疗质量的双提升,光靠几位专家可撑不起,这是授人以鱼不如授人以渔的道理。在浙江 ICU 界,方强就像一位“梦想导师”,全省超过 90%县级以上 ICU 骨干都曾是他的弟子。

1985 年,浙大一院就是全国最早一批建立 ICU 的医院,“设备和技术当时都是向美国学的,当时所有学习 ICU 的医生都蒙了,原本在我们看来一定会死的病人,现在都能救活了”。巨大的责任感让方强为浙大一院建立了全省规模最大、综合实力最强的重症医学科,他也目睹着浙江省对重症监护学科的重视度越来越高,早在 2000 年前后,当时的浙江省卫生厅就明文规定所有县级以上的医院都要配备 ICU。

大量的 ICU 医生都前往浙大一院取经。“做 ICU 医生,就得是全科医生,从病人的整体考虑病情,不能只看化验单考虑病情。”这是方强最常对他的弟子们说的话。

也正因为这样的逻辑思考,这位“福尔摩斯”才能在最细微的细节处找到病情真正的原因,针对性治疗才有效。

团队建设让浙大一院乃至全省的 ICU 都有了相当强的实力,在 2013 年禽流感疫情中,方强的团队保持了最高 16 台 ECMO 同时运行的全球纪录;在抗击 H7N9 时,团队硬生生把全国平均 39.4%的病死率降到了 5.5%。

作为浙大一院重症监护室主任,早在 1985 年,方强就带领他的团队建立了全国最早的一批 ICU。如今,浙大一院 ICU 病人的生存率高达 95%,全省超过 90%县级以上 ICU 骨干都是他的弟子。他知道对付死神最关键的秘密。

国家卫健委此前在杭州召开了“医疗技术医疗质量双提升发布会”,方强作为医院代表在现场展示了他掌管的 ICU 及技术。正是一个个奋战在医疗第一线的“方强们”,让浙江的医疗技术和医疗质量“双提升”工程走在了全国前列。

参考资料

[1]张苗. ICU 里的福尔摩斯天天为病人“破案”,时时与死神过招[N]. 钱江晚报,2018-06-23.

[2]殳敬,王筝扬. 患者病情太重接不接?父母 60 万包机送来[EB/OL]. (2018-01-23)[2019-05-01]. http://mp. weixin. qq. com/slygOj2Yw4MszpZQRBIPRFSA.

文/赵晨曦

图片由受访者提供

改革创新，他一直在路上

——访2004年“全国教育系统先进工作者”称号获得者俞庆森

人物名片：

俞庆森，男，1937年10月生，江苏镇江人。1960年毕业于浙江大学化工化学系，留校任教。1984年至1997年任浙江大学化学系副系主任、系主任。1996年至1999年任浙江大学之江学院院长。2000年受浙江大学和宁波市人民政府委托筹建浙江大学宁波理工学院，2001年6月任浙江大学宁波理工学院院长。曾担任教育部第二届理科化学教学指导委员会副主任委员，教育部应用化学与化工基础教学指导组组长，教育部教育技术委员会学术委员，教育部评估专家组成员，中国化学会理事，浙江省化学会副理事长、理事长等职。2004年被授予全国教育系统先进工作者称号。

俞庆森是土生土长的浙大人。1960年从浙江大学化工化学系毕业后留校任教。“20世纪60年代，学校发展很快，急需教师，从在校本科生中选拔优秀的学生，通过考核的要一边完成自己的学业一边授课。”俞庆森回忆，这批提前毕业的优秀学生得到了学校的重视和培养，而自己有幸成为其中一员。

高校教育教学改革的探索者

20世纪70年代末，全国高校兴起一阵“改革风”，俞庆森被任命为学校化学系改革组组长。此后，他带领化学系的老师们，与兄弟院校紧密合作，探索出一条高校化学实验改革的新路子。

当时，俞庆森带领化学系的老师们对国内外化学实验教学作了广泛深入的调查研究，并多次组织全系各专业老师进行座谈交流，他深感化学实验存在不少弊病：有些实验内容陈旧、验证理论的实验偏多且有不必要的重复，培养实验技能的层次欠缺，培养四大化学综合实验技能的机制欠缺等。俞庆森认为，是时候从教学内容到课程结构和实验室管理体制等方面对原化学系的基础化学实验进行系统全面的改革了！

首先，改革小组将全部基础化学实验进行分析比较，提出应使学生对化学实验从一般了解到正确掌握和熟练掌握三个不同层次的要求，并提出化学实验应以培养实验技能为主、验证理论为辅的改革方针。

在此基础上，改革小组又将实验内容组织成“基础化学实验”“中级化学实验”“综合化学实验”三门基础化学实验课程。“基础化学实验”是原无机化学和分析化学两门实验课的有机结合，“中级化学实验”是原有机

化学和物理化学两门实验课的结合，“综合化学实验”是在全国率先开出的一门全新的化学实验课。因为学生走向社会所碰到的实际问题不仅仅是无机、分析、有机、物化等单一问题，而往往是综合性问题，所以就需要学生有综合分析和解决问题的能力。“综合化学实验”这门课程不仅综合了几门实验课的基本操作，而且培养了学生解决实际问题的科研能力，一经开设就大受学生欢迎。

此项改革得到了教育部和高等化学教学研究中心的支持，由浙江大学、南京大学、兰州大学、北京大学、清华大学等10多所著名院校参加，由俞庆森任组长的“大学化学实验改革”课题组建立。俞庆森把浙大的化学实验改革思路和教材进行展示，兄弟高校一致认为这项改革思路清晰、符合实际，得到了一致认可。课题组每年都会召开1～2次改革研讨会，分析前一阶段各自改革中发现的问题，并将之作为下一阶段的改革重点。这个项目快速推动了全国高校化学实验改革的进程，经过7年的努力，于1993年获教育部教学优秀成果国家级特等奖。直到现在，全国各个高校的化学系都在采用这套教学内容和管理体制。

“实验教学改革是一项艰巨的系统工程，原来的实验室管理体制已无法满足课程结构的调整需求，所以在改革课程结构的同时也要改革原有的实验室管理体制。”俞庆森回忆，1987 年的春天，浙江大学化学系首先成立了实验教学中心，中心既负责实验教材编写、实验教学计划制订，又负责实验室建设及基础化学实验室人力、物力、财力的统一管理，做到了人尽其才、物尽其用。当时，学校在玉泉校区建设了一栋化学楼，化学系将这座楼的一半划为实验中心使用，为中心的设置提供了有利条件。

教育教学改革，俞庆森一直在路上。由他主持，由南京大学、南开大学、中山大学、北京大学参加的教育部世界银行贷款项目“化学类创新人才培养与实践”，获 2005 年教育部教学优秀成果二等奖；由浙江大学申报的“独立学院培养高素质应用型人才的探索与实践”也获得了 2005 年教育部优秀教学成果奖二等奖。

一流独立院校建设模式的开拓者

“创业是我人生中最大的享受，而我的人生中有两次创业经历。一是浙江大学之江学院，另一个是浙江大学宁波理工学院。”1996 年至 1999 年，俞庆森任浙江大学之江学院院长。2000 年，俞庆森受浙江大学和宁波市人民政府委托筹建浙江大学宁波理工学院，2001 年 6 月任浙江大学宁波理工学院院长。

俞庆森“享受”创业，其实这一路尽是艰辛。宁波理工学院是全国第一所教育部发文承认的、由名城名校合作办学的独立高校。本着对学生负责、对家长负责、对理工负责的态度，俞庆森肩负使命从杭州奔赴宁波。而这所由宁波市人民政府投资，依托浙江大学建立的学院，在短短的四年中就发展成万人大学。

宁波理工学院的第一批筹建工作人员包括 30 多位老师。俞庆森回忆，当时的新校区只盖了一半，办公室一件家具都没有，老师们只能在窗台上工作。与建设硬件设施同步，筹建工作组进驻不到一个月，就开始紧锣密鼓地开展招生宣传。当时，宁波市教育局全力支持，召开了各地县教育部门负责人会议，协助组织开展第一次招生工作，最终顺利招收到

1200 多名学生。由此，宁波理工学院的教学工作正式启动。

当时各界对宁波理工学院的办学目标有不同意见。讨论之后，筹备工作组提出，目前可以通过努力把宁波理工学院建设成为国内同类院校一流水平。这一办学目标最终也得到了宁波市人民政府的认可。为了实现这个目标，宁波理工学院提出一系列创新性举措。

为提升教学质量、培养年轻教师，俞庆森从浙江大学聘请了一批已退休的名师担任基础课的首席主讲教授。《光明日报》曾特别报道，20 多位教授主讲基础课，实属罕见。为了解决异地办学的师资问题，宁波理工学院也对聘请自浙大的任课教师从交通、住宿等方面给予了最好的支持和安排。正是这批不辞辛苦、兢兢业业的教授，保证了教学工作的高质量有序进行。而这个名教授主讲基础课的做法，通过以老带新的方式，培养了一批素质过硬的年轻教师，为宁波理工学院的基础教学打下了坚实的基础。

宁波理工学院充分认识到实验室在学生培养中的重要作用，借助宁波市的 3000 万元专款首先建设了 6 个基础实验室，并在之后的 2 年内摸索建立了高起点、高标准的各类专业实验室 51 个。按照当时万名学生的规模计算，学院投入实验室建设的费用已经达到了人均 1 万元的水平。这个重视程度和投入力度，在当时非常少见。“浙大有的，宁波理工要有；浙大没有的，我们还可以有。因为我们的目标就是培养高层次应用型创新人才。”俞庆森这样解释一流实验室建设的用途。

为了引进高端人才、提升学科实力，俞庆森特别重视科学研究。宁波理工学院从 2003 年开始招收硕士研究生，并随后建立了博士后流动站。此外，学院还出台了相关政策，鼓励和吸引浙大在读博士研究生来学院开展毕业论文阶段科研活动。“招收和培养研究生，在提高学院办学层次，促进学风建设，繁荣学术氛围的同时，可以有力地推动学院发展重心由量的扩张到质的提升的转变。”俞庆森曾这么解释。

“教学、设备、师资，我们都向着全国一流水平的标准进行建设。虽然我们招收的是三本学生，但是我们想用一本的教学水平来进行人才培养，让三本也能达到一本水平。”俞庆森说。此外，为提升生源质量，宁波理工学院在 2003 年开始自筹经费，每年按照普通二本学费标准招收 100 名二本学生，之后经宁波市领导批准，经费差额全部由宁波市财政厅负担，每年专项拨款400万元。

唯改革者进，唯创新者强，唯改革创新者胜。俞庆森的一生都在锐意革新，探求中国高等教育的进步和突破。而现在，这位已年过80岁的长者，依然关注着中国高等教育教学领域的新理念、新做法。

文/马宇丹

图片由受访者提供

医学的进步给人类带来更多的希望

——访2004年"浙江省劳动模范"称号获得者黄河

人物名片：

黄河，男，1961年6月生，浙江义乌人。浙江大学求是特聘教授，"973"项目首席科学家，主任医师，博士生导师，浙江省特级专家。现任浙江大学医学院党委书记、副院长，浙江大学血液学研究所所长，浙江大学医学院附属第一医院骨髓移植中心主任，亚太国际骨髓移植组织国际学术委员会常务委员等职务。主要研究方向为造血干细胞移植的临床和基础研究，干细胞基础及应用研究，免疫治疗临床基础及应用研究。先后于2003年和2015年获得国家科技进步奖二等奖，省部级以上奖项14项，授权发明专利17项。在Blood等国际刊物共发表SCI论文169篇，其中通讯作者SCI论文112篇，担任"十一五""十二五"全国高等学校医学研究生规划教材《血液内科学》主编，担任国际血液与干细胞移植最重要的三本杂志——*BMT*、*BBMT*、*JHO*的编委。2004年获浙江省劳动模范称号。

2019 年春天，第 45 届欧洲血液和骨髓移植年会在德国法兰克福召开，一位身着中国传统红色对襟服的金发女子特别引人注目。

她叫泰利(Tali Kornhauser)，是以色列的一位画家。泰利曾因多发性骨髓瘤在各国求医多年，甚至被以色列当地医生宣判“死刑”。幸运的是，2018 年在浙江大学医学院附属第一医院骨髓移植中心，泰利接受了国际先进的 CAR-T 细胞治疗，获得重生。

会上，泰利除了向与会者分享她“起死回生”的经历，还特别有心地带来了一个长达数米的画板，以“生命”为主题，邀请参会的嘉宾和医学学者在上面留言，共同完成这一艺术作品。

现场一位黑头发黄皮肤的学者写道：医学的进步，给人类带来更多的希望。这位学者就是泰利的救命恩人——浙江大学医学院教授黄河。

为攻下难关吃了两年盒饭

1998 年 11 月，黄河与台湾慈济骨髓干细胞中心合作开展非亲缘异基因造血干细胞移植术，在 1999 年的《浙江医学》杂志上报道了中国大陆首例成人非亲缘异基因造血干细胞移植，引起轰动。此后，团队又顺利完成了 10 多例同类型手术，挽救了病人性命，积累了大量临床经验，2003 年“非亲缘异基因骨髓移植临床研究”获国家科学技术进步奖二等奖。

成功源于几十年的不懈奋斗。

黄河于1979年考入浙江医科大学。他坦言,那个时候并没有特别明确的职业规划目标,“高考选专业,对医学喜欢是喜欢,但只有很笼统的概念”,对医学实际上是“越做,爱得越深”。

本科毕业后,黄河来到金华市中心医院。工作期间,黄河也目睹了一些遗憾:不少病例在当时的医疗水平下没有办法得到很好的治疗。“我想,如果要做医生,还是要能够在机制上真正了解病因,这样才能找到最好的方法来治疗病人。”怀着治病救人的心,1987年黄河又考回浙江医科大学,成为一名研究生,完成了硕士、博士阶段的学习。

学校的求是创新精神和血液科团队的强大实力给黄河影响很深。后来同行专家问他曾经在哪里留学过时,黄河自豪地说:“我是浙大‘土著’,一直都是在国内读书。”

1997年,黄河赴德国基尔大学做高级访问学者。在短短半年时间里,黄河一边承担端粒结合蛋白的相关研究工作,又积极在临床学习造血干细胞移植技术。“这次访学让我看到了国内外的差距,也更加明确了我今后努力的方向。当时对方想让我留下来继续做科研,但我一心想着临床医学,因为我觉得,临床是对病人生命负责的最直接的服务。时间一到我就回国了。”

此后,黄河就全身心地投入无关供者造血干细胞移植手术这个主攻方向。那两年里,他天天在医院里吃盒饭,只有睡觉的时候才会回家,“家里的灯坏到全都不亮了,那时候也没空去管,基本留守在医院”。

黄河与团队成员全心全意的工作，这才有了中国大陆无关供者造血干细胞移植手术成功的第一例报告。他还想特别感谢一个人，台湾慈济骨髓捐赠中心的李政道博士。

“当时李博士带着从花莲抽出的骨髓，从台北乘机，转机香港，飞到上海，再由我们团队从上海将骨髓接回杭州，进行手术。”

黄河与李政道一直保持着良好的合作关系。“慈济中心非常有爱心，甚至台湾大地震的时候，李博士仍然坚持送骨髓过来。”

杭州这边也克服了很多困难。最惊险的一次，黄河与病人家属在从上海取骨髓回杭的路上遇到了车祸，一位病人家属被甩出车外骨折了。同车人员紧急把伤员送医院，轻伤不下火线的黄河继续赶回医院做移植手术。“一份骨髓来得不容易，我们一定要用心做好。而手术能做成功，不光是技术的原因。把骨髓移植视为一份事业，视为一份爱心，是我们团队的共识。”黄河说。

在大家的共同努力下，黄河团队的无关供者移植手术走在国内前列，获得了 2003 年度国家科技进步奖二等奖。

同时，黄河团队临床技术体系的成熟以及两岸骨髓捐赠合作事迹的宣传报道，促成了中华骨髓库的建立，黄河连续 4 届担任中华骨髓库专家咨询委员会副主任委员。目前，中华骨髓库已有 280 万名捐赠者，成为全球第二大骨髓库。

扫除造血干细胞移植中的“地雷”

异基因造血干细胞移植被医学界认为是恶性血液病等 70 多种疾病的唯一根治手段。可是，在临床医学中，异基因造血干细胞移植这个“救命法子”仍然面临着三大“地雷”的威胁，那就是移植后复发和移植物抗宿主病(GVHD)以及干细胞供者来源匮乏。而这三大“地雷”也是目前世界移植领域最具挑战性和亟须解决的难题。全球数据显示，异基因造血干细胞移植患者的实际 3 年生存率仍然徘徊在 40%～60%。

怎样通过“扫雷”来提高患者的生存率？黄河在此前工作的基础上，带领团队成员围绕这 3 个关键问题开展了 10 余年的科学研究。

第一项“扫雷”工作是要降低移植后复发率。团队经过研究发现，复发有两种情况，一个是患者本人的“坏细胞”又长出来了，一个是移植进去的“好细胞”变“坏”了，这里面就涉及功能基因的突变问题。由此团队针对容易复发的中高危风险病人提出了抢先治疗的免疫干预技术，在移植后，严密监测病人的微小残留病灶，一旦高于预警值，就抢先输入供者的淋巴细胞，跟残余的“坏细胞”再“打一仗”。与国际移植组织数据相比，通过这种免疫干预方法，使病人的复发率在无血缘供者移植中降低了20%～40%，在HLA半相合移植中降低了50%。课题组还创立了慢性粒细胞白血病的移植分层优化治疗新策略，有效减少移植后复发，使加速/急变期患者3年总体生存率达66%。

第二项“扫雷”工作是预警与诊治移植物抗宿主病(GVHD)。团队把发生排异的患者和没发生排异的患者做了个比较，通过筛选甄别的方法发现了基于中国人群遗传背景的11个GVHD高危的遗传性分子标记物。“在此之前，往往是患者出现了重度腹泻、皮疹等症状才会被确诊为发生排异现象，如今，只要通过验血检测标记物就可以尽早发现尽早治疗了。针对这些标志物，我们又制定了不同的诊断和治疗方法。”黄河带领大家创立了适合中国人的移植物抗宿主病(GVHD)预防和治疗新方案。与国际骨髓移植研究中心数据相比，重度急性GVHD发生率在亲缘全相合移植中由12%～16%降低到了5.6%，无血缘供者移植中由21%～25%降低到了12.9%。课题组还创建了急性GVHD早期诊断全新模型，诊断特异性达89%。

第三项“扫雷”工作就是要扩大干细胞供者来源。黄河经过系列研究建立了半相合移植优化新方案，包括应用低剂量抗T淋巴细胞免疫球蛋白、非体外去除患者T淋巴细胞和单纯外周血造血干细胞移植等。在技术创新的基础上，团队立足我国人群遗传背景和社会经济特点，创建了造血干细胞移植一体化技术体系，患者5年的长期生存率在亲缘全相合供者移植组达到77.2%，半相合供者组和非血缘供者组分别达到60.8%和63.5%，处于国际领先水平。

在临床实践中，这些成果已经在国内40余家三甲医院等推广应用。移植后100天早期死亡率由20%下降至9.6%，移植费用降低

25%。一位年轻的女患者在接受移植及后续治疗后，还产下了一对龙凤胎。

“在软硬件上我们不一定是最好的，能做出这些成绩，靠的就是大团队的团结协作。引以为豪的是，我们最终的结果比欧美的报告好很多，病人的长期生存和复发率等数据都比他们的优秀。”

2015年，“异基因造血干细胞移植关键技术创新与推广应用”获国家科技进步奖二等奖。

此次获奖后，团队并没有停止脚步，而是不断创新。2018年，团队异基因造血干细胞移植创造了诸多新成绩：半相合移植手术比例达75%，100天生存率高达96.5%，100天非复发死亡率低至2.97%，多项指标在国际上处于领先水平。

从落后到跟跑再到超越

科学发展没有终点。最近几年，黄河把工作重心放在了嵌合抗原受体T细胞(俗称CAR-T)技术上。

CAR-T治疗技术是当下最受瞩目的肿瘤精准疗法，自美国第一例临床试验成功后，2015年黄河团队开始着手研究。经过大量临床研究和试验，团队的CAR-T治疗已经覆盖到了急性淋巴细胞白血病、淋巴瘤、多发性骨髓瘤这几个领域，成功例数接近150例。疗效上，对急性淋巴细胞白血病病人，完全缓解率达到92%；淋巴瘤的病人，利用新型双靶点CAR-T，完全缓解率能达到75%；多发性骨髓瘤，现有的CAR-T完全缓解和很好地部分缓解达到80%的程度，这些在国际上都处于领先水平。

黄河经常受邀请在国际学术会议上分享中国临床研究和经验，来自世界各地的病人也慕名而来。

身患多发性骨髓瘤的以色列画家泰利就是在经过7年的求医之旅后，抱着最后一线希望找到了黄河。来之前，第三次复发的她已经无法躺着睡觉，而在输注CAR-T细胞后的第11天，泰利骨髓里已经找不到骨髓瘤细胞了，骨痛也完全消失，终于可以平躺在床上像正常人一样睡觉了。

“感恩这里的医护人员。”泰利将这份感激画下，用蹩脚的汉字写下每一个照顾过她的医护人员的名字，还画了一条“黄河”来感谢黄河团队，她说：“来中国之前有很多顾虑，但是来了之后发现这里的医疗团队亲切而又积极，一开始就给了我很大信心。”

来自黎巴嫩的富商法里斯也曾辗转各国求医，最后来到杭州才得以治愈。法里斯康复后激动地握着黄河的手说：“如果我之前知道你们，我会直接来中国治疗。”

以往我们总是听说，国内很多疑难杂症看不好的病人要跑去国外求医，在黄河团队这里，情况却是恰恰相反。

黄河说：“国外的病人在我们这里治疗成功，很多人还不相信。”欧洲骨髓移植协会主席莫提教授曾把一个病人介绍过来，他自己也来杭待了10 天，跟着查访。在目睹了黄河团队每天的临床工作、看到了不少接受CAR-T 治疗的病人痊愈后之后，他给黄河竖起了大拇指。

黄河带领的浙大医学院团队在造血干细胞移植领域已经达到了国际领先水平，他说：“现在国际上造血干细胞移植会议上经常讲的两个最大主题，一个是半相合移植，一个是 CAR-T，在这两个最关键的技术上，可以非常自信地说，我们都处在国际一流的水平。”

奋斗永不止息。

担任医学院党委书记的黄河，每天都是各条战线轮着转。早上 7 点去医院看病人，再开车 40 分钟来紫金港校区，忙着党政管理工作，晚上再去实验室做研究，周末则是学术会议的专用时间，“能用专长帮助别人，这是我喜爱的事”。

黄河说，是国家的发展提供了平台，没有国家的发展就没有社会经济的发展，就没有医学的发展，个人的事业能够融入国家的发展是幸运的也是幸福的。

“70 年代末赶上高考恢复的班车，在大学操场上挑灯夜战苦学知识；90 年代初入造血干细胞移植圈子的时候，落后的我们只有仰望的份；如今我们不仅可以跟外国专家平等交流，还能输出我们的技术，治疗外国病人。”

抓住机遇，抢占先机，剩下的就是撸起袖子加油干。“希望今后别人问起最好的造血干细胞移植与细胞免疫治疗在哪里时，我们可以自豪地回答：在中国，在浙大。”黄河说。

文/吴雅兰　齐文静

图片由周立超、浙江大学医学院提供

像煤一样,燃烧自己照亮别人

——访2005年"全国先进工作者"称号获得者岑可法

人物名片:

岑可法,男,1935年1月生,广东南海人。中国工程院院士,工程热物理专家,能源环境工程专家,浙江大学能源工程学院教授,浙江大学热能工程研究所所长。主要在化石燃料、废弃物能源高效清洁、资源化、能源化利用,可再生能源开发与利用、生物质能利用与制氢技术、洁净煤燃烧与气化技术、水煤浆燃烧技术、流化床燃烧发电技术、能源利用过程中多种污染物协同脱除技术、工程气固多相流动和电站锅炉计算机辅助试验(CAT)以及先进激光诊断技术等领域取得开拓性成就。1987年荣获全国五一劳动奖章和全国优秀科技工作者称号,2005年获全国先进工作者称号。

20世纪50年代,国家选派研究生到苏联留学,别人选择了火箭、舰艇制造等尖端学科,而岑可法却选择了又"土"又"脏"的煤的燃烧。对于旁人的不理解,他只解释了一句:"中国是产煤大国,煤关系着国计民生。"1962年,岑可法获得副博士学位后,怀着一腔报国热情回到祖国,回到浙江大学任教,这一教就是57年。57年里,他将所有的激情、汗水挥洒在了党的教育事业与科研工作中。

情系教育的良师：
引领学生“上高楼，望尽天涯路”

师者，所以传道授业解惑也。岑可法一直站在教书育人第一线。无论是为本科生还是研究生授课，他在一堂课上讲述的内容70%是成熟的知识，其余则是国际上最前沿的存在争论或不同观点的知识，鼓励学生们自己去思考、去辨别。

他时常告诫学生，课本上的知识很多都是几十年前的内容，比较陈旧，而且大多只是对现象进行描述，细节和过程的解释不甚清楚。他鼓励学生们大胆钻研，有自己的创新想法。

在热能所，学生们对岑可法有“两怕”。一是怕他开学习组会。有人说：“岑老师精力旺盛，上午开会，有时会一直开到晚上，甚至凌晨。晚饭往往就是一顿盒饭。”二是怕岑院士批评。一位博士说：“有时兴冲冲地拿着论文请他看，他却挑了一堆‘刺’，要求很严格。可他要是不‘骂’你了，你就没有进步了。”

严师出高徒，学生们的“两怕”，正是岑可法教学认真严谨的体现。直到今天，热能所的博士研究生们从开题到做实验、写论文再到毕业答辩，年过八旬的他都全程指导，毫不懈怠。

学业上既严格要求，又循循善诱、耐心指导，是岑可法留给大部分学生的印象。浙江大学副校长、长江学者特聘教授严建华至今对一件往事记忆犹新。1984 年，严建华跟随导师岑可法参加中美国际燃烧学术会议，岑可法推荐了当时还是硕士生的他在大会上宣读报告。他回忆道："报告前的晚上，在宾馆里，岑老师还手把手地指导我做透明片和演讲。第二天，我顺利地完成了大会报告，得到了与会专家们的赞赏。"今天，将研究生推向国际舞台展示自己的研究成果已成为热能所的一个传统，所里的每位研究生在求学期间，至少会有一次在国际学术研讨会发言的机会，这是岑可法倡议并坚持下来的。

对于学生，岑可法无微不至地关怀。他喜欢和年轻人共处，热能所大大小小的活动都有他的身影，他最拿手的口琴独奏《莫斯科郊外的晚上》能绕梁三日，让学生们回味好久。每年的教师节是岑可法最开心的日子，因为在这一天里，全球各地的学生都会通过电话、邮件等方式向他表示节日的祝贺。能源工程学院邱坤赞教授说："岑老师关心人、关心每个人的前途，从选题研究的方向到个人家庭，他都关心，他像块磁铁，把学生们紧紧吸引在他的周围。"

早在 2001 年，面对国家未来人才战略需求，岑可法提出了对能源学院的本科专业进行改革的设想，他说："要培养既懂能源又懂环保的复合型创新型人才，这才符合国家战略发展的重大需求。"在他的推动下，2003 年，浙江大学创建了全国第一个"能源与环境系统工程"专业。同样地，为适应国家大力发展"新能源"的需求，岑可法又于 2010 年推动并设立了"新能源科学与工程"专业，为培养国家急需的新能源专业人才奠定了基础。

如何在实践中更好地培养学生，如何将学生与青年科研团队创新融合成长，是如今84岁高龄的岑可法花费心思最多的事情。经过多年的摸索，他总结出了人才培养的“教授组—博士生—硕士生—本科生”的梯形机制；在培养高水平优秀工学博士方面，他又成功地探索出“导师群体培养”的创新之路。

他培养的学生中，获全国百篇优秀博士论文7人、获全国百篇优秀博士论文提名4人，教育部长江特聘教授7人、国家杰出青年基金获得者6人、国家“973”计划首席科学家4人、国家科技创新领军人才2人、国家百千万人才工程入选7人、浙江省特级专家4人、国家青年拔尖人才2人、国家优秀青年科学基金获得者2人，等等，育人成果斐然。

“人才培养要从青年开始，我自己不是大师，希望浙江大学能够培养出未来的大师。”2010年，在岑可法75岁生日那天，他送给了浙大学子一份厚礼，将自己多年的积蓄共计350万元捐给了浙大，成立了“浙江大学岑可法教育基金”。在当时，这是浙大历史上在校教职工最大的一笔捐赠，每年全校约有100位本科生与研究生获得奖励。当学校邀请他参加奖学金颁奖仪式时，他婉言谢绝了：“我把收入捐出来，不是让学生感激我个人，而是希望学生努力学习，回报国家和社会。”

甘为人梯的仁师：
培育团队发展“衣带渐宽终不悔”

浙江大学能源工程学院热能工程研究所迄今已有40余位学者前往大洋彼岸深造。几乎所有人在学成后，都会返回故土。吸引这些年轻人回归的正是——岑可法。

“一个人遇到好老师是人生的幸运。”“万人计划”青年拔尖人才、教育部长江青年学者罗坤教授说，他之所以选择在浙江大学工作，是为了追随岑可法。罗坤在美国斯坦福大学做访问学者时，美方曾全力挽留他，但他选择了回国追随岑院士。同样谢绝美方挽留的还有程军教授等。导师岑可法已成为学生们心中的一面旗帜，一面呼唤莘莘学子回来报效祖国的旗帜。

“一根筷子，再坚硬也会被折断；一把筷子，想折断就难了。”对于学生和青年研究团队，岑可法始终强调团队的重要性。他认为，工程学科要建“大平台”，要有“大团队”，才能出“大成果”，不能靠一个人“单打独斗”，要有思路、有想法、有步骤。

“既要有当主角的精神，也要有当配角的胸怀”，是岑可法对学生们的教导。他摒弃“论资排辈”的传统观点，只要年轻人有能力，就压担子、放任务，千方百计“逼”年轻人成才，尽心竭力创造条件，拓展发展平台，培育了一大批教学、科研带头人和年轻有为的后起之秀。“团队最可贵的是奋斗拼搏的向上精神，一个人自我驱动力有限，但在一个团队中，大家争先恐后地完成突破，就会营造出良好的氛围，带动更多人进步。”

言传身教是岑可法带领团队进步的核心竞争力。“记得有一次去欧洲出差，回国后岑老师来不及休息又马不停蹄飞往武汉开会。还有一次是春节，我们和岑老师一起到国外出差，在飞机上他还在看学生的报告。”说起当时的情景，国家杰出青年基金获得者、长江学者特聘教授高翔感触很深。

“好教师既是学问之师，也是品行之师，要甘当人梯、甘当铺路石。”20世纪 80 年代，出国是很难的事，当年浙大只有 7 个出国名额，连很多教授都轮不到。为了给学生更多的机会去锻炼和挑战自己，岑可法将一个出访美国的名额，让给了当时还在读研究生的倪明江。反对的人很多，教育部也不同意。他亲自跑北京力争：“倪明江这个人我认为很不错。如果不让他出去，这个出国的机会我们就不要了。”

倪明江业务出色，刚评上副教授，岑可法就给浙江大学学术委员会写了一封长信，力荐这位优秀学生破格提升为教授。就这样，倪明江只当了两个月副教授后，就成了教授。当时，岑可法自己也才当了两年教授。为了自己的学生，岑可法打破的“惯例”还有很多。

值得注意的一个细节是，自 20 世纪 90 年代以来，岑可法很少成为奖项的第一获奖人，其实获奖项目他都参与了，而且在不少项目还是主要负责人，可他总把自己的名字放在后面，为的是让更多的青年人走到舞台中央。

经过多年的努力，岑可法带着他的团队打造出了“能源清洁利用国家重点实验室”“2011 协同创新中心”等 7 个国家级教学科研基地，成为国内能源领域各级基地最全的研究单位。团队还先后荣获国家“三大奖”18 项、国家科学技术进步创新团队奖 1 项、国家级教学成果奖 5 项，多次被评为浙江省模范集体。

诲人不倦的智师：“众里寻他”，在攻坚克难领域最前沿

习近平总书记强调，国之重器、利器必须要牢牢掌握在自己手里。能源战略是国家发展战略的重要支柱。作为拥有多项自主知识产权的导师，岑可法带领自己的团队在世界能源技术发展中刻下了“中国烙印”。

岑可法曾经作了一个最大胆的决定：在 1983 年，他带着他的第一个博士生倪明江做煤泥发电锅炉技术的课题攻关。经过八年的努力，岑可法的团队成功了。“处理了大量应用废渣，又能清洁高效发电，真正实现了变废为宝。”世界上第一台完全以洗煤泥为燃料的热电厂也在 1989 年成功投入商业运行。实验成功以后，该成果在我国煤炭系统迅速得到大量推广应用，全国的洗煤厂基本都用上了这种创新的技术。1997 年，煤水混合物异重床结团燃烧技术这项成果获得国家技术发明奖二等奖。

20 世纪 70 年代末，石油危机在世界范围内开始出现，科学家们开始寻找石油的替代品。1982 年，岑可法到美国考察。美国人拿出一小袋东西说，“我们搞出了‘水煤浆’，可以百分之百代替油”，并开价几千万元要中国人买他们的成果。

回国后，岑可法立志要攻克水煤浆代油燃烧的难关。他身先士卒地带领学生们废寝忘食地做实验。他实验室的灯几乎成了“长明灯”，每天亮得最早熄得最晚。日夜攻关后，他带领学生们试验成功用煤、水和少量添加剂混合的水煤浆，在锅炉和工业炉窑中 100％取代了油，于 1982 年在浙大试验成功，并坚持在国内外推广，建成了目前国际上最大的水煤浆代油电厂；2009 年，“水煤浆代油洁净燃烧技术及产业化应用”获得国家科技进步奖二等奖。

如今，这一技术每年约为国家节约燃油250万吨，我国在这一研究领域达到了国际先进水平。后来，作为导师的岑可法又带领着学生们接二连三地攻克了一系列技术难关——煤的分级转化多联产，劣质煤综合利用，从煤中提炼铝、钒、铀等贵重金属等，填补了国家多项技术空白。黑乎乎的煤，在他手里变成了金灿灿的“黄金”，大大提升了利用价值。

由煤的高效利用，岑可法又联想到了生活垃圾的处理。“垃圾是被放错了的资源，为什么不用?”岑可法又带着学生开发了生活垃圾循环流化床清洁焚烧发电集成技术。2006年，这个项目获得国家科技进步奖二等奖，这也是生活垃圾焚烧发电技术首个国家奖。这项技术被誉为当今世界五大主流焚烧技术之一。

垃圾发电的二噁英污染问题，是个国际难题。岑可法带着学生建起了超洁净二噁英实验室进行攻关。根据比利时SGS二噁英实验室的检测数据，其排放量大大低于国家标准，甚至优于欧盟标准。

近年来，岑可法又带领学生向雾霾发起了挑战，提供了解燃“煤”之急的中国方案。煤炭在燃烧过程中，会产生大量污染物，这些污染物会成为PM2.5的重要部分，也是加重灰霾天气的主要“元凶”之一。由岑可法院士团队中高翔教授领衔的“燃煤机组超低排放关键技术研发及应用”项目，大大降低了煤炭燃烧时产生的氮氧化物的排放，这项技术在不少企业中得到运用。现在，燃煤发电站最终排放的烟气，比天然气机组的排放物还要干净。该项目荣获2017年度国家技术发明奖一等奖，是浙江省荣获的第一个国家技术发明奖一等奖。

“不甘落后、锲而不舍”的科学精神，使岑可法与他的学生们站在自力更生、自主创新的最前沿。他们围绕国家重大需求，在煤炭分级转化清洁发电、流化床燃烧与气化、废弃物资源化能源化利用、燃烧污染物控制、工程气固多相流动理论和计算机辅助试验等领域取得了开拓性的成就。

浙大热能所教授骆仲泱也是岑可法的学生，他说：“岑院士平时生活十分俭朴，一心扑在科研和团队培养上。对他来说，工作是一种享受，工作上有了成果，是一种大享受。他是我们大家工作和生活的榜样。”骆仲泱教授的主要研究方向为生物质能利用、煤炭分级利用和能源清洁利用。在这些研究方向上，他作为负责人完成了50余项重要科研项目，包括作为首席科学家承担“973”计划项目 1 项,国家自然科学基金项目重点项目 1 项、面上 4 项、重点国际合作项目 4 项等。目前,骆仲泱作为项目负责人承担了国家自然科学基金重点项目 1 项,国家自然科学基金国际合作与交流项目 1 项。

作为岑可法院士和樊建人教授的优秀学生,全国百篇优秀博士论文获得者周昊教授,主持并解决了国际专家均未能解决的中国出口的最大燃油发电机组——沙特阿拉伯拉比格电站配英国燃烧器的2×660MW燃重油锅炉炉膛严重燃烧振动问题,挽回项目损失超百亿元;研发的燃烧热声振动与污染物排放协同控制技术达到了国际领先水平,实现了我国对“一带一路”沿线国家中东、南美等国际市场 600MW 级容量油气炉电站出口零的突破;他以第一完成人完成的“大型油气锅炉燃烧振动控制研究”获得 2017 年度教育部科学技术进步奖一等奖;并在“一带一路”沿线国家推广了 10 多台大型燃油燃气机组,总计达 8000MW。

如何将资源量丰富的低品位生物质转化为高品位液体燃料,是我国能源可持续发展的重大需求,也是长期萦绕在岑可法院士脑海里的热点问题。为此,岑院士带领王树荣教授等青年教师一起,提出了生物质热化学定向转化新思路,成功实现了高品质生物液体燃料的制取和示范性应用,以王树荣教授为第一完成人申报的“生物质热化学定向转化分级制取高品位液体燃料”获得 2016 年度教育部自然科学奖一等奖。

樊建人教授和岑可法院士合作培养的又一个全国百篇优秀博士论文获得者罗坤教授提出了复杂多相湍流燃烧全尺度直接数值模拟新方法,表征并发现了多相燃烧相界面耦合作用新现象和新机理,建立了更加准确通用的工程计算新模型,并成功应用于能源动力和环保领域,带来了显著的经济效益和社会效益。该研究成果获得 2018 年度教育部高等学校科学研究优秀成果奖自然科学一等奖和 2018 年浙江省科学技术进步奖二等奖。

岑可法院士和严建华教授培养的另一位优秀学生,全国百篇优秀博士论文获得者薄拯教授主持了在纳米尺度下发展界面双电层理论,在超高功率密度垂直取向石墨烯超级电容储能、基于流动优化设计和局域化加热的太阳能高效光热转化等方向取得了系列创新成果,在 Springer 出版社出版英文专著1部，发表SCI论文72篇，7篇入选ESI高被引论文(学科前1%)，以第二完成人获国家教学成果奖二等奖，获聘教育部青年长江学者，获国家自然科学基金委优秀青年科学基金资助，入选国家"万人计划"青年拔尖人才。

岑可法院士长期关注全球能源格局变化，积极布局未来发展。太阳能热发电技术作为唯一可以承担基础负荷并参与调峰的非水可再生能源，发展潜力大，但门槛高，没有"板凳甘坐十年冷"的功力，难以为相关技术研发奠定坚实的基础。肖刚教授在岑可法院士及倪明江等团队的培养、鼓励与大力支持下，破釜沉舟，十年磨一剑，建立了全球高校第一座兆瓦级塔式太阳能高温集热储热与先进循环发电的试验平台，获得美国发明专利3项、日本发明专利2项、中国发明专利30项，为中国该项技术引领世界创造了有利条件。

近两年来，党中央组织浙江省与吉林省合作实施振兴东北的国家战略，岑可法院士积极响应，带领高翔、王智化、周劲松、吴学成、陈玲红、郑成航、何勇、俞自涛、钟崴等组成的团队与吉林省开展对口合作，在能源工业互联网、秸秆生物质掺烧、供热锅炉超低排放等领域开展了实质性合作。其中，王智化主持的活性分子超低排放技术已在吉林洮南热电、华电哈尔滨发电厂成功实施。吴学成、陈玲红、吴迎春等主持研发的智慧传感器技术，钟崴与俞自涛主持研发的智慧供热网络技术均在洮南电厂试验中。这些研究为解决东北地区超低排放、智慧能源、智慧供热、现有电厂升级换代改变产业结构等难题提供了思路。

"为国育人才，为国出成果"，工作不息，创新不已。如今已84岁的岑可法，仍活跃在实验室、资料室和课堂上。他的学生说，"岑老师像煤一样，燃烧了自己，照亮了别人"。

文/叶　鑫

图片由受访者提供

部分素材由浙江大学能源工程学院提供

“这辈子做了两件有意义的事儿”

——访2005年“全国劳动模范”称号获得者金建祥

人物名片：

金建祥，1962年11月生，男，浙江诸暨人。浙江大学控制科学与工程学院研究员，浙江大学智能系统和控制研究所副所长，中控科技集团董事长。1984年7月毕业于浙江大学，2005年获全国劳动模范称号，2008年9月被评为浙江省特级专家。一直致力于控制系统、太阳能光热发电技术等领域研究。先后多次获得国家技术发明奖和国家科技进步奖。

高挑的身材、清瘦的面孔、一副黑框眼镜……与其说金建祥是一位企业老总，倒不如说他更符合知识分子和教师的形象。

而他做起事来，一点都不“含糊”：一年飞行15万公里，可绕地球近4圈；带领同事制定多项国际和国家标准，申请专利超过100项，带领企业与美国爱默生、德国西门子、日本横河等知名企业逐鹿自动化领域；他所带出的学生，遍布控制自动化的研究和应用领域……

他为流程工业企业安上了“中国心”，也为光热发电提供解决方案。已近花甲之年的他说：“我这辈子，做了两件有意义的事儿。”

立志:破垄断,谋发展

1980年,金建祥高分考入浙江大学化工自动化专业。大三期间,他来到上海浦东一家炼油厂实习。

“美国当时已经有了非常先进的DCS分散控制系统。我实习的这家炼油厂,花了上千万美元购买了一套DCS,我们实习生就只能隔着厚厚的大玻璃窗,在走廊上看一眼。”金建祥直言,“那时候对我们刺激真的很大。”

金建祥还算过这样一笔账:当时,一个检测点(如检测温度、压力等),就要花上一千美元。很多大项目有上万个检测点,一个控制系统就需要上千万美元。这笔高额的费用,对当时大部分中国企业来说,无疑是天文数字。

“那时就觉得,做工程师是一件很自豪的事儿,我们能做的事情很多。”金建祥下定决心,“老外能做的,我们也一定能做。”

10年后,金建祥带着团队研发出了DCS分散控制系统。他又花了10年,不断完善核心技术、提高可靠性,让这颗工业自动化的“心脏”,在化工、石化、炼油和电力等领域得到广泛的应用，中控集团也连续9年成为国内最大的DCS供应商。

2007年，在山东某化肥厂“3052”大型化肥装置DCS的国际招标中，中控一举打败美国、德国、日本等国际知名企业，在该项目5个工段的招标中全部中标。这标志着国内50万吨以上大型化肥装置整条生产线，第一次全部采用“中国制造”DCS。

由中控集团牵头，清华大学、中国科学院参与制定的工业自动化领域第一个国际标准——EPA工业通讯标准，还被德国确立为国家标准。

“如果不是那次实习，我可能只会埋头苦干，不会认识到我们在做的事意义有那么重大。”金建祥说。

改行：变技术，图创新

眼看自动化系统逐渐在企业发展中发挥重大作用，金建祥却做起了另一件“大事”。

“我们发现，现在的光伏发电和风力发电成本低，但是从长远发展来看，电力供需必须实时平衡，光伏和风电不能直接调节，必须依靠煤电来平衡。"金建祥解释道，随着新旧动能转换，煤电占比将逐渐减小，如果不能解决光伏发电和风力发电储能的问题，国家用电安全将会埋下隐患。

几年前，光伏装机大国德国在日全食期间骤然失去了70%左右的光伏电力。日食一结束，大量的光伏电力又瞬间涌入电网。一退一进，让德国电网系统经受了巨大的考验。

有没有一种办法，既能有效利用阳光，又能很好地将电能储藏起来？金建祥想到了加热盐——当然这与我们平时吃的食盐（氯化钠）不同，而是硝酸钾、硝酸钠的混合物。

9年前，金建祥开始专注于光热发电领域的探索。中国的西部阳光资源较好，适合开发光热发电项目。当他刚刚来到青海德令哈的时候，强烈的高原反应给了他一个下马威。"睡觉睡不好，头痛，后半夜总是处于半梦半醒的状态，到了冬天尤其明显。"

在金建祥的手机里，我们见到了这样一张照片——青海德令哈土地上仿佛有着科幻电影中的宏大场景，一座巨型吸热塔矗立在几平方公里的土地中间。27000余块20平方米的定日镜布置在吸热塔四周，随着太阳移动不断调整姿态，并将阳光精确地反射到200多米高处的吸热器上。

在吸热器中，盐被迅速加热。这些高温盐被储存在大型保温储罐中，根据电网需要，高温盐与水换热产生高温高压蒸汽，驱动汽轮机发电。这一发电系统，每年能节约标准煤4.6万吨，减排二氧化碳气体12.1万吨，将为我国节能减排事业作出重大贡献。

2018年12月29日20点18分，青海中控太阳能德令哈50MW塔式熔盐储能光热电站作为国家首批光热发电示范项目之一，一次并网成功。从此，这座海拔3017米的高原城市，不仅拥有海子诗歌中的梦境与浪漫，也将享受到"超级工程"带来的便捷与发展。

"目前，光热发电领域的探索还在艰难前进，但只要对人类有意义，还是应该去尝试的。"金建祥说。

初心：守岗位，求奉献

"我也算是'阴差阳错'进入中控，开始了控制系统应用研究。"1991

年，在国家发改委的要求下，浙江大学筹建工业自动化国家工程研究中心，科技成果要向产业辐射。29 岁的年轻教师金建祥，因为之前为一些企业开发过控制系统，就被委以重任——开发一套 DCS 控制系统。

“DCS 控制系统开发出来了，而且在不少用户单位使用效果不错。当然 DCS 控制系统要长周期应用好还涉及设备维护、软件更新等问题，此时我如果回到学校当一名教师，又好像对不起企业用户。”在责任心的驱使下，金建祥和团队伙伴们咬紧牙关坚持下来，“一不小心”越做越好，控制系统的性能和功能也日益提高。近十年来，中控一直是国内最大的控制系统供应商，而且市场份额越来越大。

“学校对老师的要求和企业对管理者的要求很不一样，角色转换非常难。”刚刚接触企业工作的金建祥，凡事喜欢以身作则、亲力亲为，其实这对企业健康发展并不利。对他来说，善于自我革命，改变自己，让自己适应企业的环境，是教师从学校走进社会必须要做的事。但他也强调，“必须坚持我们浙大人的求是精神，老实做人、踏实做事，这对未来事业有很大的帮助”。

光热发电行业既是技术高度密集的行业，也是资本高度密集的行业，不断需要大量资金投入。金建祥找到投资人，给他们分析项目利弊。他的坦诚与已经积累的信誉让投资人慷慨解囊。一个月内，他就募集到了1.7 亿元。

“现在社会越来越需要‘靠谱’的人，不靠谱的人肯定办不成事。”金建祥说。

文/周亦颖

图片由受访者提供

为生命多开一扇窗

——访2006年“全国五一劳动奖章”“浙江省劳动模范”称号获得者彭淑牖

人物名片：

彭淑牖，男，1932年11月生，广东陆丰人。浙江大学医学院附属第二医院外科主任医师、教授、博士生导师，曾任浙江大学医学院附属邵逸夫医院大外科主任。在外科领域攻克了一个个世界性医学难题，引领中国外科医生走向世界外科舞台。2004年被授予美国外科学院荣誉院士FACS(Hon)，2006年被英国皇家外科学院授予荣誉院士，2009年被欧洲外科学院授予荣誉院士，2015年被法国外科学院授予荣誉院士。2006年获全国五一劳动奖章，同年被授予浙江省劳动模范称号。

彭淑牖说：“作为医生，心里要始终装着病人，而且必须得做好两件事情：一是要教书育人，培养更多的医生为患者服务；二是研究新的诊疗技术，提高诊治水平。如此，才能挽救更多的病人，为生命多开一扇窗。”

以“绑”代“缝”，破胰漏之难

1955年，还只有23岁的彭淑牖作为一名实习医生，目睹了中国第一

例胰腺癌切除手术，主刀医师是他的老师余文光。遗憾的是，由于受到当时技术手段的限制，病人在术后发生了胰漏，这是胰腺癌手术最凶险的并发症，也是当时全世界都没有攻克的难题，当具有强腐蚀力的胰液发生泄漏，致死率高达25%～50%。

彭淑牖试图寻求突破。“一开始我也在‘缝’字上下功夫，可很快我就发现这条路走不通。因为要避免空隙，就要增加缝合密度，而增加缝合密度，就增加了针孔。”彭淑牖陷入如何解决“缝合”与“针孔”的矛盾。难道真的没有解决的办法了吗？他苦苦思索着。

直到有一次，彭淑牖注意到了游泳过程中扎裤管防水的细节，一个“扎”字让彭淑牖灵感涌现。是不是扎紧了胰腺，胰液就漏不出去了呢？他开始在动物身上尝试各种“捆绑”的办法，最终发明出了解决胰漏问题的捆绑式胰肠吻合术。

“将肠子的断端卷袖子一样向外翻，然后将胰端套入肠子，与肠子的内层缝合起来，再将翻起的肠子原样翻回来，与胰端捆牢，几道防线就将胰液阻个水泄不通。”2002年3月18日，作为英国皇家医学会为数不多的具有异国身份的医生，彭淑牖受学会主席邀请，用流利的英语，简单形象地介绍了这一发明。在座的外科精英们惊叹不已，在西方一向占优势的外科领域，竟然有中国人走在了他们前面。

这个来自广东医生世家的医生，似乎与生俱来就有一股向疑难禁区

发起挑战的勇气，他坚信医学是无止境的。“捆绑式胰肠吻合术”，这个看似简单却十分巧妙的方法，成为外科手术中胰肠吻合口漏的克星。彭淑牖所主刀实施的300多例胰腺癌手术无一例发生胰肠吻合口漏，许多胰腺癌病人也因此获得了新生。这种方法迅速在国内推广。统计显示，国内有文字记载的捆绑式胰肠吻合术已做了4000多例，而胰肠口漏的发生率仅为0.5%。

彭氏神刀，废“七刀八剪”之繁

1988年，担任医院外科主任的彭淑牖看着病人因为肿瘤长在大血管包围的肝尾叶处无法手术而离开人世，便暗下决心，“一定要想办法为这些病人实施手术”。

在此之前，不少国家在肝尾叶切除手术方面有过尝试，例如法国将“肝叶切除”改为“肝段切除”，美国则使用超声波击碎肝细胞技术。只是中国的肝癌患者往往伴生肝硬化，引入的国外技术不仅价格昂贵，效果也不尽如人意。

为了寻求技术上的突破，彭淑牖思忖着，虽然超声波破碎肝细胞技术在硬化的肝脏上实施效果不佳，但是“击碎”的想法却是可以借鉴的。就像农民用带齿的农具翻耕硬化的土地，那么硬化的肝脏是不是也可以用带齿的手术器械击碎呢？彭淑牖很快将想法付诸实践。

一种“刮吸法断肝术”应运而生。所谓“刮”就是在手术中运用刮耙将肝组织刮碎,“吸”则是用吸引器将刮出的碎屑吸除,露出肝内的大小管道,根据血管的大小,分别进行电凝或结扎处理。这样不仅增强了止血效果,而且减少了异物的残留,清晰了术野,使手术时间缩短。

虽然在技术上有所突破,但是彭淑牖仍有缺憾。在外科手术中,时间是个十分关键的要素,一旦超出止血的极限时间,人体器官的细胞就会大量坏死,但是“刮吸法断肝术”中需要多种器械,钳刀镊子、吸引器、电凝刀交替递送消耗了大量时间。能不能将传统手术中的“七刀八剪”合并成一把刀呢?彭淑牖捕捉到了脑子中忽闪而过的想法。

“那时,我脑子里成天想着这件事,有时晚上刚睡下,想到一个点子,又动手起来试一试。”听诊器的金属管、圆珠笔的塑料管,只要能想到的,彭淑牖都一一实验,经过数不清的尝试后,1992 年,彭淑牖终于研发出一把既能刮耙切割,又能吸引电凝的“多功能手术解剖刀”。

这把多功能手术解剖刀解放了外科医生的双手,让被视为疑难杂症的肝尾状叶癌的手术实施成为可能,使手术时间缩短 40%,出血量减少 50%。目前这把刀已被国内外 600 余家医院广泛采用,这把手术刀也因此被命名为“彭氏多功能手术解剖刀”。

大医匠心,行“起死回生”之术

攻坚克难是彭淑牖从医 60 年一直在做的事,支撑他破解一个又一个难题的是他视病人如亲人的情感。他说:“作为医生,我们一定要把每一个病人当作自己的亲人,千方百计把他们从死神手里救回来。”从医 60 年来,经手上万台手术,医治过的患者不计其数,他认为自己最得意的事情就是治愈了一大批疑难病例,包括许多通常认为无法治愈的癌症患者在手术之后获得长期存活。

55 岁农民吴阿茂颈部生了个巨大的动脉瘤,瘤体达 15 厘米×15 厘米,气管被迫转移,呼吸困难,随时都有生命危险。由于手术风险大,多家医院拒收吴阿茂,而彭淑牖不愿放弃病人,便接收了吴阿茂。某日凌晨,正处在观察期的吴阿茂瘤体突然破裂,出现休克,彭淑牖即刻赶往医院。与老教授齐伊耕简短商量后,彭淑牖决定实施体外循环下深低温颈动脉瘤切除手术。在我国,此类手术的成功率几乎为零。从清晨 5 点开始,手术整整进行了 12 个小时。这也是我国首例成功在体外循环下深低温施行颈动脉瘤切除的手术。

有人说,彭淑牖是“当今最容易被请上手术台的医生”。由于技术精湛、经验丰富,彭淑牖几乎能做所有普通外科的手术,而对于全国各地发来的会诊请求,彭淑牖则都“来者不拒”。

2002 年,彭淑牖创下 10 天内往返 4 个省做 6 台特大恶性肿瘤手术的纪录。他上午刚在浙大二院做完一例肝切除大手术,下午就接到安徽皖南医学院发来的支援请求,随即动身赶往机场,在飞机上一边就着白开水吞面包作晚饭,一边查阅病人的病情资料。晚上十点,一下飞机便直奔手术台。“多迟延一天,病人就多一天痛苦,多一分危险。”彭淑牖接手的这位病人已是肝癌晚期,25 厘米×12 厘米的肿瘤长在高危险区,手术风险极大。次日凌晨 4 点,彭淑牖完成了这场高难度的手术,5 小时后又为第二位病人做右半肝切除胆管吻合手术。下午 4 点乘坐飞机赶回杭州,为第二天另一例大手术做准备。

即使是在“非典”时期,彭淑牖也赶往重灾区广州和北京为病人进行高难度的手术。“彭老师就是这样一个为了病人不顾一切的人。”彭淑牖的学生王新保说。

言传身教,率“彭家军”攻坚克难

“在中国就有这么好的教授!”这是西安西京医院主治医生杜建军在第一次接触彭淑牖后发出的惊叹。在此之前,杜建军正准备出国进行博士后研究以寻求创新突破,直到在全国第六届普通外科中青年优秀论文大会上听彭教授分享了捆绑式吻合术和彭氏吸刮法后,他的第一感觉告诉自己:“这就是我要找的博士后导师!”杜建军果断放弃了留学的机会,到浙江大学医学院跟随彭淑牖学习吸刮法解剖手术。

彭淑牖总是对学生说:“做手术最重要的是诊断,不要一味追求开刀数量,要讲究质量,每个手术都要充分准备,术前心中有数,术后回顾改进,否则就不是一个好的外科医生。”他在每次手术前都会征求患者意见,将所有可能性都客观地呈现给患者。

1991年，76岁的患者金玉琪被确诊为肝癌，在被断定只有3个月存活期限的情况下找到了彭淑牖。彭淑牖分析病情后认为金玉琪的情况不适合马上手术，肿块离动脉太近。经过半年时间，4次介入化疗后，彭淑牖才给做手术。手术很成功，存活至今已28年，术后病人各项指标都很正常。

如今87岁高龄的彭淑牖，微信用得很熟练，经常国内外到处飞，每周上两三次手术台，站台10多个小时不成问题。迄今为止，他已带了60多位博士研究生或博士后，不少学生在外科领域都颇有建树，如上海瑞金医院外科主任彭承宏、上海新华医院副院长刘颖斌、武汉同济医院胆胰外科主任秦仁义，留在杭州的牟一平、洪德飞等。他们已施行最复杂的腹腔镜胰十二指肠切除术超过2000余例。

“现在，我的学生们碰到疑难病例时还是会找我帮忙。”彭淑牖说。2016年2月23日下午，彭淑牖和学生嵇振岭通过互联网进行远程视频会诊。彭淑牖一边看着患者资料，一边叮嘱学生：“做手术的时候，可以保留患者的胆管和十二指肠，切除胰头，但分离的时候要格外注意胆管的保护。”

在彭淑牖家客厅的电视柜上，放着纪念他从医从教60周年的奖杯，奖杯上写着“大医精诚”四个字。

文/周伊晨　黄　颖

图片由浙江大学医学院附属第二医院提供

“娜”样的精彩

——访 2012 年“全国五一巾帼标兵”称号获得者杨小娜

人物名片：

杨小娜，女，1982 年 9 月生，浙江平阳人。浙江大学医学院附属第二医院护士长，浙江大学医学院附属第二医院国际医学中心护理部主任，中华灾害护理委员会青年委员，浙江省社会办医专业委员会委员，浙江省急诊急救专科护士。曾获全国五一巾帼标兵、浙江省五一巾帼标兵、浙江省优秀护士、浙江省优秀带教老师、浙江大学医学院先进工作者等荣誉称号，获浙江省五一劳动奖章荣誉，获全省女职工岗位创新技能大赛暨全国大赛选拔赛医疗护理类（重症监护护理）竞赛第一名、浙江省卫生系统护理技能大赛重症监护护理第一名，荣获全国女职工岗位创新技能大赛银奖。

15 年来，每天 24 小时畅通的手机、每年 768 小时的夜班时间，杨小娜满怀热忱地投身于临床一线，用智慧和毅力与死神抢时间，用爱与坚强抚慰病人的伤痛。护理对于她而言不只是技术，不只是知识，而且是对生命的敬畏与守护。南丁格尔那“手术开刀的时间愈长，病人的危险性反而增加。护理也是如此，必须明快而迅速”的名句是她一直以来恪守的救助准则。她是坚强的“女汉子”，也是友善的领航人。

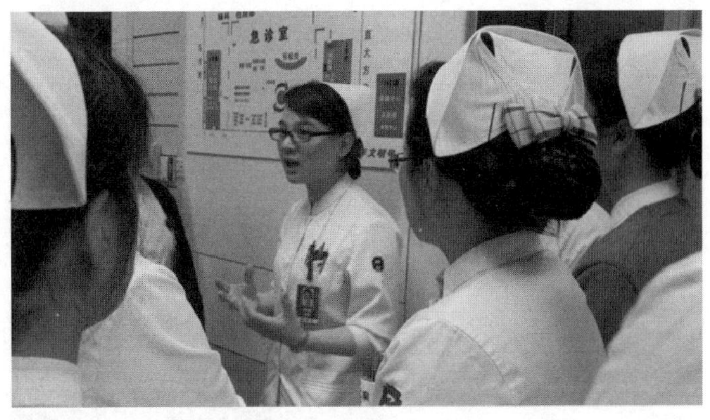

“娜”就是热爱

从小，杨小娜就有一个“白衣天使”的梦：高翘的燕尾帽、洁白的束腰大褂，想象中温柔美好的样子。2001 年，19 岁的杨小娜来到浙江大学医学院附属第二医院（简称浙大二院）的急诊室工作。

急诊室的繁忙很快让她体验到患者面对病痛的无奈，目睹悲欢离合的场景，也遭遇过“秀才遇见兵，有理讲不清”的尴尬场面，杨小娜的梦想开始变得真实了：“天使”没有轰轰烈烈的辉煌，只有默默无闻的平凡。

高强度高压力的工作让她意识到想象和现实的巨大差距，感受到了“天使”背后的艰辛和劳累。她不禁对从前的职业定位产生了怀疑。疲惫、厌倦袭上心头。

但是很快，她从一场意外中找回了对职业的热爱与归属感。

2002 年，杨小娜参加工作的第二个年头。母亲在四川出了车祸，情况并不乐观。初出茅庐的杨小娜尽管心急如焚，面对母亲病危却束手无策。杨小娜的科主任、护士长不仅在第一时间安排好杨小娜的工作交接，还协助杨小娜与其母亲所在医院取得了联系。这一切使杨小娜得以照顾母亲七天七夜，是她第一次运用平生所学独立地救助亲人，让她真正产生了职业的认同。

通过日复一日的“救死扶伤”，杨小娜心中感恩和职业认同的种子破土而出，逐渐长成对护士这份职业热爱的参天大树。

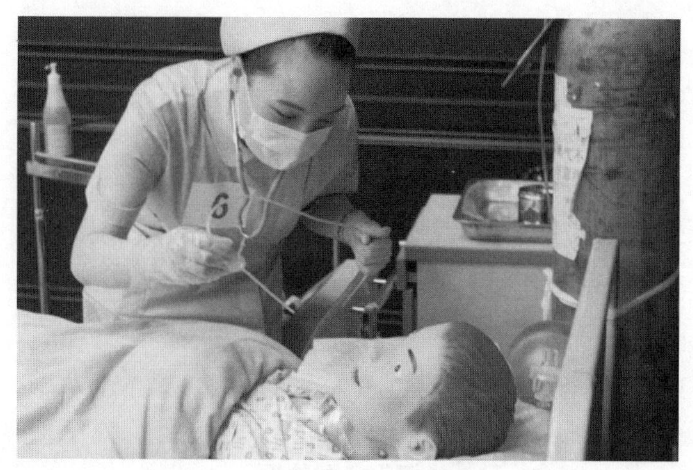

2003年,“非典”在全国蔓延开来,医院是感染的重灾区,急诊室又是抗击“非典”的第一道防线。杨小娜主动报名参加抗“非典”一线工作,奔赴在这道防线的最前沿。高危险高强度的护理工作、近乎隔离的生活状态,杨小娜凭着对职业的热爱熬过来了,“没想那么多,这就是我要做的,是我的责任”。

在急诊室的15年,由于工作性质的特殊,女儿的家长会她一次都没能到场,对于女儿的要求也不敢轻易许诺。有一年,杨小娜女儿的生日正好在全院护理操作考核的前一天,一家人等着杨小娜回家一起吃晚饭,可她为指导科内护士的操作脱不开身,只好打电话回家说:“你们先吃吧!不用等我了,宝贝生日快乐!”等她到家时,女儿都已入睡。

“我有的时候也反思,这样是不是有点对不起女儿,”她说,“但是一旦有工作的事情,我又会把工作排在所有事情的最前头,像是一种本能反应。”即使小有空闲,杨小娜也会主动地给自己“加班”,比如给新护士进行培训指导、给实习护士示范护理操作。

2008年,因为有先兆流产的迹象,杨小娜只能休假。但5月12日,汶川发生了里氏8.0级的大地震,许多震区的病患被转移到浙大二院治疗。想为这些受灾伤者做点什么的杨小娜又挺着大肚子折回医院,拉上即将到医院工作的妹妹一起做志愿者,很快又成为护理志愿工作的主力军。

正是由于对职业的热爱,杨小娜从不满足于已有的知识。工作以来,她通过学习不断提高自我，曾赴新加坡参加新加坡南洋管理学院进修高级护理管理培训课程，发表了论文《颅底骨折急救研究分析》和《严重颅底骨折合并颈内动脉海绵窦瘘致鼻腔大出血1例的急救与护理》。除此之外，她还考取了心肺复苏导师证，站在讲台上给更多医学专业和非医学专业的人讲解心肺复苏的基本知识，帮助他们掌握基本的胸外按压和呼吸皮囊使用等急救技能。

她说："每一个职业都有倦怠期，但是因为那份性命相托的信任和对那一袭白衣的喜欢，一切就很容易坚持。"

"娜"间急诊室

在急诊室，昏厥、断臂、瘫痪、骨折、脑出血……杨小娜经常见到的病苦令她慢慢从懵懂的少女成长为独当一面的"女汉子"。"别看我人小，我们三个女护士就能抬得动200斤的大汉。"她自豪地说。

通常情况下，急诊时间紧任务重，不仅考验医护人员的身体素质，还对抗压能力提出高要求。打针、送药、铺床、输液是杨小娜急诊工作的日常。看起来很平常，但如同高空走钢丝，容不得一丝一毫的出错。特别是当病患较多的时候，杨小娜就像一台高速运转的机器，必须准确果断地作出判断。

2006年的一个前夜班，杨小娜正在抢救消化道大出血的病人，护士报告抢救室三床多发伤病人突然血压下降，患者神志不清、双眼青紫肿胀、胸壁塌陷、反常呼吸，全身多处撕裂伤，渗血明显。就在这时，"120"中心也来电通知20分钟后将有19个车祸病人送至医院。在大家即将手忙脚乱的时候，杨小娜没有慌乱，镇定地启动医院应急预案。召集急诊科所有医生、做好术前准备、分配护理应急队员、分流急诊滞留病人……15分钟内，一切准备就绪，看着急诊室忙碌但井然有序的状态，杨小娜发自内心地感到骄傲。

由于急诊的突发性，杨小娜的手机24小时保持畅通。因为急诊的紧迫性，她更是将家安在了医院边上步行不到10分钟路程的地方。"医院那周围一圈，住的都是我们这种人（医护人员）。"

急诊室医护人员是最接近患者原始状态的一批人，往往会直面残酷，对心理承受能力是个很大的考验。

2012 年 6 月 11 日，一名七根钢筋插入身体的福建电焊工被送入浙二医院抢救。杨小娜面对的就是这样一个触目惊心的场景：一名侧身躺在担架上的中年男子，钢筋穿胸而过，左肩前部有一段扭在一起的钢筋、背后是像烟花一样散开的七根钢筋。没有留给杨小娜任何缓冲和接受的时间，她必须马上进行消毒护理，为消防官兵切割钢筋和医生治疗作准备。经过医护人员的全力抢救，七根钢筋都被抽离，该患者脱离了生命危险。

同一年，浙江省举办了卫生系统护理技能大赛，在急诊中心得到极大锤炼的杨小娜参加了，虽然她觉得“拿不拿奖没关系，过程更要重，尽全力了就行了”，但还是凭借着超强的心理素质和过硬的技能获得重症监护护理组第一名。随后又被推选代表浙江省参加了全国女职工岗位创新技能大赛，斩获全国第二名。

这两次比赛使杨小娜名声大噪，全国五一巾帼标兵、浙江省五一巾帼标兵、浙江省优秀护士奖、浙江省五一劳动奖章……奖项接踵而来。但这并没有使杨小娜改变什么，年复一年，她依然在急诊室，在临床一线，在生死的边缘上，用超人的意志和过人的本领，和她所在的急救团队一起守护着患者的生命。

现在浙大二院一个院区的年急诊量就达 13 万多人次，危重患者的比例达 12%，各种急危重病的抢救成功率常年稳定在 99%以上。面对繁重的工作，杨小娜始终坚持高质量地完成，她说：“你对自己的生命有一个更深层的了解，知道活下去的意义是什么——不光是为了自己，照顾好自己的同时，应该去照顾更多的生命。”

“娜”位领航人

在同事俞秀铃的眼里，“杨老师的能力极强，跟着她可以学到很多东西”。奔波在临床一线的杨小娜还担任过急诊团支部书记、浙大二院团委副书记。她深刻地认识到，要想推动护理工作的良好发展，除了做好自己的本职工作外，帮带新人同样重要。

连续五年担任心理支持活动领导者的她，利用业余休息时间，开展心理小组活动，聆听新护士的心声，陪她们一起走过最困惑的职场新起点。

急诊室的一名护士，由于现实护理工作与原先想象的巨大落差萌生了辞职的念头。杨小娜发现后没有说什么，只是带着她一起去曾经治愈的患者家做出院随访。当看到那位患者拄着拐杖站在家门口，带着一脸的幸福和感激不停地对着她们说谢谢的时候，这个新护士眼眶湿润了。杨小娜用最生动的现实告诉她这份职业存在的价值与意义。从那以后这名护士一改之前迷茫松散的状态，对急救护理工作充满干劲，逐渐成长为护理团队的中坚力量。

不仅如此，杨小娜还承担着科室临床总带教的工作，全面负责科室带教工作，其中包括培训科室年轻护士、提高临床护士的专科抢救技能、开展全院的护理技能培训、实习生教育、进修护士和专科护士带教等多项工作。作为辅导老师，指导本院护士参加第六届浙江省医学技能竞赛，获得了护理组第一名的成绩。2018 年，指导的护士参加浙江省护理技能竞赛获得团体第一，个人第一、第二的好成绩。

2016 年，随着浙大二院国际医学中心的落成，杨小娜离开了工作 15 年之久的急诊中心，来到国际医学中心担任护理部主任一职。虽然换了地方、换了岗位，但杨小娜对职业的热爱却没变。她开始思索如何在新岗位上实现医护价值。同事叶正评价：“杨老师是个很有想法的人，很值得我们学习。”

2014 年的“7・5”公交纵火事件让人们认识到浙大二院在急救领域的领先能力，其中广为人知的“333”应急呼叫系统也成为高效可靠的急救代名词。而在国际医学中心，杨小娜完善并实施了另一套应急呼叫系统——“999”。

所谓“999”，是指进入医院范围，一旦有发现病人心跳呼吸停止的症状，整个医院的广播系统会立即播报相应的情况，每个科室只要听到“999”代码响起，5 分钟内必须有携带急救箱的应急团队赶到事发地点。光是制度和设备的设计不足以应对突发状况，杨小娜还组织院内医护人员进行应急的培训和模拟演练，确保真实情况下每人都能泰然处之、及时应对。

据杨小娜介绍，为争取抢救时间，浙大二院还进行了5G远程急救的探索，在滨江院区建立了“5G远程急救指挥中心”。2019年4月8日，浙大二院的一场模拟急救向世人展示了5G智慧急救绿色通道的强大能力。

在急危重症救护的道路上，杨小娜从未停歇，一直朝着提升护理品质、提高急救水平、挽救患者生命的目标奋进。

文/潜霁暄　周伊晨

图片由受访者提供

把“珍珠”串成美丽的“项链”

——访2014年“浙江省劳动模范”称号获得者朱利中

人物名片：

朱利中，男，1959年10月生，浙江上虞人。中国工程院院士，浙江大学农业生命环境学部主任，环境与资源学院教授，英国皇家化学会会士，浙江省特级专家。主要从事污染物多介质界面行为与调控技术研究，作为第一完成人，获国家自然科学奖二等奖1项、国家科技进步奖二等奖1项、浙江省和教育部科学技术奖一等奖5项等诸多荣誉。指导培养研究生博士后80余名，在国内外重要刊物上发表论文390多篇。1994年获国务院政府特殊津贴，1997年入选国家“百千万人才工程”，2001年获国家杰出青年基金，2006年入选首批浙江大学求是特聘教授，2014年获浙江省劳动模范称号，2017年获全国创新争先奖。

晚上十一点，夜色如墨，浙大紫金港校区内已经是灯火阑珊，教学楼里也早已一片漆黑。而环境与资源学院的大楼里，朱利中的办公室依旧灯火通明。通常情况下在外地出差只要晚上十点之前抵达杭州，他都会先回办公室，工作完了再回家。

认真，工作狂，完美主义，这是朱利中的学生和同事对他的评价。几十年来，他几乎放弃了所有休息日，一心扑在工作上。在他的心目中，为

国分忧是科技工作者的担当，青出于蓝而胜于蓝是教育工作者的职责。

方方面面的工作就像一颗颗散落的“珍珠”，而朱利中试图把它们串成一条璀璨夺目的“项链”。

深入一线给土壤“解毒”

1978年，朱利中考入杭州大学化学系。在大学里，他如饥似渴地学习，成绩优异。研究生毕业后留校任教，他在导师的影响下进入环境化学领域，利用化学基本原理来解决环境污染问题，“我们这一代是改革开放的见证者、参与者，也是成果的共享者。如何解决污染问题是我们环境科技工作者的责任”。

给土壤“解毒”，正是朱利中的研究重点之一，这一做就是20年。

杭州东站旁的一个公园，在修建好之前，人们都是捏着鼻子匆匆走过不敢多停留一会。原来在修复前，这里是农药化工企业污染的场地。随着城市化的不断推进，污染企业逐步外迁，留下的污染场地亟须修复，以保障土地资源持续利用。

2012年，朱利中开始参与这片土地的修复工作。他发现，场地土壤中污染物种类繁多，异味难耐。针对复杂有机污染场地土壤，朱利中提出综合集成各种核心技术协同修复的思路，特别是基于界面行为调控，发明了混合表面活性剂协同增效修复难挥发性有机物污染场地土壤新技术及其成套设备,发展了系列有机污染土壤修复新技术。

朱利中带领团队先是在实验室开展土壤修复小试,再到污染现场去中试应用,并将实际修复中发现的问题再拿回实验室研究解决,如此反复,最终使传统的表面活性剂增效修复技术的效率提高20%以上,成本则降低三分之一。

"用其他方法修复一吨有机物污染土壤的成本在1000元左右,采用混合表面活性剂增效修复技术,一吨的修复成本约300元,不仅效率高,成本低,而且还实现了洗脱液的循环利用,无废水排放。"朱利中说。

20年来,经朱利中团队修复的污染场地或农田土壤地遍布省内外多个区域。目前正在进行的是辽宁葫芦岛一块污染农田的修复。由于这片农田靠近工业基地,农田土壤里面重金属和有机物污染比较严重。朱利中尝试着同时治理重金属和有机物污染,实现复合污染农田边生产边修复。

"科技人员不能只在实验室模拟研究,必须深入实践解决问题。"朱利中一直要求自己无论多忙在每次修复治理前都要去污染现场实地考察。他说,虽然根据提供的土壤污染信息能制订相关修复方案,但去实地考察土壤性质,了解周边环境,看看污染源有没有切断、农田种什么作物,治理方案会更有针对性,"我们要进一步开发新技术,让土壤修复更加绿色、经济、高效"。

认真做事,低调做人

在有机污染过程与控制研究中,朱利中也碰到过很多"硬骨头"。他的体会是,要把现实环境问题背后的科技需求找出来,进一步凝练出科学问题,在实验室研究突破后再回到实践中检验,有问题再改进,如此循环往复。

多年来,朱利中主持多个"973""863"项目国家基金重点项目,以第一完成人获教育部或浙江省科学技术奖一等奖5项,其中2项分别获国家自然科学奖二等奖、国家科技进步奖二等奖。这些成果在土壤及水污染防治中得到推广应用,产生了很好的环境效应、经济效应和社会效应。

朱利中思考的问题还有很多。为什么现在有些粳稻没有以前的糯了？如何减少污染物对作物品质的影响？抗生素抗生基因在环境中是怎样传播的？等等。他常说："做科研一定要符合国家需求、面向学科前沿，但同时做事要认真，做人要低调，要对得起国家的栽培，对得起自己的荣誉。每个人都要尽到自己的责任，在不同岗位作出相应的贡献。"

就在今年，朱利中的肩上又多了一个重担。浙江大学发布启动了"生态文明计划"，朱利中成为该计划的首席科学家。朱利中认为要从构建人类命运共同体的高度来理解这个计划："生态文明建设是发达国家和发展中国家普遍认同的，我们可以借此与发达国家对话合作，也可以把我们生态文明建设的经验传播到其他发展中国家，尤其是'一带一路'沿线国家，进而促进我国文化理念的传播。"

浙江大学"生态文明计划"将聚焦资源绿色开发与高效利用、大气复合污染防治、绿色流域构建、固废无害化与资源化、土地资源可持续利用、区域环境污染协同整治、区域生态保护与气候变化、环境时空监测与大数据分析、生态文明体制与文化传播等重点领域，以建设大环境、大生态高峰学科集群为核心目标，构建全链条的开放式创新生态系统，有力支撑高质量打好污染防治攻坚战，加快生态产业化和产业生态化进程，立足浙江省、面向长三角、服务长江经济带，打造高水平生态文明建设样板，为加快推进美丽中国建设、构筑人类命运共同体作出应有的贡献。

计划启动以来，朱利中带领团队已经做了很多工作。他说，"生态文明计划"的实施需要多学科会聚创新，大家共同努力来推进这个项目，"我们要发挥多学科交叉优势，以团队建设为核心、平台建设为抓手，国际合作为纽带，重大项目为载体，培养创新创业人才，培育重要原创成果，探讨生态文明体制机制，为我国生态文明建设提供重要支撑"。

青出于蓝而胜于蓝是师者的职责

朱利中在科研领域取得很大成就，但在他心中教书育人始终是首位的。他说："没有老师就没有我，所以尊重老师是本能，而另一面老师的职责又恰恰在于能够让学生青出于蓝而胜于蓝。"

怎么做？严格。他要求学生做实验前必须想明白；写论文时，先用一句话阐明观点或结论；做报告或汇报时，前面几张PPT就要能吸引人。硕士生王凌文有一次做读书报告，刚讲完两页PPT就被朱利中打断了。“我讲的是有机污染物之间的相互作用。朱老师说我的第一页内容跟主题没有关系。他要求我们凝练科学问题，针对某一个具体问题去研究，而不是在外面绕圈子。”

朱利中会时不时到实验室“溜达”，看到学生操作动作不标准，就会上去纠错；看到实验台不干净，他会让学生先把卫生做好了再做实验，“如果灰尘掉入瓶瓶罐罐，会影响实验结果”。即使是新来的研究生也知道，无论实验是否重要，都要按照规范的流程去做；实验开始前和实验结束后都要擦桌子扫地，每周六还要来次大扫除。“朱老师总是说，细节决定成败。”王凌文说。

除了严格，还有细心与温情。在朱利中的办公室，整理得最整齐的莫过于码放在书柜中的每个学生的档案。他介绍起来如数家珍：“每一份学生档案包括了实验记录本、毕业论文、专家评议意见，我还将相关电子文档、答辩PPT刻成光盘保存。”他指导过的本科生学位论文也会被细致保存起来。“这不仅是促进学生学术诚信的手段，更是记录他们个人成长的宝贵资料。”

环境与资源学院院长陈宝梁至今记得他刚刚留校工作，朱利中让他给自己的人生订个计划。陈宝梁很认真地写了，带着满满7页纸跑到老师家里去“交作业”。他说：“朱老师很提携年轻人，我当助教不久后，他去台湾交流就带上了我，后来他还让我跟他一起参加环境化学中青年论坛，这对我来说都是很好的学习机会，对我后面的发展帮助很大。他经常督促我们，给我们提建议；新老师开课他会去听，觉得不好就会提出一些改进建议；发现我们工作上有毛病，也会毫不客气地批评指出。”

朱利中对留在课题组工作的毕业研究生有些特殊要求，比如：必须要有自己独立的研究方向；如果没有大的贡献，发表的论文不要加上他的名字……朱利中说，不要把毕业的研究生培养成助手，要服务好他们，更要期待他们有一天能超过自己。从教30多年，朱利中指导的80多位研究生或博士后，一半已经晋升为教授，其中2位博士生分获2006年、2007年全国优秀博士论文和提名论文，3位获国家杰出青年基金项目，2位获国家优秀青年基金项目，绝大多数成了单位的领导或业务骨干。他主讲的“环境化学”2004年入选国家精品课程，2014年入选国家资源共享课程，1项成果获浙江省高等教育教学成果奖一等奖。至今，身为院士的他，依然坚守在本科教学的课堂上。

追求完美的朱利中仍不满足。作为农业生命环境学部主任，朱利中常常睡不好觉：抓队伍建设，让青年人更快成长起来；抓学风建设，让发展更有质量与内涵……在他看来，浙大人的努力方向“应是登上天安门城楼，遥望全中国，甚至飞到月亮上遥望整个地球”。

朱利中说：“我的最大理想就是做一个好老师，现在还不能说完全做到，但我会一直努力下去”。

文/吴雅兰　邹红宇　柯溢能

图片由受访者、张鸯提供

"生命不能等待"

——访2015年"全国先进工作者"称号获得者金静芬

人物名片：

金静芬，女，1963年7月生，浙江平湖人。主任护师，现任浙江大学医学院附属第二医院护理部主任，浙江大学博士生导师，曾获全国先进工作者、全国优秀科技工作者、浙江大学好护士等荣誉称号。担任亚洲急危重症联盟护理专业委员会主任委员、中华护理学会急诊专业委员会主任委员、浙江省护理学会急诊专业委员会主任委员、《中华护理杂志》《中国护理管理杂志》等学术刊物的审稿专家等。致力于急诊急救、灾难救护和急诊灾难救护相关研究，成绩显著。主持国家自然科学基金等10多项课题，发表学术论文80多篇。主持的研究成果，获省部级科技进步奖二等奖、三等奖及中华护理科技奖二等奖、三等奖共9项。

36年前的一个夏天，未满20岁的金静芬离开家乡，拖着一只箱子，带上一床席子，满怀憧憬地来到浙江大学医学院附属第二医院报到。这是她参加工作的第一年，离家前，身为党员的父亲嘱咐她："你呢，年纪轻要吃得起苦。"

如今的金静芬凭着出色的工作业绩、超乎常人的吃苦奉献的工作态度和至真至诚的待人之道，收获了无数的荣誉和赞美。在参加工作的第

36 个年头，她仍奋战在护理工作的第一线，践行着一名共产党员的使命与担当。

迎难而上，争当灾难救护天使

地震、车祸、火灾、塌方、传染病……每当遇到上述灾难中的伤病员时，金静芬总是挺身而出，身先士卒，是大家公认的最不怕脏、最不怕危险、最具号召力、最有爱心的“灾难救护天使”。

刚来到浙江大学医学院附属第二医院，金静芬就被分配到了最苦最累的急诊科。当时，急诊科人手紧张，常常一人当成两人用。铺床、查房、输液、发药、清点设备……事无巨细，她都花百分百的气力去完成。工作第一年的春节，金静芬更是一口气从年三十“连轴转”到年初八。每当快要累垮时，只要回想起父亲说的话“力气，今天做没了，睡一觉就又有了”，金静芬便又充满了干劲。

急诊科的工作忙碌而紧张，每天工作十几小时不在话下。金静芬经常一周不能在家吃上一顿饭，办公室里时刻备着一个行李箱，半夜随叫随到。

2003 年“非典”时期，在面临高危传染风险的情况下，她自己毅然承担起为疑似病人送检化验的工作；面对隔离区内病人的异常情绪变化，她还担当起心理师的角色，耐心、细致地予以解释，帮助病人积极配合检查和治疗。由于工作强度高、休息少,加上喝水不多,两层隔离防护衣脱卸烦琐,金静芬得了尿路感染,同事们都劝她回家休息,但是她选择了坚持下来。事后有同事问金静芬:"难道你不怕?万一你传染上了怎么办?"她坚定地摇了摇头:"'非典'爆发了,如果我们护士不去照顾病人,那谁去照顾?这是我们的责任!"她知道,既然选择了护士这份职业,就必须坚定地走下去。

2014 年 7 月 5 日,杭州"公交车起火事件"中,多名乘客的生命安全受到威胁。作为当时收治烧伤病人数量最多、诊疗烧伤病情最严重的核心战场之一的浙大二院,金静芬临危受命,率领护理团队,沉着应对,合理调度应急梯队,科学制定工作流程。从事件发生当日至 11 月 24 日,全院共计启动 20 个科室、33 人次护理骨干,其中具备监护及烧伤经验护士 29 人次,支援上班天数共计 1231 天。她身体力行,连续两周日夜蹲点在烧伤科病房,为病人翻身、拍背,做好皮肤护理和管道护理。该事件中的 19 名烧伤病人病情非常危重:重度烧伤 16 名,中度烧伤3 名,Ⅱ°~Ⅲ°烧伤面积超过 50%;吸入性损伤患者 17 名,气管切开患者 16 名,机械通气患者 8 名。每天早上 7 点,病房里就一定能看到金静芬的身影,每一位患者的每一寸皮肤、每一项生命体征的变化她都仔细检查,丝毫不放过任何一项数据,每天下午她也会参加烧伤、院感、呼吸治疗科等多方面的专家会诊,将发现的异常情况做详细讨论,确定下一步救护计划。她与同事们共同坚守在救治第一线直到最后一个伤员出院,创造了"群体重度烧伤患者超五个月零死亡"的伟大医学奇迹。

孜孜不倦,做护理工作者的引路人

金静芬自我要求严格,对"徒弟们"也同样不降低标准。作为浙江大学护理专业的博士生导师,她非常注重学生的培养,尽管日常工作和压力如此繁重,但她对她带的每位研究生学位论文的立项、开题、研究以及总结等方面都严把质量关。有一次,为了帮助一名研究生准备开题报告,她一遍又一遍地耐心反复指导,直至深夜 2 点也浑然不觉。

同样,她还常常鞭策年轻的护士们,在工作中要常思考、勤实践,要给

自己树立目标。有些护士适应岗位的过程较慢，金静芬也不着急，她从带教这一环节想办法，经常性地变换带教风格，帮助新护士迅速进入工作角色和状态。

爱之深、责之切，金静芬对护士们在工作上的要求一丝不苟，然而每当护士们遇到工作和生活难题时，她们又都会向金静芬倾诉，而金静芬总是在第一时间帮助大家排忧解难。

在担任急诊科护士长的 15 年里，金静芬从急诊科里培养出 6 名优秀的护士长。今天，在金静芬的带领下，浙江大学医学院附属第二医院有着一支优秀的护理队伍，她们先后荣获了“全国三八红旗集体”“全国工人先锋号”“全国巾帼文明岗”“全国五一巾帼标兵”“全国先进工作者”等荣誉称号。

在金静芬的理解中，护理之道的内核是特别朴素的三个词：专业、敬业和奉献。作为一名护士，首先要力求专业，即精湛的技术、规范的流程和熟练的操作。俗话说“三分治疗，七分护理”，护理人员在医院里是一支重要力量，在浙江大学医学院附属第二医院，护士约占了医护人员总数的一半。“只有业务能力扎实了，才能应对病人和医生提出的更高要求。”金静芬说，“护理不需要太多的‘理想主义’，但是护理需要‘梦想’。”

为了更好地将护理之道传承，2018 年，金静芬主编了《护理之道　百年传承》一书，该书分为 6 章、近 15 万字，梳理了 150 年来浙江大学医学院附属第二医院的护理工作者们的光辉事迹。“在新护士入职时，每人赠送一本,我们要让90后的年轻人们明白护理工作的荣耀与责任。”随着越来越多的90后独生子女进入护理行业,金静芬坦言,需要一些策略来激发这些“掌上明珠”们的工作责任心。

身体力行,做“健康中国”的助力者

漫长的人生道路上,4分钟看起来实在是太短了,但是心搏骤停刚发生的4分钟,却是生与死的时间距离,如果能掌握科学的救护知识,无疑会在挽救生命时抢得先机。为了能在危难时刻及时救援,金静芬把提高患者救治成功率当成了永远追寻的课题。她知道,提高抢救的成功率和效率,不仅仅是急诊医护人员的本职工作,也是对生命的尊重,对社会的责任与担当。

在她的带动下,2012年浙江大学医学院附属第二医院创建了RRS快速应急反应系统,通过监测危机事件和触发反应来调度响应的团队从而降低住院病人心搏骤停的发生率,提高复苏的成功率。2013年共启动94例心搏骤停抢救,现场抢救成功率达到86%,有效地提高了抢救成功率。

在她的影响下,医院于2011年10月成立我国唯一由护理部主持、浙江省首家具有BLS和ACLS培训资格、浙江省首家拥有主任导师即具有BLS和ACLS导师培训资格的中心。院内工人、保安、医务人员培训达5000余人次,医院100%的护士完成BLS培训。2012年度、2013年度均获得大中华区AHA心血管急救杰出培训中心称号。公众心肺复苏技术推广的培训量在大中华区AHA培训中心排名第一。

当今社会,大城市里的医院人满为患,一床难求,医疗资源稀缺;而基层医院留不住人才,技术和管理水平难以提高。为破解这一结构性难题,2015年,浙江省政府响应国家号召提出“双下沉、两提升”战略,让大医院结对帮扶基层医院。浙江大学医学院附属第二医院选派了一大批优秀技术骨干和护理人员赴贵州台江、新疆、西藏,及省内建德、遂昌、余杭等地的医院开展定点帮扶与短期帮扶,帮助基层医院加快基础设施建设、改善医院管理流程、提高医疗服务技术水平,这不仅是深化医改的重要内容,也是将优质医疗服务惠及广大百姓的根本途径。

让金静芬印象最深刻的是，刚到帮扶地区的基层医院时，她看到满抽屉的储备药，摆放混乱。“我告诉他们，基层医院不能有太多的储备药，同时医院还应有规范的药品标识和管理流程，要将高危药品和普通药品分开放置。”她说，“我们的护理人员过去后，为当地带去了科学的管理模式，先进的管理理念，受到当地群众的热烈欢迎。”经过不懈的努力，两年不到的时间内，帮扶地区的基层医院得到了快速发展，制度建设、流程管理及精神面貌等方面都有了很大起色，工作量比原来翻了一番。

早在2001年，金静芬就开始主动进行公益帮扶。她利用无数个节假日，几乎走遍浙江省所有贫困山区，甚至远赴宁夏、贵州、新疆等地免费讲学50余次，培训基层医务人员5000余人次；连续7年组织护理团队一起为广大社区居民进行CPR生命急救术、急救技能知识的公益培训，提高民众急救、自救、互救的能力。

在祖国大地上，金静芬一步一个脚印，送教下乡；但在女儿面前，金静芬几乎成了“不称职的妈妈”，甚至连一家三口的出行活动都会因为一个急救电话而即刻泡汤。想到这里，金静芬的眼眶有些湿润，像是被戳中软肋。女儿无心的嗔怪被金静芬记在心里。虽然满心歉意，但在金静芬的心里，对于誓言的信守，却从未改变，她时刻准备着，为重燃生的希望，献出爱、决心和毅力。只因她是一名共产党员、是一名护理工作者，在灾难和急救面前容不得一秒迟疑。

文/叶　鑫　周思逸

图片由受访者提供

部分素材由浙江大学医学院附属第二医院提供

用行政法眼看世界

——访2015年“全国五一劳动奖章”、2017年“浙江省劳动模范”称号获得者郑春燕

人物名片：

郑春燕，女，1980年2月生，浙江瑞安人。浙江大学光华法学院副院长，教授、博士生导师。多项国家社科基金重大项目子课题负责人，出版多部行政法相关著作。2014年获第二届全国高校青年教师教学竞赛人文社会科学组一等奖第一名、浙江省高校第八届青年教师教学技能竞赛人文社会科学组第一名。2015获全国五一劳动奖章。2017年获浙江省劳动模范称号，获第五届董必武青年法学成果奖一等奖(《现代行政中的裁量及其规制》)。多次获得浙江省哲学社会科学优秀成果奖，曾获宝钢优秀教师奖等荣誉。

课堂上，她被学生称为拥有“播音嗓”的“女神”教师；科研中，她是为立法过程寻找理论依据的实践型青年学者。做到教学和科研的双赢，只因她坚信，想学生所想，着眼现实所需，才是一名青年教师的责任与担当。

她是浙江大学光华法学院教授郑春燕。从教十余年，她从法律人的视角回答竺可桢老校长的两个问题：在浙大要培养什么样的法律人？浙大的法律人，怎样才能推动社会的进步？

开卷 vs. 闭卷：鼓励学生挑战权威

在日常教学与法务实践中，郑春燕发现，各类行政法的实践案例更多地考查学生综合能力，它强调对法律条文的灵活运用而非死记硬背。“法学是一门和社会紧密结合的社会科学。很多法学专业的同学，将来都会走向实务岗位。如果想要在法庭上迅速回击对方律师提出的观点，需要我们具备对同一个法条的解释能力。”

于是，郑春燕打破期终考试闭卷考试的传统，采用开卷考的形式，在案例题中设置相似的知识点，考察同学们对法条是否理解到位。她设置标准答案，同时鼓励同学们挑战标准答案。如果同学们能够自圆其说，就额外加分。

“知识的掌握，不是以记忆为主，而是以理解为前提。同时，大学要培养创新人才，希望同学们都能够拥有挑战权威的勇气和能力。”郑春燕笑着说。

要出好这样一份考卷不是件易事。每次期末考前，郑春燕都要从各类行政会议、学术交流、学生实践中“脱身”，用至少两天的时间，完整地构思试题。“老师的试题很刁钻，一下子就让我这种不会学以致用的人傻眼了，但还是有收获，老师真的很厉害。”“考试有点难，但是会觉得上课过程不仅是知识上的收获，还有精神上的熏陶。”在匿名评价系统“查老师”上，同学们纷纷留言。

“我也会常常看看同学们的反馈，如果他们觉得上课内容简单，考试太难，我会考虑增强讨论课的难度。”郑春燕说。“知识点学习＋讨论”，也是郑春燕在多年教学中摸索出的创新之路。

面对学生羞于提问的尴尬，郑春燕努力地将课上每位同学的姓名铭记于心，并在课前回忆每一位同学曾经的课堂回答。“尽管这加重了教学负担，但当我熟练地叫到同学们的名字，并有针对性地点评他们相较于前一次回答取得的进步时，他们的眼里会流露出被尊重、被关注的惊喜的目光。”郑春燕表示，利用这个小窍门，同学们的讨论也变得更加积极主动。

授课 vs. 悟道：体悟大学课程真谛

2014 年，凭借富有创意的课件设计、引人入胜的教学语言、精湛娴熟的教学技艺、颇具深度的教学反思力，郑春燕从 96 位参赛选手中脱颖而出，拿下了第二届全国高校青年教师教学竞赛人文社会科学组一等奖第一名的好成绩。

当参赛时的紧张与兴奋日渐褪去，留给郑春燕更多的是反思：什么才是好的大学课程？

在比赛现场，一位讲授《史记》的男老师给她留下了深刻的印象：这位老师的课程既安排了对某一问题的开放式讨论，给出了自己的论据，又欢迎同学们提出质疑——最终，这位老师拔得当天上午比赛头筹。“相较于其他老师一气呵成的课堂，这位老师展现了具体观点背后的学术争鸣与开放的学术讨论氛围，在知识传授之外，更能引导学生活用史学研究的方法，端正学术研究的态度。”郑春燕在赛后感悟中这样写道。

带着这份感悟，郑春燕以参赛时精心准备的 20 次课件为基础，重新设计了“行政法”课程。一学期下来，她明显感受到，课程的知识点讲授更连贯了，同学们接受的思维训练更全面了，思想启迪更高远了。

一位中国政法大学短期交换生上完她的课，“从内心真实地生出一种想要变好的深切渴望”。这些正能量的反馈，让郑春燕感受到作为教师的力量与幸福。

而在“新行政法学”这门博士生课程里，郑春燕还加入了法学以外的政治学、经济学、公共管理学等相关学科的内容，鼓励同学们跳出行政法学的框架，用更加辩证的目光、更加宏观的视野，回到行政法学的理论，去回应新的挑战。

《现代行政中的裁量及其规制》《行政》，“协商行政的原理与制度设计”“政府数据权益配置与利用保障研究”……一部部学术专著，一项项国家社会科学基金课题，无不凝聚着这位青年法律学者的深深思考。

她用行政法眼看世界，以法律人的身份，给青年教师留下了宝贵的经验。“好的老师，要从以教师为中心变为以学生为中心，以知识为中心变为以能力为中心，以课堂内为中心变为以课堂外为中心。”郑春燕感悟道。

理论 vs. 实践：学者应有责任和担当

“对于老师来说，教书育人是最重要的本职工作。在教书的过程中，我们摸索、提升。如果我的某一个理论解决了某一个实际问题，同学们也能从实践的角度反哺理论学习，我们双方的成长会更大。”郑春燕说。

郑春燕的研究方向是新行政法。与注重规范分析的传统行政法相比，新行政法不仅评价一个已经做出的行政决定的合法性，还要评估行政决定的合目的性。“有些学者曾认为，这是公共管理的研究范畴，所以当初确定这个研究方向，我也经历过一段徘徊期。”郑春燕说。

以“最多跑一次”改革为例，从传统形式法治的角度来看，地方性法规的立法过程中，许可承诺制等改革，可能会面临合法性质疑。“但若结合改革的成效，尝试从附款行政行为理论去解读它，可以使许可承诺制获得新的合法性解释，从而使立法真正成为增进人民福祉的依据。”

作为一名社会科学的学者，郑春燕更追求服务社会时的价值目标。

“跟实践紧密结合，并不意味着学术失去它的独立性。相反，这是一种检测，检测我们的理论是否有助于真正实现法治的最终目标。”

在学术交流方面，郑春燕也从未停止实践的脚步。从2011年开始，她所在的公法与比较法研究所，与最高人民法院行政庭、耶鲁大学法学院中国中心，共同举办中美高端论坛。截至2019年，论坛已经举办了八届。每届论坛都会邀请中美各高校、各级法官代表，围绕行政审判中的热点与难点，开展深入的交流讨论。“我们搭建了平台，同学们既能够拓宽视野，也能在办会过程中分享不足，促进自己和学弟学妹们共同成长。”

胡棕瀚是郑春燕带的第一位硕士。每次办会，胡棕瀚都会及时给大家总结会议中的种种细节：外宾很少有安装Winzip，所以给外宾发邮件要尽量少用压缩文件；外宾特别注重个人信息保护，印有嘉宾个人信息的签到表一定要注意保管；要尊重中外不同的饮食习惯……

“他有直面自己工作中不足的勇气，这种勇气源于他希望外国专家看到更优秀的浙大团队，这让我感受到他的责任和担当。”郑春燕说。胡棕瀚的这种品质，在法学院的很多同学身上都有体现：黄锴、韩宁、黄琳、肖洒……在郑春燕眼里，小到每一件琐事，大到法官经手的每一个疑难案例，背后都暗含使社会价值发生转变的契机。

“所以作为老师，我们更要把言传身教作为己责。我在同学们身上学习到的优秀品质，也会让我觉得更有必要为他们建设这样的平台。这是我努力的方向。”郑春燕说。

文/周亦颖

图片由受访者、周亦颖提供

一心一意为了"心"希望

——访2016年"浙江省劳动模范"称号获得者王建安

人物名片：

王建安，男，1961年11月生，浙江杭州人。浙江大学医学院附属第二医院院长、心脏中心主任，浙江大学心血管病研究所所长，欧洲先天、结构与瓣膜介入大会(CSI)共同主席(亚洲唯一)、中华医学会心血管病学分会副主任委员，研发了中国最新一代可回收可精准定位的经导管人工瓣膜。因为在医学领域的突出贡献，他获评全国白求恩奖章(浙江省首位)、浙江省劳动模范、浙江省特级专家，获得国家科技进步奖二等奖、何梁何利科学与技术进步奖、吴阶平医药创新奖、浙江省杰出创新人才奖、浙江省科学技术重大贡献奖等多个奖项，并被聘为美国加州大学洛杉矶分校(UCLA)客座教授、美国心脏病学院 Fellow(FACC)。

30多年来，王建安围绕着威胁人类生命的重大疾病——心力衰竭，进行了一系列艰苦卓绝和富有成效的探索，他所坚守的初心得到了动听的回响：经导管主动脉瓣置换术(TAVR)、经导管二尖瓣夹合术(MitraClip)、左心耳封堵术(LAAC)、PARACHUTE(降落伞)室壁瘤成形术……伴随着一项项世界领先的心脏介入新技术的开展，一个个"心"难题被攻克，无数患者看到了"重生"的希望。

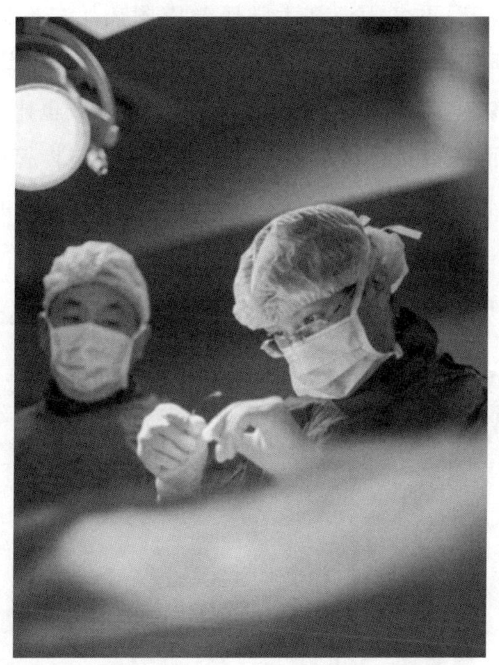

专注一颗"心"

1961年,王建安出生在浙江省一个高级知识分子家庭。因为体弱多病,幼年时的王建安没少在医院里待,也由此对"救死扶伤、治病救人"的医生职业产生了深深的敬仰和向往。他说,打记事起,他就想成为一名医生。

1978年,他如愿考入"北协和,南湘雅"中的湖南湘雅医学院。在那里,他遇到了两位重要的专业启蒙老师,他们分别是心血管专业的孙明老师和内分泌专业的伍汉文老师,他们在各自领域的造诣使这位年轻的医学生由衷敬佩,他决定从这两个专业中选择一个作为未来的主攻方向。

岳麓山下、橘子洲头,湖南的求学经历让王建安在江南的灵气之中添了一份湘江的血气——不满足现状,永远追求心中的理想。这也是后来他持续专注,带领团队不断进取的强大内心支撑。

1983年,王建安大学毕业,回到故乡杭州,被分配到浙江医科大学附属第二医院内科(后更名为浙江大学医学院附属第二医院,简称浙大二院)。在他当住院医师轮转那几年中,他发现:内分泌科疾病的诊治主要是靠药物的调整、生活方式的改变,病程都很长、起效也比较慢,病人需要长时间的治疗;而心内科已经开始探索介入治疗,安装起搏器、安装支架等等,进行多种心导管诊断,即使病人抢救,往往通过用药、除颤等手段,就能转危为安。

“我更喜欢那种立竿见影的感觉,也喜欢动手操作,所以选择了主攻心血管内科。”

儒雅温和、文质彬彬、值得信赖,是很多病人对王建安的印象。已经退休多年的王女士是王建安的老病人。20 年前的一个隆冬深夜,王女士因为严重的急性心肌梗死急送医院抢救,当时已是科室主任的王建安闻悉从家中赶往医院,30 分钟后,他为王女士施行冠脉介入治疗。

手术台上,王女士先后出现三次心搏骤停,王建安带领团队争分夺秒地抢救。当王女士转危为安被送入病房时,王建安才放心离去,此时天已蒙蒙亮。两小时之后,王建安忙碌的身影又出现在病房里……

王女士的儿子和妹妹后来因为心血管疾病,也都先后成为王建安的病人。“这几年来,不论我们谁来看病,王教授总是非常耐心,并且一定会问候另外家人的身体状况,就像老朋友。”

然而因为工作繁忙,作为儿子、作为父亲,他总是很少能陪伴在亲人身边，只能把这份对至亲的愧疚内化为对自身更为严格的要求和对患者更为深沉的关爱，把每一位患者都当做家人一样来对待。很多年里，他都坚持只看普通门诊、不限号。当了院长后，他的行政事务越来越忙，但他总是尽最大的努力坚持每周一次门诊。他总说病人来看个病不容易，能为他们做的就多做点。

王建安平均每年接诊患者、开展介入手术逾千人次，是国内最有经验、技术最全面的介入医生之一，并且善于结合临床，更新理念，率先开辟急性心梗病人绿色通道、推行“一日冠脉介入手术”、开展心脏内外科同台一站式心脏杂交手术数例、完成去肾交感神经术治疗顽固性高血压，坚持用最规范的诊疗方案造福于广大患者。他说虽然医学不是万能的，但是先进的技术总是会给病人带来更多的希望。

“专注‘心’的救治，带给病人更多的希望”，医术上的精益求精，学术上的永不知足，无不饱含着王建安对病人、对专业的无限深情。

“心”尖儿上的创新

王建安常说：“接触的病人越多，了解病人的疾苦越透彻，就越能感受到医学的有限，唯有创新、再创新，丝毫不敢松懈。”

20 世纪 90 年代初期，王建安赴美国进修学习，回院后率先开展了心血管介入诊疗技术。进入 21 世纪以来，国内的心脏介入技术迅猛发展。此时的王建安已是技术全面、经验丰富的心脏介入专家。

10 多年前，他敏锐地发现，随着中国进入老龄化社会，心脏瓣膜疾病患病率大幅上升，成为老年人心衰的首要原因，发病率高达 13%，有三分之一左右的重症患者在一年内死亡。

2016 年，70 多岁的屈女士，因二叶式主动脉瓣重度狭窄，在浙大二院由王建安成功置换了主动脉瓣。当时手术所用的，是我国第一个拥有完全自主知识产权的经导管人工心脏瓣膜，根据二叶式主动脉瓣膜畸形患者心脏钙化较重等特点作了改进。

这个人工瓣膜产品，正是王建安作为核心人员参与的产学研医合作成果之一。“传统开胸换瓣手术风险大、病人痛苦多，而且这些病人一旦到了一定年龄以后，就失去了外科开胸手术的机会，吃药效果也不好，迫切需要有新的治疗方式。”从 2012 年起，王建安带领团队针对心脏瓣膜疾病进行联合攻关，研究用不开刀的方式进行瓣膜置换，并与企业展开合作，研发国产的经导管人工瓣膜产品。2016 年，浙江省人民政府正式授牌成立“心脏瓣膜研究院”，王建安出任首任院长。

在参与心脏瓣膜研发的过程中，王建安发现，第一代瓣膜装置还有很大的改进空间。“一代瓣膜无法重新定位，无法回收。即使植入位置不理想，也不能对它进行调整，这会使治疗效果大打折扣，尤其是对钙化严重的病人。”于是他提出了开展可回收瓣膜装置研发的设想。

王建安和产品研发工程师、材料工程师一起研读影像资料，帮助他们熟悉人体解剖结构，知道问题出在哪些地方，从而有针对性地优化产品的设计制造。等到技术人员做出新的产品，王建安反复进行模拟和动物尝试，以获得最佳临床效果。在他们的共同努力下，2017 年 11 月 23 日，可精准定位、重复释放的二代瓣膜系统首例临床应用在浙大二院成功进行。

作为欧洲两大权威瓣膜论坛之一 CSI 的共同主席，王建安通过卫星向全球直播经导管主动脉瓣膜置换术等进行手术演示数不清有多少次了。为使主动脉瓣膜植入技术惠及更多患者，王建安团队在全国乃至全球范围内扩大推广，开展了国内多中心临床试验。他们的技术和产品辐射到希腊、阿根廷、印度和菲律宾等国家以及全国 50 多家大学医学中心，先后获得国家科技进步奖、浙江省科学技术重大贡献奖、省部级一等奖等多个奖项。他所提出的瓣膜介入治疗理念也被称为“杭州方案”。

目前，王建安正在率领团队研发功能更加强大的第三代瓣膜。“让病人的治疗越来越精准，医生操作越来越方便，我们就是在朝着这两个方向努力。”在王建安的设想中，第三代瓣膜不仅可以精准释放，还可以实现一定角度的摆动，也就是把校正方向、精准释放与重新回收等优势全部整合在一个瓣膜上。

这些成果也得到了国际同行的关注和肯定。瓣膜领域内全世界最权威的专家们，都对“杭州方案”给予了充分的肯定；全球顶级医学期刊《新英格兰杂志》特地前来浙大二院调研，并在其 Catalyst 网站刊登了瓣膜团队产学研创新发展的经验报告。

从医 36 年,在诸多的创新型研究中,心脏瓣膜研究是他觉得最满意的一项。但对于王建安来说,“心”尖儿上的创新从未就此止步。

在临床诊疗的过程中,他发现,对心肌梗死的患者进行及时的冠脉介入手术,虽然能有效控制病情,极大地降低患者的死亡率,但患者心脏功能恢复仍是一大难题,仍有不少患者逐渐发展为梗死后心衰。

王建安为此一筹莫展,直到有一天他从干细胞研究中得到了启发。干细胞是目前全球生物医学研究最受关注的领域之一。但在 20 世纪初期,干细胞相关研究刚刚起步。

如何培养干细胞?如何提高干细胞的存活率?10 余年来,他潜心探索心肌组织修复和功能重建的基础研究和临床应用:他在国际上首次提出间充质干细胞缺氧预处理的方法能显著提高细胞存活能力,改善心功能;他在国际上首先开展低氧预处理骨髓间充质干细胞移植治疗心肌梗死患者,为心肌梗死患者提供了新的治疗手段和优化方案;是国内首位在德国著名 Springer 出版社出版间充质干细胞英文专著的专家……目前,王建安团队已经成立了世界上最大的非人灵长类间充质干细胞心脏研究中心,形成了强大的“医工交叉”,希望能早日研发出具有中国特色的细胞治疗方案和细胞产品。

一“心”为了患者

在浙大二院门诊楼前,有一组铜制雕像,一老一小,互相鞠躬。这源于 2009 年,在医院建成 140 周年之际,王建安带领团队发掘的一张老照片,记录着百余年前广济医院(浙大二院前身)首任院长梅藤更医师(英国人)查房时,一位小患者彬彬有礼地向他鞠躬,深谙中国礼数的梅医师也深深鞠躬回礼。这一温馨画面广为流传,成为中国医学人文典范。2014 年,雕像落成,瞬间定格成永恒,也寓意着医院“患者与服务对象至上”的核心价值观固若金汤。

王建安认为,医学人文就是“良心+爱心”。作为院长,他经常对员工们说:“病人把生命交到你手中是莫大的信任。一位医生,只有从内心里尊重病人,把他们当成自己的家人看待,才能对病人有百般的细心、耐心、爱心和责任心。”上任以来，他紧紧围绕百姓就医需求，大胆改革医疗服务模式，力争为百姓提供最优质的服务。

2010年前后，为了解决当时老百姓“挂号难”的问题，浙大二院率先探索了自助预约服务，并在此基础上逐步形成了涵盖电话、网络、自助服务机等多种模式的立体式预约服务体系；同时，主动投入，全院配置多功能自助服务设备，预约、挂号、缴费等等手续，全部可以自助完成，并依托线上“浙二好医生”网络医院平台，极大地缓解了患者“排长队”的现象。在这过程中，新的瓶颈出现了：发票不能自助打印，患者仍需为一张发票排队。于是医院经过反复沟通、测试，终于在2017年6月试点医疗收费票据电子化管理(在杭省级医院中首家)，实现了看病全流程无须窗口排队的就医模式。

为了让患者得到最大实惠，浙大二院在全国率先开展床位协调、院前准备及日间手术预约一站式管理，对不同院区的所有床位进行统一协调，实行“资源互通、院前检查互通、检查结果互通”，患者可以在任一院区完成床位预约、院前检查等手续流程。经过进一步优化、改进，医院实现了住院预约零手续，全院范围内实行门诊诊间床位全预约，全面开展预住院，实现床位资源最大化利用，满足更多患者的需求，有效平衡了急危重症患者的顺利收治和医疗资源的公平利用等问题。

王建安还率先尝试探索适合浙江并可在全国推广的日间手术管理模式。经过近十年的不懈努力与改进，首创“三准入、三评估、三随访”的日间手术评估管理体系，逐渐形成了临床路径式日间手术管理模式，制定了包括医师资质、日间手术患者、手术准入标准、工作随访、医疗文书书写、麻醉规范、质量指标监测、应急预案等一系列规范制度，并设立了日间病房。2015年，浙大二院率先被中国日间手术合作联盟主动吸收为联盟单位，并承担浙江省日间手术技术指导中心职能。

此外，医院建设了国内最早的高级卒中中心，病人从入院到溶栓平均只需45分钟，远低于国际上60分钟的标准，获“全国卒中先锋奖”；建设全国胸痛中心，设置省内20家胸痛网络医院，推动成立省胸痛联盟，病人从进入急诊室到球囊开通血管不到70分钟，远低于国际上90分钟的标准，成为浙江省唯一的心脑血管疾病临床医学研究中心；建成世界上最先进的急诊复苏单元，无须转运病人，几乎所有的检验检查均可一站式完成；发起全国首家空中急救联盟，一个电话就能呼叫"空中120"；建成全国首家国际远程中心，患者足不出国，就能享受全球最好的医疗服务……

2018年年初，浙江省委、省政府公布医疗领域"最多跑一次"改革行动方案。浙大二院依托医院多年来精细化管理基础，深耕厚植，扎实推进，解决百姓就医中的"关键小事"，并通过"钉钉"移动办公平台，职能管理部门集体搬迁，实行"大通间、开放式、集中化"办公等等，形成深入人心的"最多跑一次"文化，由表及里地形成流程改变、技术引领和文化自信。2018年年底，车俊书记亲笔批示，高度肯定浙大二院"最多跑一次"工作的成效，并要求向各个系统推广。

"我期待有一天，患者们能这样描述浙大二院——是希望和重生的灯塔。即使这条道路充满艰辛和挑战，我们依然不懈努力，坚持每日提供优质、细致的医疗服务，相信终有一天能到达成功的彼岸，犹如灯塔般照耀每一位患者，成为他们值得信赖和安心的目的地医院。"这是王建安写在医院网站上的话，也是他作为院长不懈的追求。

王建安每天都非常忙，似乎没有什么自己的时间，忙碌、创新已经成为他的一种生活方式。"我不断前行的原动力其实很简单，就是为了病人，这么多年，初心始终不变。现在临床上还有太多问题没有解决，等着我们去解决。我们早一天找到解决问题的办法，病人就能早一天摆脱痛苦。"王建安这样说，也这样做。

文/周伊晨

图片由浙江大学医学院附属第二医院提供

为青年扣好人生的第一颗扣子

——访2016年“全国优秀共产党员”称号获得者苏德矿

人物名片：

苏德矿，男，1958年8月生，安徽淮南人。浙江大学教授，数学科学学院数学基础课程教学研究中心副主任，浙江省高校高等数学教学研究会副理事长、浙江省精品课程“微积分”课程负责人、国家（网络）精品课程“微积分”课程负责人。主持国家“十五”规划子课题、多项省校课程建设项目，获浙江大学教学成果奖9项，发表科研与教学研究论文20多篇，主编教材7部、主编学习指导书11部。2014年获浙江大学永平杰出教学贡献奖、浙江省首届十大最美教师、最美浙江人——年度浙江骄傲人物评选“提名人物奖”、宝钢优秀教师奖，是两届浙江省“三育人”先进个人获得者。2015年获评全国党和人民满意的好老师、全国十大最美教师，是中宣部颁发的全国50位岗位学雷锋标兵之一，是浙江大学三育人标兵、浙江大学首届教学名师。2016年获评全国优秀共产党员。

在浙大，有不少名师的课堪称是挤破头也一定要去听的，苏德矿的课就是其中之一。想上他的课，你必须和其他 3000 多名学生争抢 150 个名额，即使提早半小时到教室，前排也早已座无虚席。2014 年，浙大师生通过网络票选的“永平奖”评选活动中，苏德矿以 3450 票稳居第一，获得奖金 100 万元。

苏德矿是所有浙大学子心目中公认的“最受欢迎浙大老师”之一，被学生们亲切地称为“矿叔”。在浙大任教二十余载，昔日的“矿叔”渐渐喊成了“矿爷”，他还自嘲说再过几年就该叫“矿渣”了，“但矿渣也好，起码还有点用处”。

为青年扣好人生的第一颗扣子

2018 年五四青年节那天，习近平总书记对北京大学师生说：“人生的扣子从一开始就要扣好。”

“穿衣扣扣子”这个比喻浅显易懂，贴近生活，又发人深省。

我们在生活中都有体会，有时候穿衣服，不经意间扣扣子，扣到最后，发现扣错了。青年人在人生的关键阶段，如果一步走错，后边可能是步步走错。作为过来人，苏德矿深知人生从来不缺挫折。

1976 年高中毕业之后，苏德矿在街道做了一年临时工。本来按常规要上山下乡，但由于超过 600 度的近视，他被列入病残一类，下到农村后又被退了回来。

1977 年他自己又要求下乡，“因为我想到农村以后，好好劳动，通过推荐上大学。”

1977 年恢复高考，苏德矿实现了上大学的梦想。

“我当时水平有限，考了个师范专科学校，毕业以后到中学当了两年数学教师，后来有一个专升本的机会，我考上了安徽教育学院。”所有的付出都将有所收获。当教师的过程中，苏德矿把以前大学的课程重新复习一遍，在后来两年专升本的考试机会中，他考了全省第五名。

“成功属于有准备的人。不是说做这个事有什么用，你才去做，做的事最后总是有用的。”后来，苏德矿在安徽教育学院毕业后又回到中学当了一年老师。1985 年，坚持不懈的他终于又考到浙大读研究生。

“很多学生在高中的梦想就是考大学。大学就是一个小社会，有一些学生会感到迷茫。我如果能多给他们提供一些正能量，他们就可以少走一些弯路、错路。”苏德矿说。

在几十年的教书生涯中，苏德矿也遇到了不少青年人在大学期间荒废学业的现象。

几年前,有一位计算机专业的大三同学,有两门微积分课没通过,就不想上课了,整天待在家里打游戏。实在没办法了,这名学生的妈妈找到苏德矿寻求帮助。苏德矿就和学生交流,告诉他遇到困难大家可以一起面对,去克服它,没有什么可怕的,要为成功找方法,不要为困难找借口。

后来,这位同学跟着苏德矿,听他的微积分课,碰到问题,就与苏德矿交流讨论。最后,这位同学在学期期末考试中拿了80多分。现在他在国外读研究生,前景很好,还经常和苏德矿联系,想着如何学成报效祖国。

“像我们做老师的,要关心同学,大学阶段是他们人生中最后一次集中学习的阶段,要帮助他们扣好人生的第一颗扣子。”

从微博到直播:主动了解学生

从2018年起,浙大迎来了大批00后的新生。从80后、90后到00后,这么多年龄段的学生教下来,苏德矿坦言,年代不一样,学生大不同。

“以前受限于通信条件,学生活动相对比较单一。现在的学生,视野开阔,脑子灵活。如果不主动去了解学生,就很容易有代沟。”

网络成了他和学生沟通的桥梁。“矿爷”爱上网,爱听相声,也爱看段子,他的微博还成了“第二课堂”。他从2013年就开始上微博,专门用业余时间解答学生的问题,现在已经累积了22万粉丝。打开“浙江大学苏德矿”的微博,这位勤奋的老师几乎每天都在跟学生互动,很多学生把题目贴上来让苏德矿看看解题方法对不对。

“我的眼镜度数是1500度,高度近视,已经出现了视网膜裂痕,再进一步就是脱落了。我做直播和刷微博的时候都是抱着侥幸的心理,想着眼睛应该不会失明吧,但确实花那么长的时间对着屏幕,是越来越危险了。可是也没有办法,只能这样走下去,毕竟那么多学生都在等着我回答问题,他们一个个都是求知若渴的,这样我怎么能拒绝?”他把大量时间花在刷微博上,甚至走路时也要在微博上答疑,在复习考试阶段,一天最多要回复100多条。这些微博以讨论数学问题为主,也有学生信任他,私信讨论生活、恋爱问题。

对于浙大学生来说,想上他的课并不容易,150个上课名额要从上千人中抽取,不提前半小时到教室,占不到前排座位,过道里也挤满了“打站票”的学生,还有人不惜翻窗进入教室,其中不少都是没能选上课的旁听生。

但还是有更多学生被拒之门外,怎么办?从 2017 年 2 月 27 日开始,“矿爷”想出一个新办法:用三脚架架起手机对准讲台,开始直播讲课。很多外校的学生激动留言:终于能听上“矿爷”的课了!至今“矿爷”最受欢迎的一堂课,已有 2 万多人次收看,“矿爷”成了“网红”。

苏德矿说:“现在的学生喜欢玩手机,大学老师也要占领网络阵地,不然孩子们都去打游戏聊微信了。”数学需要思考,课堂内容直播录成视频,学生们可以想一想再看一看视频,理解更深刻,而且那些没能来上课的同学也可以通过手机学习了。

要说有什么意外,那就是直播间有“打赏”功能,很多学生边看直播边打赏“金币”,数量还不少。苏德矿挺无奈,再三劝学生:“省点钱,留着结婚用啊!”

数学+文艺:课内课外,都是人生

“矿爷”的课,为什么这么多人喜欢听?

那是因为他的课充满激情、生动幽默,常用段子将高深的数学理论讲得通俗易懂。

“从前有棵树,叫高数,上面挂了很多人;旁边有座坟,叫微积分,里面葬了很多人。”

“开车为什么会撞树?一是朝着大树的方向,再一个就是车速太快,因此,在 P 点沿 L 方向的函数值的变化率,跟撞树一样,一个是方向,一个是速度。”

“他是你的严格递增函数,你的生活一天比一天幸福,一天比一天快乐,一天比一天美好,希望你们的爱情像一条射线,只有起点没有终点。”

“当你喜欢一个人的时候,他的一举一动,一点变化你都看在眼里,别人都变成了常数,他才是唯一的变量,只为他倾倒,如此偏爱称为偏导。你们女生不要因此烦恼,既然他把你看成常数,那你也把他看作常数好了,找到对的人互相倾倒才有意义。”这段爱情哲学,其实是为解释一个微积分概念——偏导数。

讲到“一元复合函数的求导”，他这样解释：“就像最近天突然热起来，你要脱衣服。脱到怎样合适呢？一件一件脱，脱到不热了为止。复合函数也一样，一层一层求导，直到内函数的导数有公式，就成了。”

遇到学生的生活和情感困惑，他也很热心帮他们分析：“比如有个女生说她喜欢上一个数学系的男生，我会跟她讲，先别直接表白，可以一起去爬山、参加学校活动，像是在数学上取近似值，越来越接近，最后水到渠成，那就是取极限。这就是逼近理论。”

身为一位数学系的教授居然知道“都教授”，模仿过“小沈阳”，会在休息时给学生放《江南 Style》，分享当年追求“女神”的经验，兴致高时还会唱起拿手曲目《莫斯科郊外的晚上》。最让他自豪的是浙大校歌《大不自多》，他说文言文歌词特别美，还告诉学生谈好恋爱和学好数学并不矛盾。

“矿爷的课，一定要上！”这是学生对老师的最高认可。把枯燥的课堂搞得幽默有趣，把普通的工作做得风生水起，这离不开创意和用心，更离不开勤奋和敬业。

参考资料

[1]王淑静. 浙大矿爷：只为帮青年人扣好人生第一颗扣子[EB/OL].(2017-08-01)[2019-05-01]. http://zjnews.zjol.com.cn/zjnews/zjxw/201708/t20170801_4692532.shtml.

[2]王丽玮，吴楠. 苏德矿谈高考：只管付出，不管结果，结果必有收获[EB/OL].(2017-06-07)[2019-05-01]. http://zj.people.com.cn/n2/2017/0607/c228592-30295255.html.

[3]张越. 苏德矿：从高数到人生[EB/OL].(2018-09-10)[2019-05-01]. http://k.sina.com.cn/article_1708763410_65d9a91201900m1ho.html.

[4]张焕. 浙大教授苏德矿：用生活段子解读高深数学[EB/OL].(2014-09-23)[2019-05-01]. http://yuqing.people.com.cn/n/2014/0923/c383249-25718300.html.

文/周亦颖　王淑静

图片由受访者提供

大学老师的快乐会一直伴我到老

——访2016年“全国五一劳动奖章”“浙江省劳动模范”称号获得者杨德仁

人物名片：

杨德仁，男，1964年4月生，江苏扬州人。中国科学院院士，浙江大学材料科学与工程学院教授，浙江大学硅材料国家重点实验室主任，半导体材料研究所所长；国家杰出青年基金获得者，“973”项目首席科学家；兼任国家重大科技专项(02)专家组成员、中国光伏专业委员会副主任；享受国务院政府特殊津贴，曾获中国青年科技奖、“新世纪百千万人才工程”国家级人选、全国优秀科技工作者、浙江省特级专家和浙江省“十大时代先锋”等荣誉。2016年荣获全国五一劳动奖章，同年被授予浙江省劳动模范称号。

20世纪80年代初，杨德仁和6名男生一起住在浙江大学玉泉校区的一间宿舍里。毕业后其他6人陆续都做了实业，只有杨德仁一个人继续读书，后来作为我国第一位自行培养的半导体硅材料博士，一直在高校工作。

如今，做实业的几位室友都成了叱咤商海的知名企业家，其中寝室“老七”的公司还上市了。每每说到室友们，杨德仁总是说：“我的室友都很优秀，我不能跟他们比。”

其实，杨德仁的“产出”也很丰厚，不仅在学校工作中收获了诸多成

果，而且科研成果的产业化已经为企业带来了30多亿元的经济效益。

“能做一点独特的事不容易，值得追求”

其实，一开始杨德仁也想奔着企业去。博士快毕业时，他联系了两个工作，一个是上海的一家证券公司，属于当时的“时髦工作”；还有一个是在深圳的一家著名的IT企业。可最终并没去成，被他的导师阙端麟院士给留在浙江大学工作了。

“我读书的时候比较活跃，从来没想过会当老师、做研究，是阙老师的一片诚心打动了我，他跟我聊了很多，跟我说，在学校好好干，会有前途的。”

在浙大工作一段时间后，杨德仁去了德国。1998年年初，又是阙端麟院士的一封信让杨德仁义无反顾地放弃国外优越的生活条件举家回国。

在浙江大学硅材料国家重点实验室，杨德仁一直从事硅材料的研究工作。硅是产量最大、应用最广的半导体材料，是电子工业的基础材料，硅的产量和用量标志着一个国家的电子工业水平。20世纪90年代，国际上流行的观点是“硅材料越纯越好”，杨德仁却另辟蹊径，要研究硅单晶中氮杂质的作用。

“80年代末期，阙端麟院士等人在国际上独创减压充氮生长直拉硅单晶晶体生长技术，但是氮原子进入硅单晶，引发了新的科学现象和问

题，关于它们的研究，当时在国际上几乎是空白。”

因为与主流研究方向相悖，杨德仁的研究遇到了不少困难，也不被人看好。似乎这是一条看不到希望的路，也是一条少有人同行的路，杨德仁却坚持走了下来。“一个人能做一点独特的事不容易，值得追求。”

寂寞的煎熬终于换来了收获。杨德仁的“掺氮直拉硅单晶氮及相关缺陷的研究”项目获得了2005年度国家自然科学奖二等奖，他在硅材料中掺入“氮杂质调控缺陷”的观点开始逐步得到国际上的认同。“如果研究东一榔头西一榔头，出大成果就比较难。可能十年之后，我们捡了一堆‘芝麻’却没有抱到‘西瓜’。但中国科技发展不是靠‘芝麻’堆积起来的。”

关于硅材料的研究，杨德仁另外还布局了一个“点”。从2000年起，杨德仁团队就开始了以硅为核心的纳米半导体材料的研究。经过10余年的攻关，团队在国际上首先制备出了纳米硅管和纳米硒管，并提出了两种新的制备氧化物和硫化物一维纳米半导体材料的普适方法及其机理。这个项目获得了2013年度国家自然科学奖二等奖。

杨德仁说：“有梦想，并且努力，不一定会得到，但有可能得到；没有梦想又不努力，肯定不会得到。”

“研究一定要有应用，信念不变”

由于硅材料的应用非常广泛，所以硅材料国家重点实验室产、学、研相结合的特点非常突出。

杨德仁说："我的导师阙端麟院士和同事们创建实验室之初，就想着研究一定要能应用，要对国家的半导体硅材料产业以及信息产业有促进作用，这个信念一直没变。我也希望自己的研究能部分地解决国家的重大需求。"

自2002年开始，杨德仁就想着要做一件前人没干过的事，把锗原子掺入硅晶体中。当时，没有人相信掺入后材料性能会提升。杨德仁不急着回应质疑，从基础研究慢慢做起，先把锗原子掺入硅晶体里生长出来，然后再研究其材料的基础特性和优点。后来，这种掺了锗原子的硅晶体被应用在了微电子和太阳能领域，成为一种非常重要的基础材料。两家合作企业由此获得了10亿多元的销售额。研究成果在2015年获得了浙江省科学技术一等奖。

杨德仁领导课题组研制的特殊硅晶体，应用在了神舟、嫦娥、天宫系列的航天器和国家其他重大工程上。他解决了掺氮直拉硅单晶在超大规模集成电路上应用的关键技术问题，发明和创造了微量掺锗直拉、铸造硅晶体，突破了直拉硅单晶的重掺磷技术，具有自主知识产权的掺氮、微量掺锗、重掺磷等成果已经在我国著名微电子、太阳能硅晶体企业规模实际应用，不仅满足了国内半导体产业需求，而且出口美国等发达国家，新增销售超过30多亿元人民币。

同时，他也是个"发明大王"，带领课题组获授权国家发明专利150多项，相关成果获省科技进步奖一等奖5项，还被评为工信部"信息产业重大技术发明"、首届"中国半导体创新产品"、"中国专利优秀奖"和国际PVSEC"光伏科学技术杰出贡献奖"等。

研究硅材料的近30年间，杨德仁"创造"了很多财富，也有在国外上市的公司请他去任职。可是，杨德仁说："我不去，因为我喜欢大学教师的工作。"

喜欢的原因之一，是追求的无限性。杨德仁说："大学教师的乐趣就在于，解决了一个问题还有下一个问题。只要做下去，就不断会有新理论、新技术、新发现，这样怎么会厌倦呢?"

“把学生们当成自己的孩子，莫大幸福”

舍不得离开学校还有另一个原因，那就是这里有很多“宝贝”——杨德仁的学生们。老师能得到学生的认可和喜欢，是他能想到的最幸福的事。“我把学生们当成自己的孩子。他们在毕业以后结了婚生了孩子都会告诉我，一起分享喜悦。”在学校集体婚礼上，就有学生把杨德仁请了去，作为“最想见的老师”来见证人生中的最大喜事。

幸福源于付出，像慈父般的付出。杨德仁的家庭电话都向学生公开，只要不是太晚，学生有什么事都可以找他。杨德仁的原则是，学生的要求不一定都满足，但一定都回复。

曾经有一位博士生，在做论文的时候遇到了瓶颈，做了许久也没有进展，愁眉不展地来找杨德仁。杨德仁没有说一句批评的话，和学生花了一个晚上的时间来讨论，从实验思路开始一步步分析，给学生指了一个方向，让他按照这个思路再设计一个实验，两天后再跟学生讨论实验设计、方法、设备行不行。这样手把手地教下来，学生渐渐明白了怎样去做一个创新性的实验。

至今，杨德仁先后指导了博士后、博士生和硕士生 60 多名。他的研究生凭借研究生阶段的研究成果，4 人获得国家自然科学奖二等奖，11 人获得省科技进步奖一等奖；另外，有 3 位学生的论文获得了“全国百篇优秀博士论文提名奖”，2 位学生的论文获得了 PVSEC 等国际会议的最佳论文奖，4 人获得了浙江大学学生最高奖“竺可桢奖学金”。杨德仁为我国半导体硅材料科研、产业培养了一批高水平人才，在他培养的学生中，有 4 人获得国家“优秀青年基金”，5 人入选国家“青年千人计划”，还有多人在国家半导体硅材料主要企业担任高管。

虽然工作繁忙，但杨德仁始终站在教室的讲台上，并且非常受学生喜欢。课程评价满分是 5 分，他的课总保持在 4.9 分。对于本科生，杨德仁一直强调要培养质疑精神。在上“半导体材料”这门课的时候，杨德仁会让学生到台上来讲课，讲完了，请台下同学提问题，如果同学提不出问题，就由他来提问。这样的上课方式，学生们感觉很新奇，一开始提不出实质上的问题，只能问些“皮毛”，到后来，慢慢地就会冒出比较尖锐的问题来。“我的问题肯定比较难啊，所以学生们如果想要‘互相帮助’，就得自己提出问题来。”

不仅是学生互相提问，杨德仁也欢迎学生向他提问。“如果能把我问倒了，就说明你思考得好。”还真有学生出问题把杨德仁给难住了，杨德仁也不觉得尴尬，老老实实地说：“我也不知道。”他请学生回去查资料等下节课来讲给大家听，他自己也去“补补课”。

杨德仁说，创新的起源就是质疑精神，“提出一个问题往往比解决一个问题更为重要。我希望我的学生都会提问题，能提出好问题”。

学生们没有辜负老师的期望。有一次，一位国际著名教授来学校做讲座，互动的时候，杨德仁的几个学生问了好几个有思考深度的专业问题，让这位教授很惊诧，也很高兴。讲座结束，教授跟杨德仁说：“德仁，你们这儿的学生真不错。”

文/吴雅兰

图片由受访者提供

一个人，长入了泰顺群山中

——访2016年“全国优秀教师”称号获得者汪自强

人物名片：

汪自强，男，1957年7月生，浙江兰溪人。浙江大学农业与生物技术学院教授，浙江大学新农业技术推广中心培训办主任。主要从事大豆育种，作物栽培生理方面的研究。已发表学术论文50多篇，出版著作教材6部。长期从事科技特派员工作，是在“两学一做”学习教育活动中发现的教育系统扶贫成就突出的优秀典型，2016年获全国优秀教师荣誉称号。

浙江泰顺农村万排乡，多山缺水少良田。虽是浓墨重彩的山水画，农民世代吃饭却看天。

谁都想拔掉山里的穷根，谁都想去掉身上的穷病。想归想，做起来如登天。

后来，万排乡里来了位与贫困“较劲”的浙江大学教授汪自强，他是农民兄弟“老汪”，他是科技财神，走到哪儿，富到哪儿。

来那前的2004年，47岁的汪自强正是人生坦途，评上正高职称，科研风生水起。但也正是之后这一年，他成为浙江省第三批科技特派员。放下试管，离开实验室，踏进山村，帮扶泰顺县山乡。

有人唏嘘，这大材小用，扔下阳关道，偏走独木桥。

有人发问，这人生前路，荆棘满满布沟壑，他可会后悔?

汪自强心里懂！知青下乡三年体验过真苦，怎会不知农民的累和痛；挂职宁夏一年见过真贫，怎会不解脱贫致富的艰与辛。

15个年头，有的人来了去，有的人去了来。但汪自强教授入驻泰顺的15年，把自己当成了山里人，长入了泰顺群山中。

人们感叹，老汪就像一头老黄牛，埋头拉车从不说。但泰顺人心里明：“钱支援，物支援，最好来位科技特派员。”

农民的知心人：
立下愚公移山志，咬定青山不放松

一顶大草帽、一条下地裤、一双解放鞋，2005年，一身农民模样的汪自强，一头扎进了万排乡。

看到农村条件仍旧那样艰苦，汪自强下定愚公移山志，咬定青山不放松。

摸清门路，才能找准贫困病灶。

茶叶是当地的主导产业，几乎家家户户都种，户户家家都采，但效益并不好。因为穷怕了，年轻壮劳力都去山外讨生活。因为没有采茶工，请外来劳动力的薪酬就占去盈利的一多半。

怎么办？破釜沉舟，不破不立。

汪自强首先给茶园下了一剂猛药去沉疴——重刈茶园、改良新品、机器换人。泰龙茶叶专业合作社社长谢细和刚开始想不通，好好的茶树已经产茶，为什么要砍掉一些拉开间距。

尝到甜头的谢细和才知道，空出道路才能机械采摘，一个机器能顶20个采茶工，节省了大量成本。这一做法推广开来，万排域内5000多亩茶园有一半已经实现茶叶机采。

但谢细和不知道的是，让茶农们赚得腰包满满的茶叶的新品种，其实是浙大研发的。茶学是浙江大学的优势学科，相关的新型实用技术用在万排茶园，可谓适销对路。

人心齐，泰山移。老汪并非万能一人包打天下，农民有需要，他就请来浙大涉农专业的大牌教授专家，一起扎进山乡把脉，加上自学苦学，老汪从一个大豆专家，成了一位农业百事通。

金窝银窝不如自家狗窝，要安下心，先要扎下根。

到万排乡不久，汪自强便在乡政府支起了个临时的窝，几年来他以此为据点，每个月总有一周泡在乡间。张家作物长李家作物短，都会请老汪过去看看，来来回回，这省城大教授，跟农民亲的就像自家兄弟"老汪"。

谁家茶园要修剪，谁家茶农要开分店，谁家孩子考上了大学，老汪这个外地人总是头几个知道，都要请他去作参考，提建议。因为他对万排这片土地太熟，像一本"活地图"，指哪儿就能走哪儿。

对万排这片土地的爱，实实在在变成了现在这片土地上的人。

2006年台风"桑美"肆意侵袭，所到之处损失惨重。"桑美"尚未离开浙江，老汪已经离开杭州，自己的安全已不顾，他要去看看台风第一线万排乡农民的受灾情况，指导抗灾救灾。

见到老汪时，农户彭作智早已流不出眼泪，当年刚丰收的杨梅树，一夜间大多被“剃光头”，树冠保存完好的已不多见。汪自强二话不说，整树冠，补追肥，争取让来年杨梅正常挂果。

说给农民听，做给农民看，老汪还将这套杨梅树恢复技术，无偿提供给全县受灾户。汪自强深知，天灾面前技术能让损失降到最低。

农村的致富人：
让一方水土养好一方人

众人拾柴火焰高，要带动农民脱贫，就要找到农村能人，一户做给另一户看。

绕过山里山，走过弯里弯，牵着山羊来感谢泰顺县养蜂大王严立超的文成县养蜂新手吴学友，2014 年年初还是热锅上的蚂蚁，到处拜师学养蜂。但经养蜂大王严立超指导，带回几箱种蜂，不到半年就赚回来几万块钱。如今，吴学友已经成为泰顺邻县文成县的第一家获证的无公害中华蜂养殖基地的农民。

为此，吴学友牵着羊，走了两个多小时，说什么都要好好谢谢严立超。

而严立超明白，将他拉进蜜蜂王国的是科技特派员汪自强。

2006 年，严立超的蜂场效益也不好，守着一方水土，但是放不好蜂，收不了蜜。老汪知道后，主动上门，还请来浙大养蜂专家，一同筛选种蜂源、培育蜂种。汪自强手把手教严立超如何因地制宜、因时制宜，将国际通用的养蜂科技，嫁接到本土，并申请了专利蜂箱。

原本每个蜂箱产蜜 10 斤，如今至少可获 30 斤。从最初 100 多万元产值，到如今 3000 万元的规模。严立超，从一名养蜂户，转变成长为科技型企业主，2017 年成为浙江省“十箱蜂万元钱”养蜂专业示范户，2018 年他的蜂场成为全国示范性专业合作社，带动了一方经济。“我就跟着汪老师学，要教技术就倾囊相授，不怕教会徒弟饿死师父。”

一人富了不算富，带动周遭才是富。严立超认死理，喝水不忘挖井人，喝水也不忘分水给他人。

汪自强在农村的致富二传手，不只严立超。

“番薯大王”彭作生是当地的农技员，是老汪将优良种源落地泰顺的中转站，负责农作物品种的筛选、繁育、推广。

在彭作生手里筛出的番薯品种，确确实实让农民翻了身。说来奇怪，老汪带去的几十个番薯品种，可以分出不同口感，用作不同销路。有的可以烤，有的用来煮，有的则用来做粉丝。

4 月引种苗，农民们买走适销的浙大种子种苗拿去种；10 月收番薯，农民们拿着丰收的果实喜滋滋地换成钱。在山里，不同品种一一对应浙大的研发代号，这些代号成为农民致富响当当的金名片。这背后，隐藏着老汪以及浙大整个涉农团队科技支农的组合拳。

跟农民打交道，老汪用的是农村熟人社会的老道理。通过乡土情结，让村中能人带动致富。

认识老熟人，老汪自有一套。每到一个乡里，都会拍下公示栏里的联系方式。他说，地方领导干部，就是要为民做主。脱贫交道打多了，一来二去很多都成了老朋友。

农业的开拓人：
改变脱贫致富靠山吃山的穷观念

要想富，不仅掀开重山来造路，还要丢掉旧的思想包袱这座穷山。

老汪心里急，农民守着一亩三分地，不能嘴上喊着苦，手上闲着，脑子空着。

品牌意识，是老汪带进泰顺农村的一股清风，带着农民想创意。

泰顺龟湖镇上宅垟村发现一株黄叶变异茶苗，叶形别致，叶色稍淡，连野兔都特别喜欢吃。

制茶泡水后，汤色黄亮，清香扑鼻。原本农民准备“杀鸡取卵”卖了这株独苗，老汪闻讯及时劝阻，并把该茶叶样品带回学校进行测定，还取了一个风趣的名字——“泰上黄”，寓意为泰顺上宅垟村发现的黄茶，建立自有品牌。

结合泰顺石，汪自强准备捆绑营销，打造“一软一硬”的泰顺特色名优产品。汪自强认为，理念转化，用好市场规律，能让农产品从低端销售走向高附加值运行，从山沟沟走向全国。泰顺县科技局局长曾顶满说：“老汪科研水平高，创新意识强，他似乎有着与众不同的视野，总能找到产品的开发点。”汪自强扎根山乡的10多年，创造了一个个帮助当地农民增收致富的精彩故事，被农民誉为“科技财神爷”。

老汪的帮扶工作也是这样延长供应链，扎根万排乡，辐射全泰顺，哪里使得上劲，他就往哪里钻。

改变穷观念，是老汪作为一名浙大教师常说常做的，努力培养新型职业农民，扎实推进现代农业，是他心心念念的。

老汪指导农民们，要通过政策红利，实实在在脱贫致富。

2010年，在一次会上，汪自强得知鑫农果业专业合作社主营枇杷种植，但投入产出率低、坐果率低、易冻害严重，老汪带领农户申请温州市科技局的农业科技项目，获得了15万元的项目资助，研发了一套完整的大五星枇杷山地促成栽培技术。第二年恰逢早春冻害，凭借先进的实用技术躲过了一劫，枇杷收成一点都没减。

农业脱贫，要有眼界、有思路、有方法，老汪认为这正是他作为浙大教授的所长，因此乐于施人，教会农民拿起笔杆子，写项目，做创意，做大做强农产品。

就这样扎根15年，老汪成了家里的“放鸽子大王”，但也是这样的15年，越来越多的农民脱贫致富，鼓起了腰包。

15年快如骏马奔驰，呼啸而过；15年又慢如水滴石穿，久久为功。

15年里，形塑了汪自强这名科技特派员，在欠发达山乡竖起了丰碑。

现在，汪自强已年过花甲，但他依旧被派驻在泰顺万排，守着那块他念兹在兹的乡土。他说，当年带着共同富裕的目标去，如今装回来是满满的人生成就感。

文/赵婀娜　柯溢能

图片由受访者提供

勇攀眼科领域高峰

——访2017年“全国道德模范”称号获得者姚玉峰

人物名片：

姚玉峰，男，1962年5月生，浙江温州人。浙江大学医学院附属邵逸夫医院眼科主任、浙江大学求是特聘学者、浙江省重点创新学科带头人、浙江省有突出贡献的中青年专家、浙江省跨世纪学科带头人“151”一层次人才。成功主持了世界上第一例由他独创的角膜移植术，解决了排斥反应这个世纪难题。姚玉峰创造的技术，被国际眼科界命名为“姚氏法角膜移植术”。获得白求恩奖章、首届白求恩式好医生、国家医药卫生局生命英雄“平凡英雄奖”、首届中国好医生月度人物、浙江骄傲人物等荣誉。2017年获评全国道德模范、浙江省道德模范。

中国角膜病人大概有1000万人，其中因角膜病致盲的有300万人，每年还新增50万人。攻克角膜病是全世界的眼科医学界从1906年开始就一直钻研的国际难题，其中角膜移植排异反应成为横亘在医学家们面前的一道世纪难题。这个难题，被一位中国科学家破解了。

他就是姚玉峰，浙江大学医学院附属邵逸夫医院眼科主任、博士生导师，全国道德模范、白求恩奖章获得者。

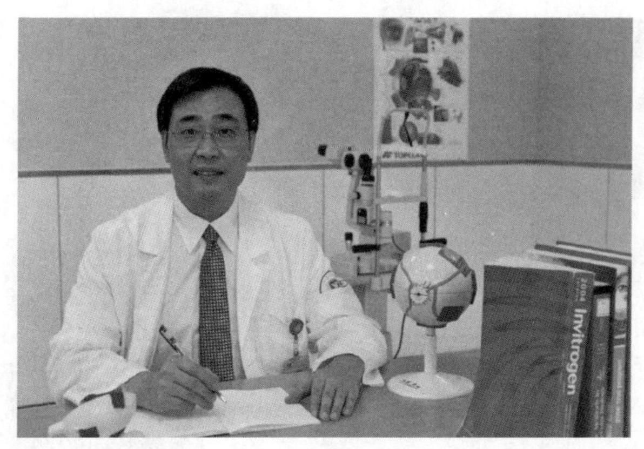

竭尽全力，实现老阿姨的愿望

“尊敬的习总书记，您好！我怀着无比激动和感恩的心情给您写信：在您，在江西省、浙江省、萍乡市各级组织的关爱下，著名的姚玉峰教授从杭州到萍乡市人民医院，为我成功实施了高难度的白内障手术。现在，我又看得见了，又能看书啦！”

2019年4月23日，这封信从江西萍乡出发，带着一位96岁老人的激动、感谢和祝福，跨越1600多公里，来到了习近平总书记的手中。当日，习总书记即作出重要指示，表达了对老人的牵挂。

这位老人，被总书记亲切地称呼为“老阿姨”。她的真名叫龚全珍，是“农民将军”甘祖昌的夫人、第四届全国道德模范，还入选“感动中国”2013年度十大人物。

4月13日，龚全珍接受了一场世界级难度的眼科手术，而这场手术的主刀医生是另一位全国道德模范姚玉峰。

“老阿姨，现在白内障手术水平已经很高了，您不要担心。我一定会竭尽全力，让您实现看书的愿望！”4月12日晚，听说老人因为紧张，血压一直下不来，姚玉峰一下高铁就直奔病房，握着龚全珍的手许下承诺。

姚玉峰深知，这场手术的难度极高：老阿姨的白内障核硬度是最高级别，瞳孔太小难以散大，同时她还有高血压、心脏病、慢性肾脏病等问题。但与此同时，要帮助老阿姨实现看书心愿，又必须使用屈光计算最难的三

焦晶体。为了打赢这场硬仗，姚玉峰和萍乡市人民医院眼科、肾内科、心血管、麻醉科、护理部的十几位主任会诊到深夜，反复推敲每一个难点，为每一个可能出现的危急情况做好应对方案。

让人心惊的是，会诊时预判到可能会发生的各种危险情况，在手术中都发生了。老阿姨的瞳孔不断回缩，最后竟回缩到1毫米，"逼"得姚玉峰最后只能依靠多年经验进行"盲操作"；高龄老人生理性的头部挪动差点造成眼睛超出显微镜的视野范围，姚玉峰又临危不乱地腾出小拇指尖撑住老阿姨一侧头部以减少挪移；高硬度的白内障核碎块把最先进的超声乳化仪管道都堵住了，幸亏姚玉峰提前邀请的工程师做了应急疏通。

手术过程险象环生，但被医术国际顶尖的医生和具有老革命意志的患者共同克服了。把老阿姨推出手术室后，姚玉峰心里的一块千斤重石终于落了地。

当第一块纱布揭开时，老人脱口而出一句："好亮啊！"第二天揭开左眼的纱布后，老人笑得像个孩子："看得清清楚楚！"姚玉峰兑现了对老阿姨的承诺。

4月15日上午是姚玉峰的专家门诊时间。为了不影响第二天的看诊，在确定老人视力恢复后，姚玉峰立即动身返回杭州。20多年间，姚玉峰一直在传递光明的道路上奔波着，他诊疗过的病人超过30万人，经他手术复明的病人有近3万人。

勇攀高峰，解决世界眼科难题

角膜病是眼科致盲性常见病，全球角膜病人4000万人左右，角膜病盲人1000万人左右。它还被视为“穷病”，发展中国家的发病率高于发达国家，如果得不到及时治疗，严重了只能做眼球摘除。1906年，一位德国医生实施了人类第一例角膜移植，为角膜病盲患者带来了希望，但是却遇到了排斥反应。为此，近一个世纪以来，世界眼科学家前赴后继，却始终没有解决这个难题。

1991年年底，姚玉峰考取卫生部公派“笹川医学奖学金”的出国项目，赴日本大阪大学医学部眼科研修。之后，获得奖学金的姚玉峰再次前往大阪大学攻读博士学位，他博士阶段的课题就是研究排斥反应机理。姚玉峰在大阪大学的历史上创下了两个第一：因为成绩突出，破例提前两年进行博士论文答辩；破格受聘为客座研究员。

前房关联性免疫偏差对角膜移植排斥反应的影响，是世界级难题。而姚玉峰发现排斥反应最主要的对象是内皮层，仅有6微米厚。为了找到完整保留内皮层的方法，他绞尽了脑汁。功夫不负有心人，时刻思考解决方法的姚玉峰在一个清晨得到了启发。那天早餐，他拿起鸡蛋剥开蛋壳，得到了完好无损的蛋衣。“蛋壳和蛋衣，不正像角膜整个基质层跟内皮层的关系吗？如果先把类似‘蛋壳’的角膜基质层与类似‘蛋衣’的内皮层分离开，那么‘蛋衣’完整保留就可能实现。”

这个设想看似简单，真正实施起来却困难重重。姚玉峰几乎试用了全世界所有能找到的眼科器械，但是一剥就会把内皮层捅破。于是，他自己设计发明专用器械，在无数次的试验之后终于制造出能够钩开眼角膜0.1毫米口子的“姚氏镊”和一整套手术器械。

姚玉峰放弃国外优厚待遇，带着顶尖技术毅然回国。1995年5月，世界上第一例采用最新剥离术进行的角膜移植手术由姚玉峰主持，在浙江大学医学院附属第二医院完成。术后无排斥反应，患者三个月后视力达到1.0。接着是第二例、第三例……所有移植均实现零排异！困扰世界角膜界一个世纪的难题终于被一个中国眼科医生破解。姚玉峰登上了世界角膜移植的巅峰！

一个年仅33岁的中国小伙子破解了横亘在医学家们面前的一道世纪难题，世界眼科学界震动了。姚玉峰创造的技术，被国际眼科界命名为“姚氏法角膜移植术”；美国眼科科学院快讯称之是“该领域治疗方法的一个突破”，被写进美国医学教科书。姚氏法角膜移植术，不但大范围应用在中国病人身上，也被推广到美国、日本、印度、欧洲等地，被载入世界角膜移植进步史中。

姚玉峰独创的角膜移植术，帮助患者保留住角膜的最后一层内皮层，不但破解了角膜移植排异反应的难题，还实现了用冰冻保存的供体角膜进行移植，突破了角膜只能在一两天内移植的局限，让供体获得最有效的利用成为可能。

不忘初心，无偿公开“独门秘籍”

7岁那年，姚玉峰受到外伤后左眼眶膜被打开，眼眶的整团脂肪溢出成一团肉球挂在眼皮外面，像眼珠被撞出来了，满脸鲜血。幸而遇到一位技艺精湛的医生，用最快的速度进行清创缝合，两周后姚玉峰的视力恢复正常。这段特殊的经历让姚玉峰萌生了成为一名守护患者光明的眼科医生的想法。

而现在，医术高超的姚玉峰每天不是为来自全国各地的患者看诊，就是一台接一台的手术连轴转，但是与我国角膜病人每年50万人的新增速度相比，他仍深感一己之力太单薄。

看到每天都有慕名而来的天南海北的患者，从不去其他医院“走穴”挣钱的姚玉峰，决定举办全国性的角膜病诊治技术学习班。他要把“姚氏法角膜移植术”授之于人，惠泽广大患者。“姚玉峰太傻了！”有人说，市场竞争如此激烈，他应该守住自己的“独门秘籍”。世界一流的眼科专家，竟亲力亲为做基础性的培训工作，很多人不理解。

“我的成绩，其实是站在巨人的肩膀上取得的。”姚玉峰说，在他的成长路上，有许多“摆渡人”；他也应该做别人的“摆渡人”。“一个姚玉峰，能完成的手术是有限的。但是如果有十个、一百个、一千个不叫姚玉峰的姚玉峰，那就可以让十倍、百倍、千倍的患者重获光明，这样才不违背自己学医的初心。”

于是，姚玉峰选择将自己的“独门秘籍”公之于众。从2009年开始，姚玉峰每年面向全国眼科医生举办两期眼科培训，普及“姚氏法”。2019年的6月13日至15日，姚玉峰的第11届培训班举办。“2019年最新编排的课程，是围绕思维方法这个主题，再展开每一种具体角膜病的培训。”姚玉峰介绍。

培训班吸引了来自全国各地的眼科医生，期期爆满，姚玉峰为各地医院培训了7000多人次的角膜病专业人才，让姚氏法角膜移植术在全国推广，让全国1.5万多名角膜病盲人在当地受益于“姚氏法技术”。姚玉峰希望将来有学生能超越他：“只有这样，中国才能成为治疗角膜病的眼科强国。”

姚玉峰的工作多、节奏快，一天只有4小时多的睡眠时间。但为了探索新的诊断方法，姚玉峰花了不少心血。他和浙江大学人工智能研究所的吴飞教授用大数据和人工智能，在积攒的16万份眼科病例实际照片图像基础上开发了人工智能角膜病医生辅助诊断系统，该系统的诊断准确率已达87%。再如，到目前为止，病毒性角膜炎的诊断基本是依靠医生的观察和经验判断，而姚玉峰正致力于开发最先进的基因检测技术，可以对10种导致眼病的病毒同时进行检测，以实现对疾病做出病原学的诊断，这样可以提高诊断准确率，减少误诊率，也帮助实现治疗的针对性，让患者减少痛苦，避免失明的发生。

“对一个医生来说，最重要的是职业责任感，要时刻对生命持敬畏之心，对病人极致负责。”而他的这份使命感，我们在患者重见光明的兴奋中听到了，也在姚玉峰坚定的双眸中看到了……

文/马宇丹

图片由受访者提供

从实验员到机器人学科带头人

——访 2017 年“全国五一巾帼奖章”获得者熊蓉

人物名片：

熊蓉，女，1972 年 6 月生，江苏太仓人。浙江大学控制科学与工程学院教授、博士生导师。智能系统与控制研究所机器人团队负责人、科技部智能机器人重点专项专家组专家、浙江省“万人计划”科技创新领军人才、浙江省“151 人才工程”第一层次人员。研究方向为机器人智能感知与控制。承担国家自然科学基金项目、科技部“863”项目、科技委重点项目、浙江省重点科技创新团队等 10 余项，已发表 SCI/EI 论文 80 余篇，授权国家发明专利 46 项、美国发明专利 1 项，作为第一获奖人获 2013 年浙江省科学技术奖一等奖、2014 年浙江省教学成果奖一等奖。2017 年获全国五一巾帼奖章。

澳大利亚当地时间 2019 年 7 月 7 日 14:30，浙江大学 ZJUNlict 战队以 1∶0 战胜德国 ER-Force 战队，卫冕 2019 年机器人足球世界杯冠军。消息传来，师生们一片沸腾。团队中的几位老队员不禁想起了 2013 年那场让浙大机器人足球一鸣惊人的比赛。

场上比分 6∶6，接下来由卡内基梅隆大学队踢点球，球在空中飞行的时候，每个人都屏住了呼吸，因为这个球很有可能决定冠军归属。

最终,球被浙大队的守门员扑了出来,浙江大学 ZJUNlict 队赢了!夺冠的那一瞬间,每个队员都在欢呼。

这是 2013 年荷兰机器人足球世界杯决赛的最后一球,也是这一球让中国机器人第一次站上了小型机器人足球世界杯赛的巅峰。

2014 年浙江大学蝉联这一领域世界冠军。2018 年,浙江大学代表队在决赛中以 4∶0 的大比分打败美国卡耐基梅隆大学代表队,第三次夺冠。

每一场比赛后,队员们第一个想要拥抱与感谢的,就是他们的“教练”熊蓉老师。在男多女少的机器人研发领域中,熊蓉就像是一朵妩媚动人的芙蓉花静静绽放。自 2002 年以来,熊蓉带队参与各项重大国内外机器人赛事,共获得国家奖项 20 余项、国际奖项 10 余项,其中全国冠军奖项 11 项、世界冠军 4 项。同时她带领团队承担了多项国家重要课题,自主研制了在国内外有重要影响的乒乓球对打仿人机器人系统,相关技术推广应用于多种机器人产品。

谁能想到这样一位机器人方向学科带头人,最初只是一位普通的实验室老师。

敢啃“硬骨头”的实验员

1997 年,计算机专业硕士毕业的熊蓉进入浙江大学工控所工作,承担工业控制技术国家重点实验室的日常运行和维护工作。那时候的她对于未来并没有考虑太多,跟几位同是实验员的老师一起整理编写资料、设计实验室网页、管理邮件服务器。

在出色地完成日常工作的同时，闲不下来的熊蓉总是问自己：还能做点什么？勤奋与聪颖让这位年轻人总能找到“额外”的活，跟着老师做课题，开发网页系统，她不断地给自己“加码”，在充分发挥自己编程特长的同时，也不断开拓新的研究领地。

2000年，国内外一些高校开始举办机器人竞赛。熊蓉所在的实验室也计划开展机器人研发工作。实验室领导第一个就想到了主动好学、敢啃“硬骨头”的熊蓉。

熊蓉听了，眼睛一亮。尽管此前她对机械、电器这部分了解不多，但年轻人怕什么？那时候有关机器人的书很少，她一有空就往图书馆跑，把能找到的资料、文献和专业论文都拿来看。

她还带着学生去全国各地调研。听说东北某大学有一套自己做的足球机器人系统，熊蓉就去那里学习。那时，这所大学的机器人研制水平在全国高校位居前列。可是，当熊蓉看到这套做了两年的机器人系统连路都走不直时，心里难免有些失望：“什么时候我们才能造出自己的机器人呢？”

回到学校，她和学生列出所有的问题，一个个讨论解决方案。虽然之前看了不少书，但理论和实际总是不一样，熊蓉时常感觉有些“抓瞎”。

此时，熊蓉的女儿在读幼儿园，正处于黏人的年龄，在浙大数学系工作的丈夫又常常不在家，熊蓉的家庭负担也不轻。有时候，女儿要她陪一会，熊蓉只好扔给女儿一本书，让她自己看去。

经过一年的不断设计、评估、测试，熊蓉和学生研制出了浙江大学第一代的FIRA足球机器人。机器人研发工作给熊蓉打开了一扇窗。而随着难度的升级，她也越发感觉到了“本领恐慌”。2004年，熊蓉结合国际前沿研究，决定选择自主移动机器人地图构建以及定位导航技术作为研究课题，并开始攻读博士学位。

她白天忙着处理实验室各项事务，晚上阅读文献、研究课题。一年365天，寒来暑往始终如一。刚刚上学的女儿只好全部交给父母照料。再到后来，熊蓉的丈夫主动减少了出差访问交流的次数，在家做饭管孩子。

为"海宝"号啕大哭的工作狂

在浙大玉泉校区的一间实验室里,一场乒乓球赛正在热闹进行。不过比赛的主角不是人,而是两个几乎长得一模一样的机器人"悟""空"。只见"悟"拿起乒乓球,向"空"发了过去;"空"抡起球拍,立刻把球回了过来。它们时而正拍,时而反拍,有板有眼地回着每一个球。这两个机器人正是熊蓉团队的代表作之一。

2008年,浙大牵头和几家单位合作承担科技部"863"重点课题"仿人机器人感知控制高性能单元与系统",熊蓉是浙大方面的负责人。这对她来说,既是机遇,也是挑战,因为"全都是难点"。

比如,设计目标要达到每小时1公里的速度,可是最开始做出来的机器人每小时只能走0.5公里。怎么办?熊蓉找国外的机器人视频来研究,最终设计了一条把整个技术关键环节都串联起来的路线。

为了机器人脚底下的一块胶皮,熊蓉和学生们到市场上买不同的材料来试验,试了两三个月才找到最合适的胶皮。

最终历时4年多研制的"悟""空"集成了机器人领域的诸多先进技术:身躯采用了高强度轻质材料和加工工艺,全身有30个关节,仅手臂就能做7个自由度的运动。

短短几年中,熊蓉主持研制了多套具有国内领先、国际先进水平的机器人系统,其中60cm小型双足仿人机器人,步行速度可达1.08km/h,具有自主视觉认知、决策协作等能力,在全国机器人大赛上屡次夺冠。

在这么多机器人中,最让熊蓉揪心的是上海世博会的"海宝"。要在短短5个月的研发时间里,完成兼具拟人交互、定位导航、视觉环境感知等功能的37台专用智能服务机器人,难度可想而知。研发工作从早到晚没有停歇,而她同时忙的还有另一个仿人机器人项目和自己的博士毕业论文。"有段时间感觉快要撑不住了。我母亲让我睡一会,可是我在床上躺了10分钟又起来了,实在是不能停下来啊。"

2010年3月,拥有自主知识产权、凝聚着浙大人心血的第一台"海宝"智能服务机器人在上海亮相,成为在世博会舞台上展现中国自主创新能力的又一亮点。

可是，还不能松口气。当年 4 月，“海宝”要在一次演唱会上跳《辣妹子》。舞台有十几米高，地上搭的木板又是软的，因为外壳加工精度不高的原因，“海宝”跳舞的时候经常会“卡壳”，总是要不断检修。

“离演唱会还有 2 天的时候，我们准备的 5 个‘海宝’中有 4 个手臂都出现了问题。我回到宾馆房间，急得号啕大哭。”哭累了，睡着了，醒来继续干。幸好之后的检修非常顺利，“海宝”的演出大获成功。

也许是多少年没有这样痛哭过了，熊蓉记忆犹新。不过，熊蓉的同事们记得的是另一件事，熊蓉这个工作狂病倒了。“她发热发得很厉害，一副病恹恹的样子，可是还跟我们熬夜到凌晨三四点。”

说到此事，熊蓉却一脸茫然：“不记得了。”

不敢直视学生比赛的名教头

熊蓉不仅自己做机器人，还带着学生一起“玩”。

早在 2001 年，熊蓉团队就和本科生院合作建立了机器人科教实践基地。之后，在相关部门支持下，她又组织起了浙江大学本科生机器人竞赛，为不同年级不同专业的学生开设不同的机器人相关课程。辅导竞赛、帮助学生完成项目，成为熊蓉开展机器人技术教学的重要工作内容。仅 2009—2013 年，共有 2500 余名学生参与了各类机器人教学与实践活动，其中，外系学生有 2150 余名，近几年每年参赛学生达到上千名。

熊蓉的名声也越来越大。后来的冠军队成员吴珺就是冲着她来的。当时就读于控制系大二的她看到浙大机器人夺冠的新闻便下定决心加入了小型组足球队。在足球队的两年里，她与来自全校各个专业的本科生一起在熊蓉的指导下进行足球机器人的研发，并参加了 2014 年的世界杯，成功卫冕。

在吴珺眼中，熊蓉是个“拼命三娘”。“每次晚上离开实验室，抬头看看熊老师的办公室，总是亮着灯，熊老师经常也会在凌晨时间回复我们邮件。”

西雅图的亚马逊抓取机器人比赛开幕前夕，胡晋和他的队友们都手

忙脚乱，因为他们的电机由于固定不牢脱落了，这意味着他们的机器人将损失超过一半的运动能力，大家都急疯了。而熊蓉却十分冷静，组织同学们一起头脑风暴想办法解决这个问题。“多亏有熊老师稳定军心，与我们一起讨论、想出办法，并组织大家购买材料解决了这个问题。”胡晋回忆道，“那天我们大概忙到凌晨，熊老师陪着我们一起熬夜。”

也许，学生们不知道的是，每次比赛的时候，熊蓉看似平静，其实内心也十分紧张，所以总是故意跑到别的比赛场地去：“我怕学生看到我紧张就更紧张了，只好从远处或者背后偷偷地瞄几眼。”

“现在熊老师依旧在工作上十分拼，经常在深夜时分还与我在微信上讨论着课题。”王越在熊蓉的指导下获得了硕士、博士学位，如今已是浙大讲师的他在熊蓉的耳濡目染下决定继续从事机器人技术的科研工作：“熊老师教给了我分析、解决问题的勇气和方法。当然，还有坚持自己的梦想。”

近几年，熊蓉又带着机器人研发团队研制了新型动态稳定运动的腿足机器人，2018 年发布的四足机器人“绝影”掌握了跑跳、爬楼梯、爬斜坡、在碎石子路上行走等能力，即使摔倒在地，也能够自动调整身体方位重新站立，有望在安防、侦查、救灾等实际场景中进行应用。

虽然获得了诸多荣誉，熊蓉却没有丝毫的松懈。“在研发机器人的过程中，我们深刻认识到，我国和发达国家还存在着较大差距。”她说，机器人科技发展水平已经成为衡量一国科技创新能力的重要标志，而机器人的更新换代又非常快，不进则退，“要想打造出更多更好的‘中国芯’机器人，我们还要持之以恒地努力”。

文/吴雅兰　林思远

图片由受访者提供

第二故乡上的科技新奇迹

——访 2018 年“全国五一劳动奖章”“浙江省劳动模范”称号获得者武建伟

人物名片：

武建伟，男，1975 年 6 月生，山东潍坊人。浙江大学机械工程学院教师、博士，现任浙江大学台州研究院机电研究所常务副所长，主要从事智能装备、企业信息化、优化设计等方面研究。曾参与多项国家、省部级科研项目，主持国家“863”计划课题 1 项，浙江省公益性基金项目 1 项；发表 SCI、EI 论文 10 余篇；申请专利 100 余项，授权发明专利近 50 项。作为主要人员荣获浙江省科技进步奖一等奖 1 项、教育部科技进步奖一等奖 1 项。先后荣获台州市劳动模范、台州市“500 精英”、台州市“十大科创之星”、台州市“实干论英雄”先进个人等称号。2018 年荣获全国五一劳动奖章，同年被授予浙江省劳动模范称号。

十年异乡，他扎根台州，奋战在科技服务第一线；十年担当，他热心公益，率“新台州人”创社会治理新格局；十年钻研，他突破瓶颈，促关键时期优化升级。这十年，台州是他成长的热土，他也是台州科技创新的催化剂。

浙江大学机械工程学院教师武建伟，推动台州传统产业转型发展，产

生了巨大的社会效益和经济效益，2018 年荣获全国五一劳动奖章，同年被授予浙江省劳动模范称号，但他的成就远不止这些……

十年扎根第二故乡，播撒种子成大树

武建伟这十年异乡奋斗经历，始于 2002 年读博期间的一个机缘巧合。当时导师承接了一个浙江省重大专项课题，与台州玉环的企业进行合作，武建伟也因此与台州结缘。

四年的成功合作让浙江大学与当地政府都看到了技术发展与校企合作的方向。2007 年，导师团队在路桥区筹建了浙江大学台州研究院机电研究所；2009 年，团队核心成员武建伟接任导师扛起了研究所发展的担子。

“研究所刚成立的时候遇到了许多困难。”对当年的事，武建伟有许多感慨。2007 年刚去台州的时候硬件条件很差，食堂和住宿欠缺，只能住在小宾馆里。在跑企业和谈合作的过程中，需要花费很大的精力去寻找合适的切入点，团队都在思考：浙江大学究竟如何服务企业？最初的合作颇为单调，通过渠道牵线搭桥，浙江大学的教授也只是帮助企业完成一些小项目合作以及项目申报，合作深度与广度远远不够。

此外，武建伟的团队还遇到了另一难题：本地化团队缺乏。当时研究所的主力还是在读研究生，每周从杭州出发，在台州待几天，然后再返回杭州。当地政府也表达了对于缺乏常驻人员的担忧，但条件艰苦，常驻人员总是个缺口。

武建伟团队在台州转变了校企合作的切入点，从企业需求出发找准突破口，与企业的合作进入了全新的阶段。2011 年，有企业提出了对于自动化设备的迫切需求。当时靠人工装配零件的行业是高度的劳动密集型行业，企业面临着人工成本激增的现实困境。这一需要正好与研究所强大的科研实力储备能够对接。“把企业对自动化设备的渴望与研究所强大的技术储备和实力结合，问题便迎刃而解了。”

2012 年，武建伟主持研发的陶瓷阀芯自动装配生产线项目受到台州市中豪机械有限公司的青睐，双方签订协议开展产学研合作。

武建伟老师在留校工作两年之后，2007 年 10 月，根据浙江大学机械工程学院整体安排进入浙江大学台州研究院工作，是机电研究所主要创建人之一。浙江大学台州研究院于 2007 年落户台州，是浙江大学在省内建立的第一个地方性产学研研究机构，也是台州目前最大的科创平台和科研实体。以武老师为核心带头人之一的智能装备研发团队，在短短几年时间就成为台州技术创新的重要支撑力量。

武老师在工作中，始终坚持“勤”字当头、“实”字为要、“责”字在心。自浙江大学台州研究院机电研究所成立以来，他坚持 10 年扎根台州、服务台州，每周往返于杭州和台州之间，始终奋战在科技服务第一线，武建伟带领研究所克服了初建时期的各种困难，逐步找准了与企业合作的切入点，明确了研究所的发展方向，带领研究所从无到有、由弱变强，现已搭建了一支拥有博士、硕士数十人，年科研经费超千万元的科技服务团队，为几百家企业提供了智能装备、3D 打印、企业信息化等方面的服务，每年授权发明专利 10 余项，成为路桥区高层次人才聚集和科技创新的高地。在自动化装备研发、机器人应用、互联网/物联网应用方面积累了丰富实战经验，为助推台州传统产业优化升级作出重要贡献，产生了重大的社会效益和经济效益。

回顾自己扎根台州的初心，武建伟表示，既然选择扎根台州，必定会竭尽所能，依托浙大台州研究院，积极推动浙大产学研工作的开展，不负

浙大机械学院所托，潜心服务于国家地方经济发展，为台州产业发展不懈努力，为创新强国战略贡献力量。

十年坚持“求是创新”，突破瓶颈促转型

武建伟团队深入实施创新驱动发展战略，在互联网＋智能装备领域亮点纷呈，帮助多家企业突破了信息化、自动化技术瓶颈，完成了关键时期的优化升级。

在自动化装备领域，由武建伟主持研发的“陶瓷阀芯自动装配生产线”项目，攻克了陶瓷阀芯装配中零件数量较多、零件形状不规则、装配作业精度要求高等诸多难题，生产效率提高 2 倍以上，获国家授权发明专利 10 余项。项目成果备受企业青睐，现已拓展应用到浙江中豪、美国家得宝公司、杰克缝纫机、上海爱康集团、伟星集团等多家企业，间接经济效益超亿元。该项目还入选了台州市第一批“500 精英计划”，成立了台州市第一家“500 精英计划”创业企业，荣获台州市科学技术奖。

在互联网、大数据方面，武建伟与浙江彩洳高科技有限公司合作开发了基于互联网的危废收集一体机，利用移动互联网、物联网等先进信息化技术，实现了不同单位的信息集成，优化了危废处置的流程，提高了危废处置效率，降低了企业危废处置成本。同时武建伟团队将互联网技术应用到多家企业数字化车间的改造和建设中，实现生产装备与 ERP 等软件信息的集成，提高了企业生产的实时性和智能性。

突破技术瓶颈,实现科技创新可不是件小事。武建伟老师能够实现这样的突破离不开十年里从未停下的脚步。

2018 年 4 月 25 日下午,在浙江大学台州研究院机电研究所的检测室里,研究人员正在对一台基于机器视觉的豆腐干自动切割设备进行检测调试,武建伟提出了自己的想法。在此之前,他刚结束了一个技术对接的洽谈会。“过会儿要去趟企业,跟他们进行需求对接。”而这些,只是他忙碌日常的一小部分——跑企业、研发技术、合作洽谈、团队建设、日常管理……行程满满的忙碌延续了十余年,为上百家台州企业智造转型提供了重要的技术支撑。

针对陶瓷阀芯自动装配项目中存在的诸多技术难点,武建伟团队找准切入点,提出了合适的解决方法。陶瓷阀芯的装备共有 10 个零件,11 道工序,但关键问题在于企业的零件一致性不足,做出的设备就要有足够的可靠性来适应一致性不足的零件。企业在项目中反复强调的就是设备的高可靠性,这也是武建伟团队追求的目标——尽可能降低设备的故障率。三年多的开发过程中,武建伟团队最后采用了一种相对简易的方式来解决企业的问题,放弃对全生产线的自动化,而是针对五个零件六道工序进行自动化研究,剩下的零件依旧采用人工装备,实现了效率的最大化。还有一些其他工序,如套密封圈,也实现了自动化。企业一共投入了五六十台自动化设备,实现了生产效率的大幅度提升,并且在后续的检测中,又以 70 万元左右的价格签下了十几台设备。

十余年驻扎台州,上百家企业获益无穷,如今,武建伟还将继续以台州为创新基地,继续服务台州的科技创新。

十年投身回馈社会,“新台州人”有热肠

武建伟所在的机电研究院,位于台州市路桥区。路桥区超过三分之一的人员是外地居住在路桥的“新居民”。如何做好这些“新居民”的统战工作,是摆在政府面前的一道新命题。

2014 年 7 月,在路桥区政府和广大“新居民”的推荐下,武建伟被选举为台州市路桥区新居民联谊会第一届会长。其间,他召集 60 多名社团

会员，开展困难户慰问、民工子弟学校帮扶、企业义诊、安全健康宣传等公益活动，同时还组织会员围绕党和国家中心工作建言献策，让越来越多的新台州人了解台州、融入台州、热爱台州、建设台州，帮助打造共建共治共享的社会治理格局。

“看着孩子们收到篮球书籍时渴望的眼神，工人们义诊检查后舒心的微笑，我们做这些社会工作就有了不懈的动力。”武建伟回忆起自己与整个联谊会投身公益的经历，感触很深。

新台州居民武建伟认为，近几年，台州在科技创业创新方面发展迅速，但制造业整体水平还是较低。正因如此，他选择扎根台州，既能为渴望转型升级的企业提供本地化服务，也能为自己的研究成果找到用武之地。

“简单，乐观，担当”——这六个字既是武建伟的座右铭，也是整个团队的集体氛围。面对荣誉和掌声，武建伟表示：“这是一份激励，也是一道压力，更是一股动力。我和我的团队将会在今后的研发工作中，进一步提升科研水平，加快成果转化应用，不忘初心，牢记使命，瞄准前沿，勇于探索，无私奉献，砥砺前行。”

武建伟是“土生土长”的浙大人，博士毕业后扎根台州十余年，成为给企业发展出谋划策的“智多星”、台州人才引进的“活名片”，也引领了“新台州人”的奋斗新航向。

文/赵晨曦

图片由受访者提供

在中西文化交融的土壤中铸魂育人

——访2019年"最美高校辅导员"称号获得者王玉芬

人物名片：

王玉芬，女，1968年1月生，江苏常熟人。博士、副教授、硕士生导师。1994年西安交通大学电气工程专业博士毕业，后赴英国思克莱德大学留学，1996年至今任教于浙江大学电气工程学院。2009年至2016年任电气工程学院党委副书记，2016年调任浙江大学国际联合学院（海宁国际校区）学生事务部部长。曾获首届"最美高校辅导员"、"第十届全国高校辅导员年度人物"、浙江省"万名好党员"、浙江大学"党建先锋奖"等荣誉称号。

从教23年，担任辅导员10年，先后为本科生和研究生开设8门专业课程，担任硕士生导师，发表科研论文40余篇，在学院青年教师授课竞赛中多次获奖，在思克莱德大学、曼彻斯特大学等高校做访问学者……很难想象这是一位高校辅导员的履历，而这只是王玉芬工作经历中的一部分。

2016年，为进一步服务国家教育对外开放战略、服务地方创新发展战略、推进学校"双一流"建设，浙江大学与英国爱丁堡大学（UoE）、美国伊利诺伊大学厄巴纳香槟校区（UIUC）等世界顶尖名校合作办学，成立了浙江大学国际联合学院（海宁国际校区，以下简称"国际校区"）。王玉

芬成为国际校区的第一位辅导员。由此，开启了她高水平中外合作办学模式下学生思政工作的求索。

高水平中外合作办学模式下学生思政工作的开拓者

国际校区的 750 名学生，来自全球 59 个国家，其中近三成是留学生——这片中西文化交融的土壤，是已经做了 10 年辅导员的“老兵”王玉芬铸魂育人的新“阵地”。她倾情投入、辛勤探索，承担起在高水平中外合作办学模式下做好本土国际化学生思政工作的时代任务。

实行“大班教学＋研究学习＋小班讨论（LST）”思政理论课教学模式、中外趋同学生管理、传统文化国际推广、书院制等富有特色的本土国际化思政工作方案，为在多元文化环境下开展“以我为主”的新时代中外合作办学大学生思想政治工作开辟了新路子。作为国际校区思想政治工作的开拓者，王玉芬的这份荣耀得来不易。两座城市三个校区之间奔波，一周七天大部分时间“沉”在书院和学生相伴，成了她生活的常态。

漫步在国际校区，王玉芬随时都能停下脚步，和迎面而来的中外学生聊聊最近的学业和生活。午饭时间，她端着饭菜自然地在食堂里和同学们同坐一桌，青年学子在这校园里的收获与迷茫很快就装满她的脑海。她办公室的灯深夜还亮着，门始终敞开着，随时准备倾听每一个学生的心声。这位 1994 年就取得博士学位的电气工程学者，竟然是今天“95 后”大学生口中的“姐姐”。同学们说，她是一位有温情的老师，脸上永远挂着笑容。王玉芬则说：“学生的爱是我最好的护肤品。”

如何在“高水平、一对多”的基础上取其精华而又“寸土不让”、坚持“以我为主”掌握思政工作话语权？做“第一个吃螃蟹的人”，王玉芬面临的挑战无疑是巨大的。在最初的两年里，前后 500 多天，调研走访中外合作办学机构 10 多家、与合作伙伴的中外负责人探讨 20 多次，克服理念关、语言关、谈判对象中途调整等诸多困难，终于得到中外院长认可，制定首份“以我为主”、融合中西方学生管理优势的学生行为准则，建立起适合于“一对多”中外合作办学模式的学生管理体系。

在她的努力下，国际校区基本形成了“学生事务部统筹，联合学院主抓专业教育，书院主导养成教育”的育人格局；形成了“正面教育、素质发展、中外趋同”三者相辅相成的高水平中外合作办学学生思政工作体系。

扎根中国大地讲好中国故事的传播者

如何让中国学生在国际比较中培养“文化自信”？如何给留学生讲好中国故事、传播好中国声音？王玉芬把国际校区辅导员这个岗位视为一个难得的机会，她说：“正是有了这个中外学子汇聚的天然舞台，我们才能以最自然的方式让全球青年一同感知中华文化的魅力。”

上海一大会址、嘉兴南湖革命纪念馆、浙大西迁办学点贵州湄潭、于子三烈士墓……这些地方都留下过王玉芬与中外学生的身影,这既是中国学生的革命传统教育,也能通过一个个鲜活生动的事实有力地让各国留学生明白“为什么中国共产党是历史的选择、人民的选择”。党的十九大召开后,她将十九大报告的中英文版本发放到学生手中,并邀请专家为留学生全英文解读十九大报告。这本小小的册子一时间成了留学生和外籍教职工的抢手读物,大家都认为这是“读懂中国的最新文献”。

“文化的滋养是浸润式的,让中国学生在国际舞台上更自信,让留学生真正喜爱这里,我们的本土国际化思政教育才算是到家了。”王玉芬常与年轻辅导员们分享这份宝贵的经验。她组织中外学生看皮影、赏灯彩、观大潮、学丝竹,体验办学当地的民俗文化;每逢中国传统佳节,便组织中外学生一起制青团、赛龙舟、做月饼、包饺子,让中华优秀传统文化浸润学生心灵……浙大社会实践“十佳团队”展示的舞台上第一次迎来了留学生,分享他们在中国西部的见闻和故事。王玉芬在那天的工作日记上写道:“台上的 Zdenek 面带自信,台下同学的眼中充满惊奇。中华文化正在滋养着这片土地上的每一个人,不知道未来又会有多少人透过他看见中国。”

做辅导员的这些年,王玉芬常有“钱塘郭里看潮人,直至白头看不足”的感慨。“我的一言一行都能给学生以极大影响,而辅导员的幸福感和成就感也源于此。”她在国际校区带的第一届学生曾为她写下这样一句话:“立中国大地,揽中外英才,得桃李,育芬芳!”

“思政课程”到“课程思政”的践行者

王玉芬的微信朋友圈里,几乎全是与学校、学生息息相关的动态,从带队军训到学生参加比赛,她恨不得把学生每一刻的成长动态都捕捉下来。好多她教过的学生都是她的微信好友,并常常为她点赞。

就是因为喜欢和学生打交道,2009 年,王玉芬选择从专业课老师转变成为一名学生思政工作者。她希望能和学生一直在一起,用她的学科背景和育人情怀引领学生成长成才。“心之所向，无远弗届。”尽管学生思想政治教育对工科背景的她来说是一个全新的领域，但她踌躇满志，心怀向往，“辅导员工作激起了我的斗志，我觉得自己的专业背景对于研究生思政工作的开展非常有帮助的，我愿意和我的学生一起不断迎接新的挑战”。

当她的工科专业和对学生的那份用心加在一起，会碰撞出怎样的火花？王玉芬成为电气工程学科“课程思政”的探路人和践行者。她探索并实践研究生培养与思政教育的有效融合，主持教改项目“电气工程全日制专业学位硕士研究生培养模式探索与实践”，坚持“高起点、重实践、求创新”，使浙江大学电气工程学院成为全国唯一一家连续三年都有学生获评“工程硕士实习实践优秀成果获得者”荣誉的单位。该项目成果获评2017年浙江省研究生教育学会教育成果奖一等奖，她本人也代表学校在第九届全国工程专业学位研究生教育工作研讨会上作主题交流。

用工科博士的质朴情怀育人，用专业师长的风范引领学生思想成长。也许是工科生特有的严谨，也许是那份属于她的初心和执着，电气工程学院的思政工作屡屡获奖：研究生“微课堂”特别行动项目入选团中央“四进四信”优秀项目，“知行合一，积微成著——大学生党员教育微计划”在2016年全国“大学素质教育优秀品牌活动”评选中荣获金牌。

她的学生中，有矢志从军报国的博士军人、浙江省第一届感动校园人物徐海亮，有在创新创业大潮中搏击长空、带领团队斩获首届“互联网＋”大赛全国总冠军的李响，还有百人会英才奖获得者、浙江省学生联合会副主席叶新。更是有不少学生像她一样，也成了一名辅导员。他们说“因为爱你，所以我也成了你”。对她而言，“学生有理想、有本领、有担当，能够成长成才，就是最幸福的事”。

23年，3400余课时，300多个案例，5000多名学生，8300多个日日夜夜。一个人的23年，矢志不渝地做一件事，就是育人。“无处著春光，草木尽芬芳。”这就是王玉芬，这段故事就是一名思政工作者的青春风华。

文/柯溢能

图片由受访者提供

（根据有关资料综合整理）

与“煤”为伍，乐在其中

——访2019年“全国五一劳动奖章”“浙江省劳动模范”称号获得者高翔

人物名片：

高翔，男，1968年10月生，浙江杭州人。博士，教授，国家杰出青年科学基金获得者、浙江省特级专家、首批国家“万人计划”科技创新领军人才、首批国家环境保护专业技术领军人才。现任浙江大学能源工程学院院长、国家环境保护燃煤大气污染控制工程技术中心主任、“十三五”国家重点研发计划“大气污染成因与控制技术研究”重点专项总体专家组成员等职。长期从事燃煤烟气污染治理的基础理论、关键技术及工程应用研究，研发的燃煤机组超低排放等多项技术成果已规模应用，先后获何梁何利基金科学与技术创新奖、国家技术发明奖一等奖（排名第一）、国家科技进步奖二等奖（排名第一）、国家技术发明奖二等奖（排名第二）等荣誉。2019年荣获全国五一劳动奖章，同年被授予浙江省劳动模范称号。

曾经，记忆里“天朗气清，惠风和畅”，现如今很多时候却是“雾失楼台，月迷津渡”，古典诗词中意境朦胧的场景，成了近年来全国很多城市空气状况的真实写照。而这大气污染背后的元凶之一正是燃煤排向天空的

烟气。

在浙大，有位教授始终在与这“浓烟”对抗，探索着更有效更清洁的能源利用方式、更高效的污染治理技术，他就是能源工程学院的高翔教授。

在长期自主创新和联合攻关后，高翔带领团队实现了燃煤机组超低排放关键技术与成套装备的突破，获得了2017年度国家技术发明奖一等奖。这是浙江大学首次以第一完成单位获得该奖项，也是浙江省的第一个国家技术发明奖一等奖。

他长期坚持在教学科研第一线，组织形成了高水平的工程科技创新团队和研发平台，培养了一批优秀人才，取得了燃煤污染治理的技术装备创新和规模化应用的突出成果，推动我国燃煤电厂进入超低排放的新阶段，为全球解决燃煤污染问题提供了中国经验。

而这背后是高翔近30年与“煤”为伍的科研人生。

近30年做好一件事

时针拨回到1990年，高翔保送浙江大学博士研究生。那时候我国电力行业刚开始发展。后来当选中国工程院院士的学科带头人岑可法教授敏锐地判断，在不久的将来，烧煤排放的污染物会对环境造成影响，只有有效的清洁技术才能控制。

虽然当时煤炭清洁利用研究是个尚未被人关注的“冷门”领域，但是在岑可法的带领下，高翔一头就扎了进去，致力于煤炭燃烧产生的多种污染物脱除控制技术的研究，参与从机理研究、小试、中试、示范、产业化到标准的全链条整个研发应用过程。而这一干就是近 30 年。高翔说支撑自己的内心动力是希望为国家做事情的理想。

我国煤炭资源地域分布广，动力用煤煤质成分复杂，而且高灰煤、高硫煤等劣质煤用量大，煤的燃烧特性和污染物排放特性也非常复杂。与此同时，燃煤电厂负荷变化普遍较为频繁，对环保装置的运行可靠性也提出了更高的要求。煤质和负荷适应性强的燃煤烟气多污染物超低排放技术是亟待突破的难题。

"如果我们利用科技把煤炭燃烧排放的污染物浓度降低到国家规定的燃气轮机组发电排放标准限值水平，它也可以当作一种清洁能源。"显然，这是个很难的活。高翔一直把科学研究的方向瞄准学术前沿，敢为人先。为了找到最佳解决办法，为了建立基础数据库，必须进行大量的基础研究和工程应用研究，高翔以及他的团队成员总是没日没夜地干。项目组经过长期的理论研究和试验研究，闯过重重难关，研发了高效率、高可靠性、高适应性、低成本的多污染物高效协同脱除超低排放系统，最终实现了复杂煤质和复杂工况下燃煤机组多污染物的超低排放，让燃煤变得更加清洁。

项目组在系统研究氮氧化物、颗粒物、二氧化硫、汞、三氧化硫等污染物转化/脱除过程的多相、多场、多尺度相互作用与耦合规律的基础上，揭示了多因子对多种污染物强化脱除的调控机制,发明了多种污染物脱除过程强化的协同调控新方法,构建了多种污染物高效脱除技术与装备体系,解决了多种烟气污染物的高效协同治理难题。

如针对"雾霾元凶"——烟气中细颗粒物脱除效率低的问题,采用温—湿系统调控强化了多场协同下细颗粒物和 SO_3 的控制脱除,提升了颗粒的捕集效率;针对催化剂中毒失活、低温活性差等问题,通过多活性中心催化剂的配方研发,在多个活性位点的"团结协作"下,提高了催化剂的抗中毒、低温活性、协同氧化汞等性能,实现了复杂煤质及低负荷运行等恶劣工况下氮氧化物的高效脱除,也有效控制了汞的排放;针对废旧催化剂的处置问题,采用活性组分分次可控负载等方法,可使废催化剂活性恢复到新鲜催化剂的水平,实现了废旧催化剂的循环利用及功能化改性;针对系统优化运行问题,建立了多断面污染物浓度预测模型及优化方法,可实现超低排放系统的智能调控。

产学研用,实现科研成果落地生根

"要实现实验室研究成果真正落地转化应用,必须针对性解决具体工程应用的技术瓶颈问题,尤其是在与国民经济发展和人民生活密切相关的燃煤电厂污染治理领域。"

高翔说,要实现科研成果真正落地转化应用,离不开国家和企业的大力支持,这也是实现创新价值、实现创新驱动发展的必然过程。通过与浙能集团等单位产学研用合作,这项成果在小型燃煤锅炉上成功应用后,在嘉华电厂大型燃煤机组上进行了研究成果的工程示范。

产学研联合攻关团队从技术原理、工程设计、工程实施、工程调试和运行等多角度对超低排放技术方案进行了近半年的全方位论证,仅系统设计方案就讨论修改了10多遍,其间还开展了大量的验证性中试和工程试验。最终,团队实现了嘉华电厂1000MW在役燃煤机组烟气多污染物超低排放,监测数据表明各项污染物排放浓度指标远优于排放限值,完全达到了系统设计的要求。嘉华电厂被国家能源局授予了"国家煤电节能减排示范电站"荣誉称号。

在嘉华电厂，我们惊喜地看到每小时发电量 100 万千瓦时的燃煤发电机组，燃煤烟气在短短的几十秒内，就“跑完”了该项目组开发的超低排放系统，最终，监测到的污染物排放浓度远低于排放限值，在 200 多米高的烟囱上几乎看不到烟色，成功实现了煤炭在电厂的清洁利用。“国家各有关部委、地方省市及一些大型电力集团公司都来技术研发单位和电厂调研考察，短短半年内，就有 200 多批次 5000 多人次来我厂交流。”嘉华电厂副总经理王建强说。

高翔的实干作风也受到了业界的普遍认可，寻求合作的企业纷至沓来，还有些企业本来不做环保装备的，也被吸引了过来。可以说，团队“催生”了一批环保企业。

“通过与浙江大学长期深入的产学研合作，超低排放关键技术推广取得了很大成效，真正实现了科技创新推动产业发展，集团综合实力上了一个大台阶，成为当地排名第一的纳税大户。”山东国舜建设集团有限公司董事长吕和武说。

通过与企业的产学研用合作，高翔团队成果在全国 10 多个省市的 1000MW、600MW、300MW 等不同等级的燃煤机组及中小热电机组上实现了规模化应用，2014—2016 年累计装机容量超过 1 亿千瓦，应用该发明成果新增销售 109.6 亿元；与此同时，团队也推进了关键技术装备的标准化工作，截至 2016 年年底，共牵头研究制定国家和行业标准 9 项，参与制定国家和行业标准 6 项，促进了行业的科技进步及产业发展，推动了国家超低排放战略实施。

带动一群钟情燃煤污染防治研究的“环保医生”

科研俨然已经成为高翔的一种生活方式。由于在节假日企业才能有时间进行维护检修，所以高翔团队往往是连续作战，别人工作的时候他们工作，别人休息的时候他们还在工作。为了验证自己的一个研究想法，团队常通宵达旦做实验；一次中试规模的测试实验，5000 小时不间断；一次检修，凌晨两点接到电话就火速赶到城郊的电厂。高翔和几位团队核心成员在企业、用户眼中已经成为解决疑难杂症的“环保医生”。

2013年春节前夕，广东五沙电厂进入了检修期，机组暂时不工作了，只有这短短20多天的停机时间给团队完成催化剂再生改性的工作。时间紧，任务重。在停机前一个多星期，高翔组织团队把研发的专有设备运到现场，事无巨细做好准备工作，一等停机马上开始催化剂再生改性的相关工作，每天两班倒，一直干到正月十五。“我们和浙江大学一直有很好的合作，但这么紧的工期，他们都能把这个事情保质保量完成，保证了我们厂的生产计划，而且为我们厂节约几百万元的费用，确实非常不容易。这个团队非常实干。”五沙热电设备部部长庞晓坤说。

一边投身于应用研究，一边坚持培养青年人才。高翔一有招收博士研究生资格后，立马把他的学生也拉到了“煤炭朋友圈”里。

“为讨论一些关键问题，经常从早上8点开会到晚上，中间订两顿盒饭，大家边吃边讨论，有时候开会开到半夜仍然意犹未尽，第二天早上还是正常上班。”高翔团队的郑成航教授说。

严师出高徒，这样一种不断讨论、不怕吃苦的学术氛围，带动了一群“钟情”煤炭清洁利用研究的年轻老师、博士研究生、硕士研究生。

“为学生的成长成才创造条件是我的责任也是幸福。”高翔经常牺牲节假日和休息时间与学生讨论，指导学生开展课题研究。“年轻学生本身有巨大的创新潜力，创新能力强，关键是要搭好平台来激发他们的积极性和创造力。”

多年来，高翔一直热心指导本科生参与节能环保工作，并对二、三年级的本科学生开放实验室，鼓励本科生参与研究，参加国家节能减排大赛。在他的指导下，多支队伍获得了优异的成绩。他常说：“学生取得成绩比我自己取得成绩还要让我高兴。”作为第一指导老师，高翔指导的学生科技作品曾获由中国工程院、美国国家工程院、英国皇家工程院联合主办的“全球重大挑战峰会”的唯一金奖，并获得第44届日内瓦国际发明展金奖及特别大奖等多项奖励。

长期坚持在教学一线的他，时刻关心着学生们的个人成长和发展。“我从本科三年级就跟高老师做科研，高老师激发了我的兴趣，并对我的职业发展进行了很好的指导，于是我进一步攻读博士。”直博生胡文硕说，“高老师平时科研工作繁忙，但坚持定期召开课题组讨论会，不仅讨论研究方向和实验方案，更关心同学的思想和心理动态，关心同学的未来发展。”

近年来，他还积极推动教学模式改革创新，进一步完善国际化、工程化等多元化的创新人才培养体系，培育了一批又一批优秀人才。凭着对教育事业的饱满热情、无限热爱与尽职尽责，他受到了广泛赞誉，被评为浙江省第五届师德先进个人。

“做事一定要坚持到底。”高翔说，能源环保业有做不完的事，我们要始终跟着中国发展的列车奔跑，继续为建设“绿色中国”“美丽中国”而不懈奋斗。

文/吴雅兰

图片由受访者、卢绍庆提供

附录：
其他获奖人简介

截至书稿付梓前，因各种原因，部分获奖人无法接受采访。编委会特意收集整理了部分获奖者的资料，以飨读者。

谭仁甫：1952 年“浙江省劳动模范”称号获得者

男，1930 年 2 月生。1952 年被浙江省人民政府授予“浙江省劳动模范”荣誉称号。曾任浙江大学电机厂副厂长，厂党支部委员。曾在 1951 年浙江省第一次工业劳模大会上被评为浙江省三等工业劳模。

龚钰秋：1958 年“浙江省文教战线社会主义建设积极分子”称号获得者

男，1933 年 9 月生，江苏无锡人。1958 年被浙江省人民政府授予“浙江省文教战线社会主义建设积极分子”荣誉称号，享受“浙江省劳动模范”待遇。1956 年毕业于浙江师范学院化学系，并留校任教。1958 年后在杭州大学工作，曾任浙江省金属学会和黄金学会理事、国家《黄金》杂志编委、《中国高等教育专家名典》顾问编委、美国 AAAS 学会和纽约科学院会员、杭州大学现代无机化学研究所所长。

姜槐：1978 年“全国先进科技工作者”称号获得者

女，1933 年 10 月生，浙江嘉兴人。教授，主任医师。1978 年在全国科学大会上被评为“全国先进科技工作者”。长期从事电磁波卫生学和生物电磁学研究，是我国该学科的带头人。1955 年毕业于浙江医学院卫生系,1958 年北京医学院研究生毕业。历任浙江医科大学微波研究室主任、环境与健康科学研究所副所长等职。成功研制高频电磁场卫生学测定仪,填补了国内空白,其成果曾获 1978 年全国科学大会奖。曾获国家环保局环境保护科技进步奖二等奖、中国高校科学技术奖二等奖、浙江省科技进步奖二等奖等多项科研成果奖。是国家标准《GB9175-88 环境电磁波卫生标准》的起草人之一。2001 年,获浙江大学竺可桢奖。

葛世潮:1978 年"全国先进科技工作者"称号获得者

男,1934 年 10 月生,浙江东阳人。研究员。1978 年在全国科学大会上被评为"全国先进科技工作者"。1957 年从杭州大学物理系毕业后留校任教,后任杭州大学数码管车间副主任、荧光显示研究室主任。1971 年,研制成荧光数码管和真空荧光显示屏,用于替代当时的层叠式辉光数码管,被广泛用于数字显示,并推广到国内 10 多家工厂生产。1977 年研制成的高亮度荧光矩阵显示屏,获得浙江省科技成果奖一等奖。1985 年,论文《高亮度荧光显示与饱和亮度》获得国家教委科技进步奖一等奖,并被收入《中国百科年鉴(1986)》。1989 年研制成彩色超大屏幕视频显示系统,被收入《1991 年中国技术成果大全》。1998 年研制成超长寿命冷阴极节能灯,2003 年在广东省东莞建厂生产,2006 年研制成大功率高效率冷阴极灯。在国内外已获授权的专利有 110 余项,其中大部分专利已在生产,部分专利已授权国内外 4 家公司生产和销售。

董光昌:1978 年"全国先进科技工作者"称号获得者

男,1928 年 1 月生,江西景德镇人。教授,博士生导师。1978 年在全国科学大会上被评为"全国先进科技工作者"。1950 年毕业于浙江大学数学系。曾任浙江大学应用数学研究所所长,高等学校工科应用数学专业教材编审委员会副主任。几十年来潜心研究,共发表论文 50 余篇,出版专著 4 部。"船壳放样的精密光顺方法"获国家发明专利。1978 年主持的"船体数学放样"和"数控绘图"两个项目获全国科学大会奖;专著《非线性二阶偏微分方程》获全国高等学校出版社优秀学术专著优秀奖;《非线性二阶偏微分方程理论与应用》获国家教委科技进步奖一等奖及国家自然科学奖四等奖。曾先后任中国数学会第三届、第四届理事;浙江数学会副理事长;中国工业与应用数学学会(CSIAM)第一届常务理事;国家教委理科教学指导委员会委员及应用数学教材建设组副组长;《高效应用数学学报》主编;《数学年刊》、《偏微分方程》等五个全国性学术刊物编委。现为浙江省数学学会名誉理事长。

曹楚南:1983年"吉林省劳动模范"称号、1985年"全国五一劳动奖章"获得者

男,1930年8月生,江苏常熟人。中国科学院院士,教授,博士生导师。1983年被吉林省人民政府授予"吉林省劳动模范"荣誉称号,1985年被中华全国总工会授予"全国五一劳动奖章"。1952年毕业于同济大学化学系,1982年任中国科学院研究员;1985年兼任中国科学院金属腐蚀与防护研究所学术委员会副主任;1987年调入中国科学院金属腐蚀与防护研究所,同年任该所学位委员会主任;1990年担任中国科学院材料科学技术委员会委员、博士生导师;1991年当选为中国科学院学部委员;1994年调入浙江大学任化学系教授;1998年当选为中国科学院技术科学部常委;1999年兼任浙江大学环境与资源学院院长。

吴金民:1988年"浙江省劳动模范"称号获得者

男,1939年7月生,上海人。教授,主任医师,肿瘤学博士生导师。1988年被浙江省人民政府授予"浙江省劳动模范"荣誉称号。曾任浙江大学医学院附属邵逸夫医院院长。从事肿瘤外科工作30多年,擅长于乳腺、甲状腺、胃肠、肝、胆、胰及软组织肿瘤的诊断与治疗。我国肿瘤学核心刊物《实用肿瘤杂志》副主编,中国抗癌协会乳癌专业委员会委员,中国抗癌协会大肠癌专业委员会副主任委员,中华医学会浙江省分会肿瘤外科学会主任委员。

韩祯祥:1988年"浙江省劳动模范""浙江省功勋教师"称号获得者

男,1930年5月生,浙江杭州人。中国科学院院士,教授,博士生导师,电力系统及其自动化专家。1988年被浙江省人民政府授予"浙江省劳动模范"荣誉称号和"浙江省功勋教师"荣誉称号。1951 年浙江大学工学院电机工程学系毕业;1951 年起在浙江大学电机工程学系任教;1984—1988 年任浙江大学校长。1999 年当选为中国科学院院士。长期从事电力系统学科的前沿研究,是中国研究电力系统理论、方法和新技术的主要开拓者之一,在电力系统稳定性、电力系统潮流、稳定和故障分析、交直流电力系统建模、分析和控制、电力系统故障诊断等领域有重要贡献。

郑元耀:1990 年"全国普通高校优秀思想政治工作者"称号获得者

男,1936 年 1 月生,福建福州人。1991 年被授予"全国普通高校优秀思想政治工作者"荣誉称号。1955 年考入浙江大学电机工程学系工业企业电气化专业。1991 年 12 月至 1995 年 12 月任浙江大学党委副书记。曾获浙江省高校优秀党务工作者荣誉称号。

唐晋发:1992 年"全国教育系统劳动模范"称号获得者

男,1937 年 11 月生。教授,博士生导师。1992 年被教育部授予"全国教育系统劳动模范"荣誉称号。1961 年毕业于浙江大学光学仪器专业。曾任浙江大学光学仪器系系主任、浙江大学副校长,中国光学学会副理事长,1992 年被授予国家有突出贡献中青年专家和浙江省优秀中青年科技工作者。1998 年当选为第三世界科学院院士。在光学与光电子薄膜的理论设计、特性检测、淀积技术和器件的教学与研究上做了具有开创性的工作。先后获国家自然科学奖四等奖,国家发明奖四等奖,部委级科技进步奖一、二、三等奖等多项奖励。1980 年以来在国内外刊物上发表论文 95 篇,被四大检索工具收录论文 50 余篇。出版专著 3 部。

孙优贤:1993 年"全国教育系统劳动模范"称号获得者

男,1939 年 12 月生,浙江诸暨人。中国工程院院士,教授,博士生导师。1993 年被教育部授予"全国教育系统劳模"荣誉称号。1964 年毕业于浙江大学化学工程学系。曾任中国自动化学会理事长。现任浙江大学工业自动化国家工程研究中心主任,工业控制系统安全技术国家工程实验室主任、工业控制技术国家重点实验室学术委员会主任。在过程控制领域成就卓著,是工业自动化领域的开拓者和奠基人之一。提出了一整套适合于复杂工业系统控制的新技术、新方法和新装备,并领导建立了我国高等学校第一个国家工程研究中心。因在自动化领域的卓著业绩,获国家科技进步奖一等奖1项、二等奖3项、三等奖1项,并获浙江省科学技术重大贡献奖、何梁何利科技进步奖、全国教育系统劳动模范、人民教师奖章、全国首届优秀科技工作者、全国有突出贡献中青年专家、浙江大学竺可桢奖等荣誉。

严晓浪:1995年"全国先进工作者"称号获得者

男,1947年1月生,浙江兰溪人。教授,博士生导师。1995年被国务院授予"全国先进工作者"荣誉称号。曾担任浙江大学电气工程学院院长,浙江大学超大规模集成电路设计研究所所长,浙江大学SOC交叉研究中心主任等。作为项目负责人先后主持多项国家级的重大研究项目以及许多国内外著名大企业资助的研究项目,研究领域涉及集成电路物理设计和逻辑设计方法与ASIC和SoC设计等,相关成果曾获多项国家级和省部级奖励,包括国家科技进步奖二等奖、国家教委科技进步奖一等奖、电子工业部科技进步奖二等奖、浙江省科技进步奖二等奖。

梁树德:1996年"全国优秀党务工作者"称号获得者

男,1939年9月生,江苏太仓人。原浙江大学党委书记,曾任中共浙江省委委员,浙江省政协常委,浙江树人大学党委书记,浙江大学海纳科技股份公司董事长。1962年毕业于浙江大学化工系并留校任教。曾获"全国优秀党务工作者""全国优秀教育工作者"荣誉称号,享受国务院政府特殊津贴。

许梓荣:2001年"全国五一劳动奖章""浙江省劳动模范"称号获得者

男,1941年10月生,浙江湖州人。教授,博士生导师。2001年被中华全国总工会授予"全国五一劳动奖章"、浙江省人民政府授予"浙江省劳动模范"荣誉称号。曾荣获国家有突出贡献硕士学位获得者、浙江省重大科技成果奖一等奖,享受国务院政府特殊津贴等殊荣。"用酶技术开发大麦及高麸型饲粮及其产业化研究”获 2002 年国家科技进步奖二等奖。另获全国突出贡献中青年专家、全国农业科技先进工作者称号以及浙江省农业科技奖突出贡献奖。

郑树:2001 年“浙江省功勋教师”称号获得者

女,1931 年 9 月生,安徽广德人。教授,博士生导师。2001 年被浙江省人民政府授予“浙江省功勋教师”荣誉称号。曾任浙江医科大学校长,现任浙江大学发展委员会副主席,浙江大学肿瘤研究所学术委员会主任。历任中国抗癌协会副理事长,全国大肠癌专业委员会主任委员,中华医学会常务理事。兼任全国大肠癌专业委员会名誉主委,中华医学会咨询委员会委员,国际大肠癌外科医生协会副主席等职。2005 年入选美国外科学院委员(Fellowship of American College of Surgeons),并担任 *World Journal of Gastroenterology* 等十数种中英文专业杂志的编委。自 1987 年起享受国务院政府特殊津贴。2005 年获得何梁何利科技进步奖。在 60 年的医、教、研生涯中,确立了学科研究方向,形成了以大肠癌为特色的肿瘤预警干预防治学术体系,引领浙江大学肿瘤学科成为国家重点学科,肿瘤研究所成为教育部重点实验室,为学科发展作出了卓越贡献。

胡萃:2001 年“全国模范教师”称号获得者

男,1931 年 3 月生,浙江金华人。教授,博士生导师。2001 年被教育部授予“全国模范教师”荣誉称号。1960 年浙江农业大学研究生毕业。主要从事害虫生物防治、农业昆虫及资源昆虫等研究,后期并兼及法医昆虫学。历任浙江农业大学科研处处长、研究生处处长、植保系学术委员会主任等职,并兼任中国昆虫学会理事,城市昆虫、生物防治、资源昆虫专业委员会正、副主任,中国植物保护学会理事,浙江昆虫、植病学会副理事长,《植物保护学报》等六刊物编委,中山大学生物防治国家重点实验室学术委员,浙江大学病毒性传染病卫生部重点实验室学术委员等。已在国内外发表与出版论著 400 余篇(部),获省、部级科技进步奖二、三等奖 9 项,中国农科院一等奖 1 项,发明专利 5 项。1989 年被评为全国优秀归侨、侨眷知识分子;1991年起享受国务院政府特殊津贴;1995年获全国优秀教师称号;1999年和2000年连续两届获全国百篇优秀博士学位论文指导教师奖杯;2002年获浙江大学竺可桢奖;2003年被评为浙江大学优秀共产党员;2005年被授予全国优秀科技工作者称号。

李有泉:2003年"全国五一劳动奖章""浙江省劳动模范"称号获得者

男,1963年4月生,甘肃白银人。教授、博士生导师。2003年被中华全国总工会授予"全国五一劳动奖章"、浙江省人民政府授予"浙江省劳动模范"荣誉称号。1989年获兰州大学博士学位。1990年12月至1992年12月在浙江大学开展博士后研究。现任职于浙江大学理学院物理系浙江近代物理中心。主持完成国家级和省部级自然科学基金项目及国际交流与合作项目共8项,教育部跨世纪人才基金、优秀青年基金项目、国家杰出青年基金各1项。先后获得中国高校自然科学奖一等奖、国家自然科学奖二等奖、第八届中国青年科技奖。

朱军:2004年"浙江省功勋教师"称号获得者

男,1949年5月生,江苏宿迁人。教授,博士生导师。2004年被浙江省人民政府授予"浙江省功勋教师"荣誉称号。曾任浙江农业大学副校长、浙江大学农业与生物技术学院院长、浙江大学副校长。从事作物遗传育种、数量遗传学和生物信息学的教学和科研工作。系统地开展了作物遗传育种和数量遗传的理论与应用研究,提出了一系列分析复杂性状的遗传模型和分析新方法,并研制了实用的分析软件,为复杂性状遗传研究提供了有效的分析手段,推动了我国的数量遗传学科发展。在经典数量遗传与常规育种、分子数量遗传与分子育种、条件变量分析与发育遗传等三个领域的创新研究成果已被国内外学者广泛引用和采用。先后主持了5项国家自然科学基金项目、1项国家教委跨世纪优秀人才专项基金项目、2项国家高技术研究发展计划("863"计划)课题、2项国家重点基础研究发展计划("973"计划)课题、1项国家自然科学基金重大项目专题、1项国家科技重大专项课题等。

杨树锋:2004年"全国模范教师"称号获得者

男,1947年5月生,浙江杭州人。中国科学院院士,教授,博士生导师。2004年被教育部授予"全国模范教师"荣誉称号。1975年本科毕业于南京大学地质系,1984年获南京大学博士学位,是我国培养的第一个地质学博士。现任教育部含油气盆地构造研究中心主任,《高校地质学报》和*Frontier of Earth Science*杂志副主编、浙江省地质学会副理事长;享受国务院政府特殊津贴。30多年来一直致力于花岗岩成因机制、华南大地构造演化、中国西部造山带与盆地等方面的科学研究和人才培养工作。主持完成了国家自然科学基金会首批优秀中青年人才专项基金、国家自然科学基金、国家科技攻关项目等30余项。获得国家自然科学奖三等奖1项、教育部自然科学奖一等奖1项、浙江省科技进步奖二等奖2项等多项科技奖励;获得国家级教学成果奖二等奖2项、省部级教学成果奖5项;并获得全国师德标兵、浙江省特级专家、浙江省功勋教师等荣誉称号,2011年获浙江大学竺可桢奖。

陈亚岗:2004年"全国卫生系统先进个人"称号获得者

男,1959年4月生,江苏武进人。教授,博士生导师。2004年被卫生部授予"全国卫生系统先进个人"荣誉称号。浙江省第十届政协常委、民进浙江省委副主委。曾任浙江大学医学院附属第四医院院长、浙江大学医学院附属第一医院副院长(兼)。一直从事传染病学科的临床,教学及科研工作,研究方向为病毒性肝炎,肝硬化的诊断和治疗,负责主持临床国内外多种新药包括抗菌药物及抗病毒药物的验证工作,致力于多重耐药细菌的治疗、细菌耐药机制研究,研究成果获得中华医学科技奖二等奖及多次获省科技进步奖一、二等奖,在国内外杂志发表论文多篇,有丰富的教学经验,主编《肝硬化》《内科学进展》和《传染性非典型肺炎》,同时参与《感染微生态学》《人工肝脏》和《人类病毒性疾病》的编写,在感染性疾病的诊疗及抗菌药物的合理应用领域中具有极高的造诣。

马建青:2008年"全国抗震救灾模范"称号获得者

男,1960年9月生,浙江绍兴人。教授,博士生导师。2008年被中共中央、国务院、中央军委授予“全国抗震救灾模范”荣誉称号。曾任浙江大学德育教研室主任、思想政治教育系主任、马克思主义学院副院长。1987年创建浙江大学心理咨询中心主任,任主任20余年,现为中心总督导。中国心理学会注册系统首批督导师。先后撰写或主编近30部著作、教材。在《教育研究》《高等教育研究》《中国心理卫生杂志》《思想理论教育导刊》等各类学术刊物上发表论文百余篇。所取得成果获教育部优秀成果奖二等奖、浙江省人民政府教学成果奖一等奖和二等奖、省教育科学优秀成果奖一等奖、省教育科学重大成果奖二等奖等多项。获全国大学生心理咨询专业委员会授予的终身成就奖“大学生心理健康教育杰出贡献奖”和“25年奉献奖”。获全国首届思想政治理论课教师影响力人物标兵、全国宝钢优秀教师奖、浙江省首届教学名师奖等。

樊建人:2008年“全国五一劳动奖章”“浙江省劳动模范”称号获得者

男,1957年7月生,上海人。教授,博士生导师。2008年被中华全国总工会授予“全国五一劳动奖章”、浙江省人民政府授予“浙江省劳动模范”荣誉称号。1984年毕业于奥地利维也纳工业大学机械系,获博士学位,并回国在浙江大学任教。主要从事多相流动理论和计算燃烧流体力学的研究工作,并在该领域的研究中取得了丰硕成果。近年来主持参加了10多项国家级重要科研项目,研究成果曾荣获国家自然科学奖二等奖、省部级科技进步奖一等奖多项,出版著作3部,发表论文近百篇。在教学方面也取得了优异成绩,先后荣获国家级教学成果奖二等奖、浙江省教学成果奖一等奖、国家教委优秀学术专著奖。1994年荣获首次国家杰出青年科学基金,获霍英东教育基金会高等院校青年教师奖(研究类)一等奖、第三届中国青年科学家奖(技术科学提名奖)和浙江省青年科技金奖等多项荣誉。

刘承:2009年“全国五一劳动奖章”获得者、2010年“全国先进工作者”称号获得者

男,1966年1月生,河南洛阳人。教授,博士生导师。2009年被中华全国总工会授予“全国五一劳动奖章”,2010年被国务院授予“全国先进工作者"荣誉称号。1989 年清华大学精密仪器系光学仪器专业本科毕业,1992 年浙江大学光学仪器系测试计量技术及仪器专业硕士毕业,1997 年浙江大学光电与科学仪器系博士毕业,之后留校任教,1997 年赴美进行博士后研究,1998 年回国,在浙江大学光电信息工程系从事教学科研工作至今。现任浙江大学光学惯性技术工程中心主任。多年来承担多项"863"项目,2008 年获得国家科技进步奖特等奖。

应义斌:2009 年"浙江省劳动模范"称号获得者

男,1964 年 3 月生,浙江宁海人。教授,博士生导师。2009 年被浙江省人民政府授予"浙江省劳动模范"荣誉称号。浙江省特级专家、国家教学名师等奖项获得者。曾任浙江大学生物系统工程与食品科学学院常务副院长、竺可桢学院常务副院长、校长助理兼浙江大学国际联合学院(海宁国际校区)(筹)常务副院长,浙江大学副校长,现任浙江农林大学党委副书记、校长,国家重点学科——浙江大学农业机械化工程学科的负责人。长期从事农产品品质与安全快速感知技术装备和机器人的科研与教学工作,坚持工程科学、生物科学、信息科学和农业科学的多学科交叉研究,获 2008 年度国家技术发明奖二等奖(第一完成人);创建了我国第一个生物系统工程本科专业和生物系统工程二级学科博士点;依托紧密型学术团队,坚持以培养人为核心使命,经过长期的探索与实践,在研究生培养上形成了一套行之有效的方法。

田正平:2010 年"浙江省功勋教师"称号获得者

男,1944 年 12 月生,山西应县人。浙江大学文科资深教授,博士生导师。2010 年被浙江省人民政府授予"浙江省功勋教师"荣誉称号。先后任杭州大学、浙江大学教育学系教授、系主任,浙江大学教育学院首任院长。任中国教育学会教育史分会名誉理事长、中国地方教育史志研究会副理事长、教育部全国教育科学规划领导小组教育史学科组组长等。曾被评为全国优秀教师,浙江省首批特级专家,当代中国教育名家等。主要研究领域为中国教育现代化史、中外教育交流史、中国高等教育史、中国留学教育史、中国职业教育史等。先后主持全国哲学社会科学、浙江省哲学社会科学和教育部教育科学、教育部人文社会科学重点研究课题多项。出版学术著作多种,在国内外学术刊物发表论文百余篇。成果先后获教育部人文社会科学优秀成果奖一等奖、二等奖,教育部全国教育科学优秀成果奖一等奖、二等奖,浙江省哲学社会科学优秀成果奖一等奖以及国家图书奖提名奖、中华优秀出版物奖(原中国图书奖)等多项。

喻景权:2010 年"全国五一劳动奖章""浙江省劳动模范"称号获得者

男,1963 年 11 月生,浙江义乌人。教授,博士生导师,农业生命环境学部副主任。2010 年被中华全国总工会授予"全国五一劳动奖章"、浙江省人民政府授予"浙江省劳动模范"荣誉称号。国家杰出青年科学基金奖获得者,全国优秀教师奖获得者,中国侨界贡献奖获得者,教育部青年教师奖获得者,新世纪百千万人才工程国家级人选,国家"973"项目首席科学家,国家科技支撑计划项目首席专家,国家大宗蔬菜产业技术体系执行专家,教育部现代农业合作研究中心副主任、学术委员会委员,浙江省特级专家,浙江省有突出贡献中青年科技人才。现任园艺学一级学科负责人、蔬菜学国家重点学科负责人、农业部园艺作物生长发育重点实验室主任、教育部园艺植物生物学重点开放实验室学术委员会委员、中国园艺学会设施园艺学会副理事长;先后在 *Trends in Plant Science* 等 SCI 刊物发表论文 170 余篇,2014—2017 年连续 4 年入选 Elsevier 中国高被引学者榜单。

刘莉:2012 年"全国组织工作先进个人"称号获得者

女,1959 年 3 月生,安徽桐城人。2012 年被中央组织部授予"全国组织工作先进个人"荣誉称号。1978 年 12 月参加工作,1986 年 11 月入党,1992 年 3 月调入浙江大学,在浙江大学党委组织部从事组织工作 27 年。

陈纯:2012 年"全国五一劳动奖章""浙江省劳动模范"称号获得者

男,1955 年 12 月生,浙江宁波人。中国工程院院士,计算机应用专家。2012 年被中华全国总工会授予"全国五一劳动奖章"、浙江省人民政府授予"浙江省劳动模范"荣誉称号。曾任浙江大学计算机学院院长、软件学院院长，现为浙江大学计算机学院教授，国家数码喷印工程技术研究中心首席科学家，国家列车智能化工程技术研究中心主任，国务院学位委员会学科评议组成员。2015 年当选为中国工程院院士。长期从事计算机应用领域的前沿研究工作，致力于将高水平的研究与产业应用相结合，主持研制完成“计算机丝绸印染花样设计分色处理及制版自动化系统”“纺织品数码喷印系统”等多个工程系统，得到了广泛推广应用，取得了一系列成果，获国家技术发明奖二等奖 1 项，国家科技进步奖二等奖 2 项，省部级科学技术奖一等奖 6 项。近年来，率领团队对大数据和人工智能等技术和系统开展了重点研发，开发了具有我国自主知识产权的大数据实时智能分析处理平台“流立方”，在相关应用领域得到了全面推广。

魏纲：2014 年“全国模范教师”称号获得者

男，1977 年 6 月生，浙江杭州人。浙江大学城市学院教授，硕士生导师。2014 年 9 月被教育部授予“全国模范教师”荣誉称号。主要研究方向为城市地下隧道(盾构、顶管、浅埋暗挖、沉管隧道)与周边环境相互影响及风险评估与控制。主持国家自然基金面上项目 2 项、省级重点项目 1 项、省级一般项目 2 项、地厅级科研项目 5 项。研究成果获得 23 项奖励。发表科研论文 260 篇，发表教改论文 30 篇。出版著作 4 部(专著 3 部、编著 1 部)。授权发明专利 8 项、实用新型专利 36 项、软件著作权 14 项。被评为享受杭州市政府特殊津贴人员、杭州市先进科技工作者、杭州市教育局系统优秀教师。入选浙江省高等学校中青年学科带头人培养计划；浙江省“新世纪 151 人才工程”第三层次；杭州市“131”优秀中青年培养计划第一层次人选。现任国家自然科学基金同行评议专家、中国土木工程学会工程风险与保险研究分会理事、中国岩石力学与工程学会岩土工程信息技术与应用分会理事。

彭笑刚：2015 年“全国先进工作者”称号获得者

男，1964 年 2 月生，湖南长沙人。教授，博士生导师。2015 年被中共中央、国务院授予“全国先进工作者”荣誉称号。毕业于吉林大学化学系，获博士学位。国际顶尖纳米材料学家，主要研究溶液纳米晶的合成、性质与应用。1999—2009年在美国阿肯色大学任助理教授、副教授、教授、讲座教授,后加盟浙江大学化学系任教授。2011年,在汤森路透公司(Thomson Reuters)发布的世界排名前一百的化学家名单中排名第八。已在*Nature*,*Nature Materials*,*Journal of the American Chemical Society*,*Nano Letters*,*Angewandte Chemie International Edition*等国际权威刊物上发表高水平研究论文约150篇(总他引次数超过36000次,H因子71)。主持国家重点研发计划项目、国家自然科学基金重大和重点项目等。

黄华新:2016年"浙江省杰出教师"称号获得者

男,1959年2月生,浙江慈溪人。教授,博士生导师。2016年被浙江省人民政府授予"浙江省杰出教师"荣誉称号。现任浙江大学人文学部主任,浙江大学语言与认知研究中心(国家哲学社会科学创新基地)主任,主要从事逻辑、语言与认知的交叉研究,兼任中国逻辑学会副会长,中国逻辑学会科学逻辑专业委员会副主任、符号学专业委员会副主任,浙江省社联理事,浙江省逻辑学会会长。曾任浙江大学人文学院党委书记、院长。曾获全国优秀教师、教育部新世纪优秀人才、浙江省杰出教师和教学名师称号,享受国务院政府特殊津贴。主讲逻辑学导论、逻辑与思维方法、语言逻辑研究、语用学研究、符号学研究等课程。担任国家社会科学基金重大项目"基于逻辑视域的认知研究"首席专家。先后主持或参与完成国家和省部级课题10余项,出版著作、教材8部,发表论文40余篇。

柯映林:2019年"浙江省劳动模范"称号获得者

男,1963年2月生,湖北黄石人。教授,博士生导师。2019年被浙江省人民政府授予"浙江省劳动模范"荣誉称号。负责"飞机数字化装配若干关键技术和装备"项目,成功研制了多个具有世界一流水平的飞机数字化装配系统,大幅度提高了飞机装配质量和装配效率,为我国机型研制做出了贡献,创导了我国飞机装配技术的崭新发展模式,取得了显著的社会效益和经济效益。

(整理人:林文飞)

后 记

人生在勤，勤则不匮。

本书是不同时期浙大“教师劳动者”的故事集。一段段文字所记载的是奖状与荣誉背后的艰辛付出，所呈现的是求是创新精神的努力实践，所抒发的是我们对“他们”的无上敬仰。

犹记策划之初，我们很想把省级以上劳动模范等先进人物一举“收入囊中”，但可惜的是，有多位老师因身体不适等原因不便接受采访。同时，由于时间和资料搜集条件所限，部分老师的信息可能不全，这些都给本书留下了遗珠之憾。或许可以期待，今后通过其他形式或渠道对这些老师进行采访报道，以补今日之憾。

衷心感谢校领导对于本书出版的关心指导、感谢各相关单位的倾情付出、感谢宣传部采访团队各位老师的辛勤工作。感谢浙江大学出版社对于本书出版的大力支持。

编 者

2019 年 9 月